广播电视编导专业（电视编辑方向）“十二五”规划教材

中外优秀电视节目案例解析

王晓红　涂凌波　著

中国传媒大学出版社
· 北京 ·

图书在版编目(CIP)数据

中外优秀电视节目案例解析/王晓红,涂凌波著. --北京:中国传媒大学出版社,2017.2(2024.5 重印)
广播电视编导专业(电视编辑方向)“十二五”规划教材
ISBN 978-7-5657-1805-2

Ⅰ.①中… Ⅱ.①王… ②涂… Ⅲ.①电视节目—案例—世界 Ⅳ.①G222.3

中国版本图书馆 CIP 数据核字(2016)第 213417 号

中外优秀电视节目案例解析
ZHONGWAI YOUXIU DIANSHI JIEMU ANLI JIEXI

著　　者	王晓红　涂凌波
责任编辑	蒋　倩
装帧设计指导	吴学夫　杨　蕾　郭开鹤　吴　颖
设计总监	杨　蕾
装帧设计	刘鑫、杨瑜静等平面设计团队
责任印制	李志鹏

出版发行	中国传媒大学出版社		
社　址	北京市朝阳区定福庄东街 1 号	**邮　编**	100024
电　话	86-10-65450528　65450532	**传　真**	65779405
网　址	http://cucp.cuc.edu.cn		
经　销	全国新华书店		
印　刷	北京中科印刷有限公司		
开　本	787mm×1092mm　1/16		
印　张	15.25		
字　数	300 千字		
版　次	2017 年 2 月第 1 版		
印　次	2024 年 5 月第 8 次印刷		
书　号	ISBN 978-7-5657-1805-2/G·1805	**定　价**	46.00 元

本社法律顾问:北京嘉润律师事务所　郭建平

目 录

第一章　导言

呈现在读者面前的这本教材《中外优秀电视节目案例解析》(以下简称《案例解析》),是一本专门分析、解读、研究电视节目案例的教材,可以作为广播电视专业及相关课程的参考书。本书包含5个类别的电视节目、27个精心选取的主要节目案例、数百个相关节目介绍,以及数百张节目相关图片。教材中案例的选取,以国内电视节目为重点,以全球经典和优秀的电视节目为参照,以某一类型电视节目的历史发展为背景,以新媒体时代电视节目发展为前瞻。案例的选取侧重两个方面:一是经典的、优秀的案例,这些节目大多历史悠久,影响深远;二是最新的、创新的案例,这些节目往往比较鲜活,也反映了当前电视节目形态的最新发展状况。我们希望通过这些案例,向读者较为深入地介绍优秀电视节目的背景、架构、特点与创新之处,较为全面地呈现节目发展的历史与现状,并将中外相关节目的知识进行关联,客观地反映节目间的相互影响,从而加深读者对相关知识的理解。

一、结构与使用方法

这本《案例解析》在结构上分为7个版块:本节要点、本节内容、节目架构、节目特点、要点小结、延伸与思考、相关链接。7个版块有机组合,形式上较为统一,构成了每一个案例的主体内容。

具体来讲,每一版块都有各自的分工:第一,“本节要点”开宗明义,提纲挈领,以要点的形式指出该案例的重点和难点,使读者对本节的知识要点有一个全面的了解。第二,“本节内容”是对该节目的简要介绍,指出其历史线索、收视率、标志性事件、创新意义等。第三,“节目架构”简要说明该节目的组成环节、编排方式、时长安排、选题内容等,为了介绍得更加清晰,这一版块通常会有1～2个“案例精选”,即解析具体的某期节目,说明该节目的架构。第四,“节目特点”是每一个案例的重点部分,也是篇幅最长的部分,这一版块以分点的形式,向读者详细分析该节目的特点,当然主要是其优点和创新点。这一版块中还设有“要点小结”,是对开篇“本节要点”的回应,使读者在读完案例后可以复习知识要点。第五,“延伸与思考”既有对整个节目案例的提炼,指出其未来的发展以及值得借鉴的地方，亦有对其中的不足作出的批评和反思。这一版块还包括对相关节目的简要介绍，有些章节还会向读者推荐相关书目，读者可以对所学知识有所延伸，发散思考。第六，“要点小结”是用简单的文字，对本节的主要知识点进行总结和归纳。第七，“相关链接”散落在上述各个版块中，包括“背景链接”“知识链接”“人物链接”“采访摘录”等，这些知识内容如果直接放入正文，行文会冗杂繁复，影响阅读；采用链接的形式既方便阅读，又使案例的介绍更为全面，不致遗漏重要的知识。值得一提的是，“采访摘录”都是我们对节目主创人员的第一手采访资料，非常值得一读。

如此的结构安排，主要为了方便读者在使用本教材的过程中能够较为全面、深入地把握每一个节目案例，可以对需要掌握的知识点、重点、难点有所聚焦，能够对不同节目案例进行比较。同时，读者可以根据自身的学习情况，对每一版块的内容有所侧重和取舍。

二、各章主要内容

这本《案例解析》除导言外共分五章，每一章集中讨论一个类别的电视节目。各章又分若干节，每一节讨论一个节目案例。为了便于读者较为全面地了解每种类别的电视节目的来龙去脉，特别是其在中国的发展历程，每章第一节均为“溯源与发展”，简要介绍该类别电视节目的历史线索、节目发展过程中的重要事件、具有标志性的节目，以及一些必要的社会背景。需要指出的是，“溯源与发展”只对某类别节目作轮廓式介绍，并非详细的编年史，在叙事结构上，也并非事无巨细，全部囊括，而是强调节目发展历史中的重要时期或重要转折。本教材中，“栏目”和“节目”两个概念有时会交替使用。实际上，“栏目”和“节目”的用法并不存在十分明确的区别，电视新闻实践中一般将固定时间播出的、相对独立的内容单元称为栏目，栏目由单个的节目构成。但是，在谈及内容、结构、编排等方面时，节目又是一个更为宽泛的概念，因此在实际工作中栏目和节目两个概念也时常混用。教材主要采用“节目”这一说法，在具体的章节中根据具体的语境，两个概念都会出现，在此说明。

同样需要指出的是，本教材的节目类别章节依次为新闻类、脱口秀类、生活服务类、综艺类（含真人秀）、融合互动类。这五个章节的划分，依据自然是每种类别电视节目的主要内容、节目宗旨、目标受众和社会功能。但划分类别的主要目的是便于案例的选取、分析与对比，便于读者的阅读和了解，并非对形形色色的电视节目划界限、搞分类、作判断。实际上，一些节目很难划分在某种类别之下，比如，大多数脱口秀节目都具有一定的新闻性，也可以划分在新闻类电视节目之下；婚恋交友节目越来越注重真人秀元素；一些综艺类节目也比较注重提供生活服务信息等。希望读者不要以本教材的章节划分为圭臬，机械式、简单化地对电视节目作出分类与判断。对于任何一个具体的电视节目案例，我们都应该坚持实事求是的态度，具体问题具体分析。此外，本教材每一章每一节的内容，长度大体相当，但鉴于一些案例自身的特点，描述篇幅会相对短一些。

互联网的快速发展正在深刻地改变着传统的电视节目形态，这种改变不只体现在节目内容、节目架构、目标受众、赢利方式、播出平台等方面，而是全面呈现在节目制作观念、节目制作流程、节目评判标准、节目运作方式等方面。用一句话概况，传统电视与互联网的深度融合已是大势所趋，未来的电视节目形态可能会发生颠覆性的变化，本教材的类别划分也可能不再适用。当然，这种变化一定是与媒介技术和媒介环境的改变相一致的。因此，本教材在最后一章，重点关注近年来一些影响力较大的互联网视频节目，分析其对传统电视节目形态的影响，探讨传统电视节目与互联网视频节目融合互动的方式、机制与可能性。可以说，融合互动类一章体现了本案例教材编写的思路，即关注电视节目正在发生的变化，体现出一定的前瞻性。

下面简要介绍每章的主要内容，以及所选取节目案例的主要思路。

第二章为新闻类电视节目案例。这是全书篇幅最长的一章，亦是全书的重点，分为9节，包含了8个主要节目案例。从电视史来看，传播新闻是电视作为大众传媒的首要功能，正是因为广播电视技术的发展与普及，新闻传播在时新性、真实性、客观性等方面才有了巨大的变化，现代新闻业才真正进入大众传播时代。从电视媒介对社会的影响来看，传播新闻无疑是电视影响政治、经济、社会和文化最为重要的手段，毫不夸张地说，现代社会的运作越来越离不开电视新闻。本章首先向读者介绍的是中国历史最悠久、最重要的新闻节目《新闻联播》，重点分析其改版以来的“变与不变”，探讨其不断向新闻本位靠拢又兼具浓厚的政治意识属性的艰难历程。接下来分析的案例是《新闻调查》，这档以“正在发生的历史，新闻背后的新闻”为口号的深度报道节目，坚持新闻专业主义理想和方法，获得了公信力和影响力。之后分析的案例是《24小时》，该节目是央视新闻频道改版后强调“资讯化”概念的重要产品，是一档比较有代表性的直播资讯节目。介绍完中央电视台的三档新闻节目后，向读者重点介绍江苏台的《零距离》，该节目是国内民生新闻的开创者，一定程度上改变了中国电视新闻的语态，带动了地方台的“民生新闻”热潮。随后，我们把目光转向国外。NBC的经典新闻节目《今天》是早间新闻的典范，这档历时60多年的节目对全球早间新闻节目都产生了深远影响；CBS的《60分钟》是电视新闻深度报道节目的先驱，其开创的调查性纪录片风格使电视媒介的“社会监测哨”功能得以充分发挥；《NBC晚间新闻》体现了高水准和严肃性，节目擅长深度新闻评论，其经典联播式新闻的节目形态奠定了晚间新闻的基调。以上三个节目是电视新闻节目的经典，经受住了时间的考验，对我国的电视新闻节目产生了直接的影响。最后，以较短篇幅介绍法国“CANAL＋电视台”的《新闻秀场》节目，读者可以看到严肃新闻与轻松娱乐相结合的情形，也可以借此了解国外电视新闻节目的最新动态。

第三章是脱口秀类电视节目案例。经过数十年的发展，脱口秀节目已经和政治、经济、社会、文化、娱乐、体育等紧密联系在一起，成为一种重要的电视节目类型。脱口秀节目的兴起既与欧美的个人主义和自由主义文化息息相关，又是充分发挥电视媒介伴随性和大众化色彩的体现。美国的脱口秀大致分为日间脱口秀和夜间脱口秀两大类，各有特点。相对于谈话节目而言，脱口秀节目的随意性强，对主持人驾驭话题的能力要求更高，其个性也更鲜明。正因为如此，在我国，除了凤凰卫视之外，中央电视台和其他各省级卫视推出的有影响力的脱口秀节目尤其是新闻脱口秀节目比较少，而地面频道的民生类栏目中大多有脱口秀节目。近年来，网络脱口秀节目开始活跃，并且形态也越来越丰富。本章前半部分介绍美国几档影响力较大的脱口秀节目，包括美国收视率最高的《奥普拉·温弗瑞秀》(*The Oprah Winfrey Show*)，历史悠久的《今夜秀》(*The Tonight Show*)，获奖无数的《大卫·莱特曼深夜秀》(*Late Show with David Letterman*)，以及近年来兴起的《吉米·金梅尔现场秀》(*Jimmy Kimmel Live*)、《乔恩·斯图尔特每日秀》(*The Daily Show With Jon Stewart*)和《柯南脱口秀》(*Conan*)。这些脱口秀节目中，《奥普拉·温弗瑞秀》是王牌，尽管已于2011年停播，但其节目特点给其他脱口秀节目留下了深深的烙印。总体而言，美国的脱口秀节目充分体现了美式文化的特征，其幽默、调侃、针砭时弊和富于人文精神的风格一定程度上影响了我国的电视谈话节目。此外，凤凰卫视的《锵锵三人行》值得分析介绍，该节目通过“客厅式聊天”的方式营造了一个真实的“谈话场”，在谈话节目中另辟蹊径，实际上也是借鉴了美式脱口秀的诸多经验。中央电视台的《开讲啦》虽然开播时间较短，却是“电视公开课”热潮的缩影，反映了谈话节目正朝着更为开放和多元的方向发展的趋势。通过阅读本章，读者会对脱口秀节目有一个清晰的认识。

第四章是生活服务类电视节目案例。为公众的生活需求提供实用知识和服务，是电视节目的一个重要领域。从功能主义角度来看，电视媒介有帮助个体进行社会化、实现人类遗产代际传承以及完成教育的功能，生活服务类节目一方面是这些功能的直接体现，因其服务性和实用性满足受众需求，另一方面因其轻松活泼，深受观众喜爱。本章首先重点介绍的是作为我国婚恋交友节目创新典范的《非诚勿扰》。婚恋交友节目的发展几经曲折，在《非诚勿扰》开播后掀起了一轮热潮，原因自然有中国社会及个人生活所发生的巨大变化，但同样与该节目大胆创新引领风潮密不可分，因此我们会在案例中重点分析该节目在形态、架构、主题、包装等方面的创新之处。接下来介绍的是美国福克斯频道(Fox)推出的规模最大、参赛阵容最庞大的厨艺竞赛类真人秀节目《厨艺大师》(*Master Chef*)，该节目既是一档真人秀节目，又因其在厨艺领域的专业性而具有一定的生活实用性。实际上，介绍这档节目，是向读者说明国外的美食节目是如何引入真人秀元素而获得成功的，相比之下，国内的诸多美食节目却形态陈旧、乏善可陈。最后一个案例是北京电视台的《生活面对面》，这是一档以区域观众为目标受众、强化节目内容实用性和亲和力的节目，拥有稳定的受众群。2015年上半年，在电视节目收视率普遍下滑的情形下，北京电视台《生活2015》《生活面对面》等节目逆势上扬。生活服务类节目涵盖的领域十分广泛，包括婚恋、交友、美食、养生、医疗、美容、天气、求职、家庭等，限于篇幅，本书仅收纳了以上几个简要的案例，供读者参考。

第五章是综艺类(含真人秀)电视节目案例。综艺娱乐节目的受众群广泛，节目内容轻松活泼并充满趣味，节目题材不拘一格且十分多元，因而是一种重要的电视节目类型。现代社会是一个高度专业分工和科层制的社会，随着大众传媒和文化工业的发展，娱乐也逐渐成为现代社会的一种产品，进而成为一种不可或缺的生活方式。正因如此，综艺娱乐节目为观众所喜爱。本章介绍了国内4个综艺节目案例，主要是想呈现国内综艺节目的历史变化与现状。湖南卫视的《快乐大本营》是一档经久不衰的综艺王牌节目，是我国综艺节目摆脱晚会式风格、走向真正娱乐形式的典范。该节目在保持自身特色与风格的同时，始终注重创新，节目形式不断变化。浙江卫视的《奔跑吧兄弟》堪称"现象级"节目，是在引进国外节目版权的基础上进行本土化创新的代表。中央电视台的《中国汉字听写大会》是一档寻找市场的多元化需求，在本土文化上大做文章的节目，兼具综艺、真人秀、知识竞赛等多种元素，近年来这一类节目的兴起值得分析。北京卫视的《我是演说家》具有一定的原创成分，发挥了语言类节目的优势，又具有真人秀和脱口秀节目的特点。

第六章即是前文提到的融合互动类电视节目案例。与其说它们是电视节目，不如说是传统电视与互联网视频节目融合发展的一种新形式、新尝试，它们兼具了各种类型电视节目的特点，又形成了鲜明的风格，容易识别，因此将这些案例划分为一类。本章案例中，《奇葩说》是一档互联网形式的综艺节目，具备真人秀和脱口秀节目的特征，突破了互联网节目小成本、草根制作的模式，保持了颇高的专业水准。《万万没想到》是按照互联网传播规律和互联网思维创作的网络自制剧，严格上讲不算我们要分析的电视节目，但是它在内容生产、节目题材、受众定位、制作模式等方面都具有借鉴价值。《侣行》是一部全新的带有真人秀元素的网络纪录片。与传统电视真人秀节目不同，它在节目架构和剧情设计上充满了不确定性，因而有很强的伴随性和真实感。最后介绍的是一档英国的互动式音乐选秀类节目 *The Singer Takes It All*，这档节目完全依赖传统电视与互联网的融合互动而产生，没有互动节目将不可能存在，这种大胆的创新和具有前瞻性的节目制作眼光，值得分析与借鉴。

三、写作说明

在教材的案例分析中，作者参考了已有的学术研究成果，同时还在条件允许的情况下，直接联系节目组进行深度访谈，获得了较多一手的、鲜活的材料。因此，本教材的完成离不开已有研究成果的支撑以及相关节目制作团队的大力支持。在此特表感谢。在教材的写作过程中，本着严谨的治学态度，我们围绕教材结构、案例选取、节目特点、重点难点等方面展开了小范围的研讨，一些同学参与了教材初稿的撰写工作。以下同学对本教材有所贡献：董鑫、任垚媞、刘欣雨同学参与了第二章的撰写工作；眭黎曦、叶妍妍同学参与了第三章；赵睿、闫旭同学参与了第四章；宋文微、谷琛、吴凯、包圆圆同学参与了第五章；林宇孛、姬培蕾同学参与了第六章。董鑫同学还参与了繁琐的校稿工作。

尽管这是一本介绍电视节目案例的教材，但是写作过程并不轻松。首先，国外优秀的、经典的、创新的电视节目很多，本书所介绍的案例却非常有限，在选取案例的时候十分为难，只能择其一二介绍，抛砖引玉，以管窥豹。本书尚无法详尽地介绍国外优秀的节目案例，不得不说是一大遗憾。其次，在中国电视发展史上，值得分析和研究的节目案例也有很多，特别是近年来新的节目层出不穷，朝着更加多元的方向发展，更有必要作出介绍。但是，教材的容量有限，一些优秀的、具有创新性的、有影响力的节目未收入教材中，只待有机会能够陆续补充，在继续编写中丰富和完善。最后，囿于作者学识水平有限，教材中的疏漏在所难免，敬请方家和读者指正！

2015年12月

第二章　新闻类节目

第一节　溯源与发展

1958年5月1日，北京电视台（中央电视台前身）成立，中国的电视新闻由此起步。电视台开办之初，仅有5分钟的口播新闻，此后，发展为固定的电视新闻专栏——《电视新闻》，专门播放新闻片和纪录片。1978年《新闻联播》创办后，电视新闻在形式上越来越短小精悍，内容上仍以宣传为主。

20世纪80年代，中国进入改革开放时期，中国社会在政治、经济、文化等领域开始发生巨大的变化。ENG电子新闻采集系统、电子编辑设备的应用为电视摆脱电影制作影响提供了技术基础。动态报道、连续报道、采访同期声相继出现。广播事业局提出"电视要有自己的新闻，自己的言论"。最早的突破口是批评性新闻报道。1978年8月29日，中央电视台播出了第一条批评性报道《北京有些单位在马路旁边乱堆放物品破坏首都市容和公共卫生》。1980年7月12日，中央电视台推出了我国第一个电视评论性节目《观察与思考》，首次打上"主持人"称谓。该节目以出镜采访加评述的方式，反映百姓关注的现实问题，为电视新闻"走自己的路"积累了经验。

1993年及以后十年，中国电视新闻实现了质的飞跃。以《东方时空》《焦点访谈》《新闻调查》的诞生为标志，中国电视新闻开启了第一轮改革。1993年播出的《东方时空》是这轮改革的开端，它以早间杂志型新闻节目为定位，以"真诚面对观众"为口号，从改变传统电视语态开始。一年后《焦点访谈》开播，首次提出电视新闻应具备舆论监督功能，该节目的宣传语是"用事实说话"，被时任总理朱镕基高度评价为"舆论监督，群众喉舌，政府镜鉴，改革尖兵"。1996年中央电视台推出了深度调查类节目《新闻调查》，提出要"做中国的《60分钟》"，早期节目宣传语是"正在发生的历史，新闻背后的新闻"，后改为"探寻事实真相"，并且逐渐形成了电视调查报道的特点，即独立的电视媒体调查、个性化的调查记者（出镜）、深入的独家发现、完整的调查过程。

1990 年代后期开始，电视直播成为电视报道的普遍形态。从重大节日事件直播，到重大突发事件直播，进而到现在的直播常态化，这是一个不断积累、持续探索、渐进成熟的过程。大规模电视直播始于 1997 年。以香港回归、黄河小浪底截流合龙等为代表，可预见性的重大事件电视现场直播引人注目。2003 年，抗击"非典"电视直播，影响深远；伊拉克战争 400 小时电视直播，对接国际。之后，历经 2008 年汶川地震、北京奥运会等载入史册的电视直播实践，重大新闻事件和突发事件的直播意识深入人心，地方电视台直播能力也得到提升，"直播常态化"成为共识。

这一时期，民生新闻异军突起，成为地方电视新闻的生力军。其中 1997 年开播的北京电视台的《北京特快》、1999 年开播的成都电视台的《今晚 800》为早期民生新闻节目的代表。2002 年，江苏电视台城市频道推出新闻直播节目《南京零距离》，开创了大时段城市民生新闻节目的先河；继之，杭州电视台《阿六头说新闻》、齐鲁电视台《拉呱》的开播引发各地民生新闻和方言新闻的热潮。

2003 年 5 月，中央电视台新闻频道开播，这是中国内地第一个新闻专业频道。此后，新闻频道历经了大大小小的改版，2009 年的改版以"海量资讯、强化评论、弱化专题"为方针，新闻属性更为突出，"大编辑部"机制成效显著。改版后的新闻频道增加了焦点新闻播报节目《新闻直播间》，取代了以前的整点新闻；增加了国际新闻评论节目《环球视线》，取消了《高端访谈》；增加了深夜新闻资讯节目《24 小时》，代替了《新闻会客厅》。此外，受到广电总局淡化专题节目要求的影响，对《小崔说事》《实话实说》等节目也进行了播出频道的调整。改版后的新闻频道仅保留了《新闻调查》《新闻周刊》《面对面》《世界周刊》四个专题类节目。

2011 年，全国新闻战线启动"走基层、转作风、改文风"活动。电视新闻报道将镜头更多、更近地对准基层，聚焦民生，接通地气，以《走基层·塔县皮底村蹲点日记》为代表的"基层体"电视报道风格受到欢迎，新闻报道的内容和形式也更加丰富。各地电视新闻节目因地制宜，发挥各自优势，取得了显著进步，如东方卫视《看东方》、辽宁电视台《新北方》、湖北电视台《长江新闻号》等新闻节目引人注目。

2013 年，以《新闻联播》改版为标志，电视新闻实践进一步深入"改文风"。突发事件直播基本可以达到"15 分钟内核实首发、半小时实现电话连线、2 小时内视频发稿、4 小时实现直播覆盖"的预定标准。

纵观历史，中国电视新闻在改革中前行。伴随媒介技术革新在不断丰富报道形态和报道手段的同时，中国电视新闻深入基层，服务社会需求，努力向电视新闻本质回归，同时以更开放的"对话"语态应对新媒体的挑战。

第二节 《新闻联播》:中国最重要的电视新闻节目

本节要点

1. 体现了新闻战线"走转改"活动的深化,在保持稳定风格的同时有所变化,新闻选材和报道形式不断丰富。

2. 在内容创新、编辑创新、形态创新上成效显著。

中央电视台《新闻联播》(图 2-1)于 1978 年元旦正式开播。1982 年 9 月 1 日,中共中央明确规定,重要新闻首先在《新闻联播》中发布,由此奠定其作为官方新闻发布渠道的重要地位,《新闻联播》也因此被视为中国政治、经济、社会、文化的风向标,国际视野中的"中国政治符号"。作为中国最重要也是最具权威性和影响力的电视新闻节目,《新闻联播》的报道风格和编排形态自开播以来很少变化。因此 2013 年《新闻联播》改革力度之大,引人注目。

图 2-1 《新闻联播》片头

知识链接

1980 年《新闻联播》播出了最高法庭审判林彪、江青集团的报道,引发《新闻联播》首轮收视高潮。1981 年的全国电视新闻工作座谈会上作出要求,各省、自治区、直辖市电视台必须转播《新闻联播》节目,这使该节目获得了绝对的收视保障。在前 20 年的发展中,央视《新闻联播》的收视率一直保持在 45%左右。虽然近几年收视率有所下降,但凭借其政治属性和转播要求,仍维持在 20%以上,保持着收视王牌的地位。

一、节目架构

《新闻联播》每晚 7 点准时播出,时长 30 分钟,多年来保持着高度程式化的"重宣传、轻新闻”的编排方式，表现为节目安排“先国内后国际”，依序为：领导人时政活动、国内要闻、人物报道、国内国际简讯等。但是，从近两年《新闻联播》的变化可见：在内容编排上更强调新闻价值，头条新闻和主打新闻并非绝对是领导人活动，雾霾天气、春运购票等社会热点也能上新闻头条；在报道内容上，更强调反映现实和服务民生，新闻报道的时效性和生动性大大增强。

【案例精选】

表2-1为《新闻联播》2015年农历春节4天的节目表，从中可以看出《新闻联播》的一些变化：更多反映民生、聚焦百姓的主题报道，如《你为谁点赞》《拼在基层》《只为多看你一眼》《百姓自拍》；更多服务资讯，如《天气报道》《交通信息》；更多运用新技术大数据的报道，如《“据”说春晚》《“据”说过年》，由此呈现出“联播”语态走向平等、对话、开放的变化。

表2-1　《新闻联播》2015年农历春节4天的节目表

日期	时间点	新闻类型	标题	内容
2月19日初一	00:00	新闻摘要	内容提要	介绍今天的重点新闻
	01:14	常规新闻	温暖除夕夜 红火中国年	介绍全国各地春节民俗
	04:07	常规新闻	春节恰逢藏历新年 藏区年味分外浓	藏族同胞们欢庆新年
	05:46	系列报道	你为谁点赞	对过去一年的评价，赞美身边的人
	11:51	新闻专栏	百姓自拍	观众拍过年
	16:32	常规新闻	羊年春晚：我为春晚点个赞！	报道春晚
	19:50	新闻专栏	“据”说春晚	春晚收视率和抢红包数据
	21:19	国内简讯	受烟花爆竹影响全国201个城市空气污染超标	天气情况
	22:09	节目预告	精彩节目齐汇聚 央视伴您度春节	春节期间节目安排
	23:12	常规新闻	欢乐春节 纽约刮起中国风	纽约庆祝中国新年
	25:15	常规新闻	四海“过大年”共贺中国春节	多国共贺中国新年
	26:56	常规新闻	CNN：春晚收视人数远超“超级碗”	
	27:32	国际新闻	国际联播快讯	乌克兰政府军撤离杰巴利采沃
				降雪天气持续影响美国东北部
				国际奥委会：阿拉木图有能力办冬奥
				联合国：埃博拉疫情出现反弹
	29:23	报尾		

续表

日期	时间点	新闻类型	标题	内容
2月 20日 初二	00:00	新闻摘要	内容提要	介绍今天的重点新闻
	01:24	系列报道	你为谁点赞	对过去一年的评价,赞美身边的人
	06:03	系列报道	拼在基层	医者仁心:32小时手术的背后
	08:51	系列报道	拼在基层	杭州交警:45分钟托举保畅通
	11:06	常规新闻	瑞雪春风添年味 暖意融融过大年	介绍全国各地春节民俗
	14:24	国内简讯	中东部雨雪“水浇春”	我国中东部地区开始出现了大范围的雨雪天气
	15:25	新闻专栏	百姓自拍	观众拍过年
	20:41	特别报道	我不见外	老外和中国的缘分
	25:30	常规新闻	央视羊年春晚陪您度过温情除夕	梳理春晚
	27:47	常规新闻	多国政要祝贺羊年新春	
	29:31	报尾		
2月 21日 初三	00:00	新闻摘要	内容提要	介绍今天的重点新闻
	01:26	系列报道	你为谁点赞	对过去一年的评价,赞美身边的人
	05:52	系列报道	拼在基层	彭巧娣:吃下“水泥橘子”的区长
	10:28	特别报道	中国人的活法	近一年的时间,记录了普通人的真实生活
	16:40	特别报道	我不见外	老外和中国的缘分
	20:55	国内简讯	东北降雪 华北大雾 影响交通	天气情况
	21:53	节目预告	央视节目档 有你而精彩	春节期间节目安排
	24:49	常规新闻	四海“过大年” 共贺羊年新春	多国共贺中国新年
	26:44	国际新闻	迪拜一座79层公寓楼发生火灾	
	27:56	国际新闻	记者探访乌冲突焦点地区杰巴利采沃	
	29:27	报尾		
2月 22日 初四	00:00	新闻摘要	内容提要	介绍今天的重点新闻
	01:03	特别报道	只为多看你一眼	一对年轻夫妻春节团圆只有六秒钟
	05:46	特别报道	只为多看你一眼	父母跑了80公里路在站台上见了女儿6分钟
	09:13	特别报道	只为多看你一眼	军嫂走了八天七夜赶到驻守边关的丈夫身边
	15:27	新闻专栏	百姓自拍	观众拍过年
	19:36	国内简讯	全国春运迎来返程客流	交通信息

续表

日期	时间点	新闻类型	标题	内容
	21:13	国内简讯	东北风雪江南雾 假日出行添“阻”	天气信息
	22:10	新闻专栏	“据”说过年	大数据分析春节旅游情况
	24:12	节目预告	《好大一个家》今晚继续播出	
	24:41	国际新闻	本台记者见证乌冲突双方换俘	连续报道
2月22日初四	27:12	国际新闻	国际联播快讯	亚努科维奇接受俄媒采访称想回国
				新加坡前总理李光耀因严重肺炎住院
				美新防长突访阿富汗 或调整撤军计划
				也门总统哈迪软禁被解除 离开首都
				美国德州一监狱发生大规模骚乱
	29:35	报尾		

二、节目特点

《新闻联播》肩负着重要时政新闻官方首发以及党和国家大政方针的宣传任务，形成了独特的“联播体”，也成为各地联播类电视新闻的标准。随着“十八大”后党的群众路线教育实践活动的全面展开，新闻战线“走转改”实践不断深化发展，同时，面对复杂多变的舆论环境，面对新闻消费社交化、移动化、个性化的挑战，《新闻联播》开始了开播35年以来的多项改革。

知识链接

1982年中央决定将《新闻联播》的播出时间由每天晚上八点提前至七点，重要新闻首先在《新闻联播》中发布，取代了当时中央人民广播电台的《全国新闻联播》的节目地位。当天的节目还可以播报次日出版的《人民日报》社论。此后，收看央视《新闻联播》成为中国人民了解国际国内大事、知晓社会变革风云的重要途径之一。

1. 编排风格稳中求变

《新闻联播》多年来形成了一套固定的编排方针。在没有重大事件发生时，基本维持着“时政新闻——常规报道——国内简讯——国际简讯”的报道构架。

时政新闻是《新闻联播》的传统题材和优势资源，在整个节目中占据主要地位，其时长往往占整个节目的一半，而领导人活动在节目中所占时间最长，报道手段套路化。改版后的节目对时政报道进行了精简，领导人活动的报道减少，活动报道的重要性则有所提升，而会议新闻明显减少。时政报道标题也更加凝练，基本控制在 16 字以内，删除了大段冗余。

背景链接

1992 年，邓小平在南方讲话中批评说："电视一打开，尽是会议。会议多，文章太长，讲话也太长，而且内容重复，新的语言并不很多。重复的话要讲，但要精简。"

2003 年，中共中央政治局会议讨论改进新闻报道的问题，认为除了具有全局性的重大会议外，会议报道不应把中央领导同志是否出席作为报道与否和报道规格大小的唯一标准，不应完全依照职务安排报纸版面和电视时段。

而新闻性强的常规报道则在改版后得到了强化，时长增加，编排位置提前。某些重大题材的常规报道还能占据头条位置。比如 2011 年 9 月 25 日，节目就将"三农"和"医改"编排在头条位置播出。这一改版思路还体现在"内容提要"上。比如 2013 年 1 月 13 日的"内容提要"中没有时政新闻，而是关注雾霾天气、暗访鱼翅造假、国产票房和网传暖人照片等内容。

改版后的国内简讯和国外简讯更名为"联播快讯"，并将新闻的时效严格控制在 24 小时之内，"本台最新消息"明显增多。新增"最新消息"版块进一步增强新闻的时效性。之前的国际新闻多以简讯的形式出现，数量少、时间短、播出次序位于最后。比如 2001 年美国"9・11"事件发生后，当天的《新闻联播》依然将其置于国内新闻之后，这一固守陈规的做法遭到了观众批评。改版后的国际新闻时长基本保证 5 分钟，以往受国内新闻挤压、大幅删减国际新闻时间的做法得到改善。2012 年 12 月 15 日的《新闻联播》还将美国康涅狄格州小学的枪击案作为头条播出。

《新闻联播》亦采用专栏形式，在单条新闻中穿插两至三个专栏，近年来有名的专栏包括"说句心里话""时代先锋"等。改版还尝试将单条新闻分成几个部分，与导语穿插播出，以期引起观众的持续观看。值得一提的是，改版后的《新闻联播》更加重视节目的整体包装。目前"新闻联播"四个字的 3D 标识改为深蓝底色、亮黄中文、白色拼音，加入了大量的暖亮元素，色彩反差更明显。

2. 新闻选材不断扩大

与以往相比，现在的《新闻联播》除了时政要闻外，民生新闻、现场报道、直播连线、追踪报道等明显增多。中央电视台先后推出了富有影响力的"走基层"系列（图 2-2）、"最美"系列等报道，逐步形成"以记者的实

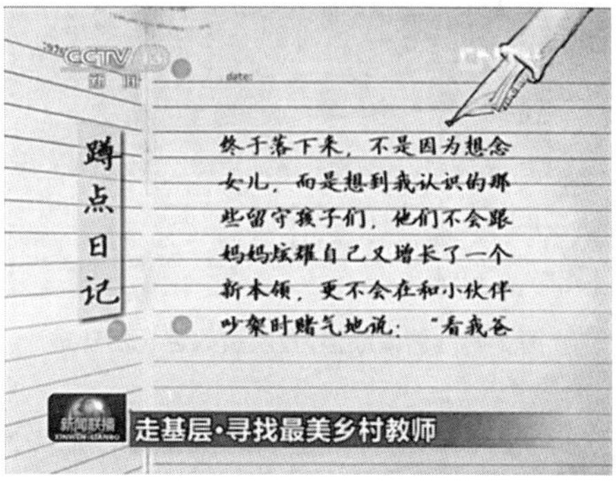

图 2-2　"走基层"系列的日记体

地调查为手段、百姓的真实生活为题材、以纪实性影像为载体、以故事化表达为方式”的基层体风格，产生了较大的社会影响。

《新闻联播》还加大了服务性题材的报道比例。每逢节假日，节目便会大篇幅报道各地欢度佳节的景象，提供交通信息，满足群众在出行方面的信息需求，如《春运火车票订票攻略》《伪劣烟花检测：危险系数高》等报道。一旦遇到大范围气象变化，就会播发诸如《冬季雪天路滑，驾车有技巧》《雾霾影响健康，公众应加强个人防护》等关注百姓生活的服务性报道。

加强与网络的互动是近年来《新闻联播》的重要改版方向。网络事件日益成为《新闻联播》重要的新闻来源，类似《关注网友上传的暖人照片》《“光盘行动”走红网络》《抢黄灯记分引热议，公安部将出细则》《神奇的“月子水”》等新闻，就是与网络互动的尝试，取得了较好的传播效果。

3. 报道形式逐渐丰富

图 2-3　《农发资金指标提前下 农民干劲足》记者体验式采访

图 2-4　《新闻联播》首次引入评论员环节

《新闻联播》一直以来采用“固定演播室播报，以解说词报道”为主的结构。特别是时政新闻的播报，几乎没有记者出镜。解说词报道的主要优点是快速简洁，以最为概括精炼的方式将新闻传播给观众。但是这种报道的缺点是亲和力不足，舍弃了电视新闻的一大优势——传播者与观众的直观交流。

改版后的《新闻联播》强化了出镜记者的角色。在“走基层”系列报道中，包括李瑞英、海霞在内的老牌新闻主播均以记者的身份出镜，参与现场新闻报道。记者不再只是“立正式”地站在镜头前，而是通过体验式报道，与采访对象“同进同出同劳动，边干活边采访”(图 2-3)。

《新闻联播》主打消息，新闻评论则主要采用《人民日报》、新华社、《求是》杂志的社论。改版后加强了本台评论员的作用，传播评论员的观点，为公众提供多元的声音。2013 年 1 月 23 日，《新闻联播》首次加入独立评论员环节，特约评论员杨禹就“公款浪费”的话题发表主题为《刹住浪费，管好三“公”》的评论(图 2-4)。

4. 直播连线得以实现

《新闻联播》从1996年元旦起由录播改为直播，但除了主播现场播音以串联新闻外，其他的电视画面、声音都是之前录播的内容。由于直播连线具有不确定性，加之《新闻联播》的特殊性和重要性，“安全播出”一直是该栏目恪守的最高原则。

改版后，《新闻联播》开始出现真正的直播连线报道。2013年农历除夕夜，《新闻联播》突破性地推出大时段直播连线，从6分48秒开始至22分44秒结束，在超过一半的节目时长里，节目连线世界各地的记者进行实景直播，观众们第一次在《新闻联播》中看到了广州、漳州、青岛、台北、北京等地的即时景象(图2-5)。

图2-5 2013年2月9日除夕夜实景直播

5. 主播风格更为亲和

电视新闻中的主播元素具有特殊的符号意义。对于《新闻联播》的主播来说，服饰、妆容、语气、语调都形成了一定惯例，一般不会有大的变动。主播们细微的变化都会引发人们的高度关注。

改版之前，《新闻联播》呈现的是大方、端庄、严肃的主播风格，极少看到主播的个人特色。语言使用极为规范，以便最大限度地排除多义性。改版后，主播开始呈现年轻化、个性化特征。最明显的就是郎永淳和欧阳夏丹两位年轻新闻主播的加入。数据显示，当天的节目收视率比此前10个月的平均收视率提高了19%。

改版后，播音员念稿的传播方式尽管尚未完全消除，但在某些常规报道的导语和解说词中，语言风格发生了较大变化，开始尝试由“报新闻”转为“说新闻”。这一变化改善了传播效果，拉近了与观众的心理距离。

背景链接

“农业综合开发资金是中央财政拿钱支持农业资源综合开发的专项资金。以往这笔钱呢，都是当年下发当年的。而现在这项资金的下发越来越提前。这不，明年的指导性指标今年8月就下来了。就这样一个简单的变化，可把亿万农民的心气儿搅动火了。”

——2011年改版后的第一条新闻《农发资金指标提前下 农民干劲足》的导语

改版后，主播的神态动作也变得更加亲民，“微笑播报”取代了以往的“不苟言笑”，主播的手部与头部动作自由度增大。2012年农历除夕，《新闻联播》的主持人在结束报尾时做“拱手礼”拜年的动作，在网络上引发热议，得到好评(图2-6)。

图 2-6 2013 年 2 月 9 日《新闻联播》主持人以拱手礼报尾

6. 声画元素受到重视

改版前,《新闻联播》在报道时政新闻尤其是会议新闻时,画面单调乏味,千篇一律,大多是会议现场的景象,以及镜头一排排扫过参会人员的画面。画面缺乏可视性,几乎没有同期声。改版后,《新闻联播》在时政报道中加入背景资料、字版、图表和动画等带有提示性的视觉元素,力求直观形象。在 2011 年改版首日的节目中,出现了 12 个示意图和图表,加入了动态元素。此外,节目还在常规新闻中着重用画面展现细节。例如,在《新疆:慕士塔格丈量冰川的人》新闻中,科考队员吃饭的镜头长达 12 秒,镜头拍摄干馒头、榨菜、冰水,细致地展现了队员们的艰苦生活,让观众印象深刻,新闻变得“有血有肉”(图 2-7)。

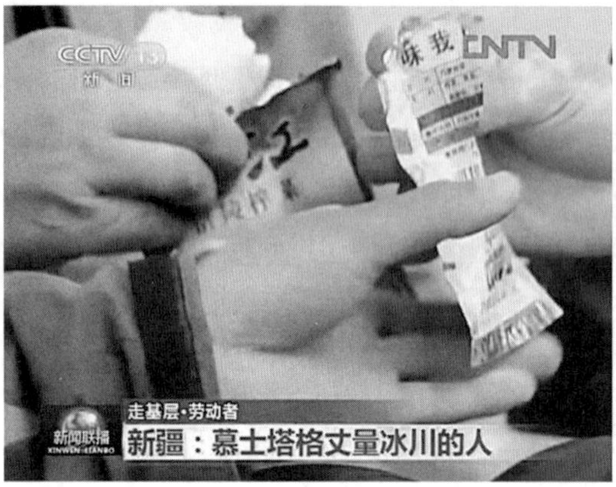

图 2-7 用画面展现细节

改版后,部分常规新闻的解说词由记者配音,而改版前基本都是由专业播音员完成的。例如,2011 年 9 月 15 日的《新闻联播》中有 5 条新闻由记者配音,约占当日《新闻联播》总时长的五分之二。非标准播音腔的配音消除了字正腔圆的仪式感,增加了新闻的现场感和鲜活度。

改版后的《新闻联播》增加了同期声的比重,被采访对象的话语中开玩笑、自嘲、家常话、比喻说法等内容都予以一定程度的保留。最有代表性的是 2012 年《你幸福吗?》的报道,受访者各种各样充满个性搞怪,甚至是消极抱怨的回答都出现在《新闻联播》中。此外,《新闻联播》中的现场声音也在不断增多。例如,在《城乡文化活动,百姓的精神家园》的新闻中,从头至尾都带有同期声,包括村民唱戏的声音、闲聊的声音和村头大喇叭的声音等。报道中同期声的增加,有助于展现新闻人物的个性风貌,增强了新闻的现场感、客观性、可信度和吸引力。

要点小结

1.《新闻联播》改版是新闻创新的最大亮点之一,显示出向电视新闻本质回归的不断努力。

2. 时政新闻减少,民生服务增强,报道形态日益丰富,新闻性、现场性、吸引力显著增强。

三、延伸与思考

在中国,每晚定时收看《新闻联播》已成为公众的一种习惯,甚至带有仪式性色彩。《新闻联播》从技术和理念上的改变,在一定程度上反映了中国联播类新闻节目的现状,代表了中国电视新闻的形象。作为电视新闻节目的"标杆",《新闻联播》"向着新闻本位靠拢"的大方向,必会影响其他电视新闻节目,从而塑造中国电视新闻的样貌。

表 2-2 是近两年《新闻联播》部分代表性报道:

表 2-2　近两年《新闻联播》部分代表性报道

日期	标题	推荐原因
2015 年 4 月底至 5 月初	大国工匠	《新闻联播》推出的"五一"特别节目,从匠心筑梦的角度,对《中国梦》进行诠释。比如第一期节目采访国产大飞机骨干老钳工胡双钱,通过讲述他对工作的敬业和一丝不苟,折射出国产大飞机的产生不易和品质精湛。7 分钟的片子,做到了新闻故事化、故事人物化,娓娓道来,镜头捕捉灵活,细节上体现出车床工作的精准度,整体上注重画面美感,让人回味。
2014 年春节	家风是什么	《新闻联播》推出新春走基层系列节目。采用海采形式,把"家风"作为核心价值观宣传的突破口和切入点,使得人人有话说、人人有共鸣,将深厚的中华文化与当今的时代需求很好地对接在一起,充满着浓厚的人文关怀,旗帜鲜明且入脑入心地宣传了核心价值观,"不著一字,尽得风流"。报道播出后,说家风、话家风成为千家万户的热门话题。
2014 年清明节	清明的思念	《新闻联播》推出"清明说吧:说出你的思念"系列节目。节目组随机邀请路人走进特设的封闭式单人小亭子,独立面对摄像机说出心里话。该节目把话语权直接交给草根群众,用一种朴实的方式引起观众心里的共鸣,不仅是寻求低成本突围的新方式,更是激励文化继承的新创造,带来了传统文化的回归。

续表

日期	标题	推荐原因
2014年12月初	狱中八条	在新一任领导班子提出八项规定两周年前夕，《新闻联播》推出走基层系列报道——解密狱中八条，向社会公开了在重庆解放前夕，关押在渣滓洞、白公馆监狱里的共产党员牺牲前留给党组织的集体遗书。该节目立足于宣传贯彻中央精神，但角度新颖独特，记者深入地方基层，挖掘出珍贵史料，以一种以史为鉴的方式，潜移默化地开展八项规定教育，贯彻中央的“走转改”精神。
2013年1月23日	刹住浪费，管好三“公”	《新闻联播》首次加入独立评论员环节。

第三节 《新闻调查》：做中国的《60分钟》

本节要点

1. 深度报道的特点。
2. 新闻背景的纵横延伸。
3. 如何做到平衡报道。

《新闻调查》(图2-8)是中央电视台推出的一档深度调查类节目，时长45分钟，每周六21点30分在新闻频道播出。中国社会正经历重大变革，《新闻调查》以“正在发生的历史，新闻背后的新闻”为口号，以记者调查采访的方式，记录、探寻事实真相，追求理性、平衡和深入，为推动社会进步发挥作用。自1996年5月17日创办起，《新闻调查》凭借着一系列反映和剖析社会问题的节目获得了公众的信赖与政府的重视，至今仍发挥着重要作用。

图2-8 《新闻调查》节目片头

背景链接

20世纪90年代，中国电视媒体的发展呈现三大趋势，主要为“走向娱乐、走向财经、走向调查”。当时电视屏幕上已经出现了像《东方时空》《焦点访谈》这样的新闻节目，获得了不错的社会反响。然而囿于时长，深度报道的新闻节目仍然空缺。1996年，《新闻调查》应运而生。

当时对于《新闻调查》的节目定位，大家并没有一个清晰的认识。后来在召集会上，评论部主任孙玉胜和副主任袁正明提出了“我们要做中国的《60分钟》”，为《新闻调查》的定位指明了方向。

一、节目架构

《新闻调查》节目时长45分钟，主要采用人物访谈和事件调查记录相结合的方式，通过双机拍摄和新闻背景的纵横延伸，引导观众思考。

【案例精选】

2012年8月24日，位于哈尔滨市的阳明滩大桥引桥坍塌，造成4辆大货车坠桥，车上8人，3死5伤。这座大桥建成通车不到一年却意外坍塌，引发社会的高度关注。不少人质疑桥梁建造中出现问题，是所谓的“豆腐渣”工程。9月20日，哈尔滨市政府在事故通报会上认定，桥梁坍塌的原因系4辆货车严重超载所致。带着疑问，《新闻调查》深入事故现场（图2-9），调查大家普遍关注的工程质量问题，咨询桥梁研究专家，以开阔的视野和不懈的追问，在层层深入的调查中展现了事故的真正原因和背后深刻的社会问题。

图2-9　哈尔滨倒桥事故现场

二、节目特点

《新闻调查》在探索深度报道的过程中形成了以下三个特点。正是这些特点使《新闻调查》成为在中国电视界具有影响力的电视节目。

1. 纵横观照，全景展现新闻事件

《新闻调查》时长 45 分钟，节目自开播起，就把调查精神融入节目，即不是单纯地报道一个事件发生、发展的过程，而是要进入事实本身，深层探究复杂问题。节目通过对不同地域空间的横向对比以及历史时空的纵向延伸，来探寻“新闻背后的新闻”，接近事实真相。

以《哈尔滨倒桥事故调查》为例，这期报道一方面非常注重对事故背景信息的横向拓展，如讲述独柱墩桥的维护管理时提供北京、浙江、安徽等地桥梁的维护管理措施，通过对比欧盟、日本等国家和地区的桥梁设计标准说明中国国家标准是否合理等(图 2-10)；另一方面强调事故背景的纵向延伸，比如报道不是只停留在探讨哈尔滨倒桥事故本身，而是提供曾在中国发生的其他类似事故(如 2007 年包头市丹拉高速高架桥事故、2009 年津晋高速公路匝道事故、2011 年浙江上虞市春晖立交桥事故)，通过纵向背景的介绍强调桥梁倒塌的严重性和普遍性。如果把事件主体比喻成一只鸟，那么横向和纵向的新闻背景就像双翼，让整个故事丰富起来，充满深度。

【案例精选】

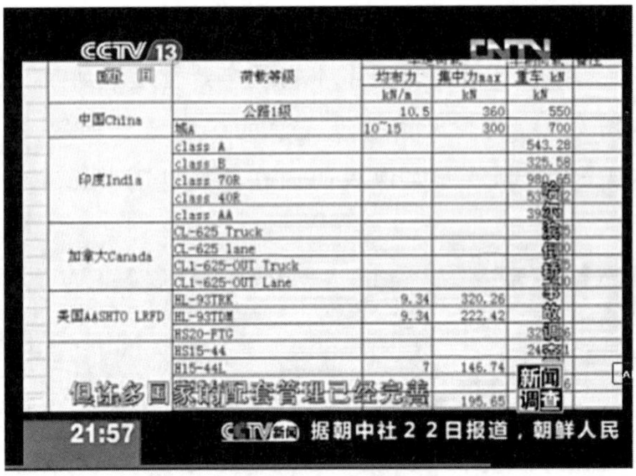

图 2-10　国内国外桥梁设计标准横向对比

解说词：按照《公路桥涵通用设计规范》规定的方法验算，这段 121 米的桥只要能单向荷载达 164 吨，就达到了国家标准。设计师在这个基础上又提高了 20%，这座桥单向荷载做到了 197 吨。但是，我们算了一笔账，即便是不超载的货车，最重的是 55 吨，如果 4 辆一起上桥就是 220 吨，也超过了这座桥的设计值，这样的标准是否定得太低了？

孙东超：我们执行的规范，肯定和相关的公路法、道路交通安全法都是相匹配的。按照国家道路交通法，车与车之间间距要保持在 50 米以上，这样算下来，在桥上我们只有120米长的桥是摆不下四辆车子的。

记者：比如说堵车的时候，它的间距可能就会非常短了。

孙东超：堵车的时候不会发生车子都集中到一个车道上的情况，另外一个车道上也会有一些车存在的，不是单车道通行了。

记者：但是国家标准会不会太基于一个理想化的考虑？

孙东超：至少在规范有效期之内，我不会去质疑它的可靠程度，我只要按规范做事就好了。

解说词：如果是这样的话，全国各地目前还有不少独柱墩桥，其中是否暗含着很大的安全隐患呢？其他城市的桥梁专家如何看待这次事故的原因，以及这种桥的国家标准？我们联系了北京市市政专业设计院。北京市许多立交桥是由他们设计的，其中也不乏独柱墩，原总工程师应子龙接受了我们的采访。

记者：听到这个消息，您第一反应是什么？

应子龙（北京市市政专业设计院原总工程师）：就是觉得这些事情国内出了多起了，应该重视起来。超载是一个原因，没有意识到超载对桥梁使用不当，是第二个原因。

记者：很多普通人看了之后，他的第一判断就是觉得……

应子龙：质量问题。

记者：对。

应子龙：咱们说实在的，国内这种豆腐渣工程很多，所以老百姓就好像有这个概念了，也不奇怪。但是这个事，这么重的东西摔下来，非常完整那么一个玩意儿，做得也还是可以的，不能什么都是豆腐渣工程，不是就不是。

解说词：应子龙说，类似事故在中国其实已经多次发生。2007年，包头市丹拉高速一座高架桥，3辆超载货车单侧行驶中桥面倾覆；2009年，津晋高速公路匝道上一辆车逆行，其他3辆超载货车同时向一侧躲避，瞬间导致倾覆；2011年，浙江上虞市春晖立交桥上，一辆货车抛锚，另3辆货车从右侧超车时桥面倾覆。这些桥都是独柱墩设计。应子龙说，目前不少地方的设计师和主管部门，还没有充分意识到这种风险，但他认为，问题并不是出在国家标准上。

记者：国家标准现在是不是低了，有调高的这种需要？

应子龙：没法调，这个不是说单独的，这一个标准调整的问题，牵扯到标准的整个系列、整个系统的问题。包括汽车工业、材料工业，你这标准一调其他的都得调，那牵扯面也太广了。我改国标的话，等于我放任它，你改车，这个事是不合法的。

记者：您觉得不能为不合法的事改国标？

应子龙：当然不应该这么改了，我知道他超多少？我怎么跟他配套，他也没个标准，他也没个准，那我怎么跟他配套？

记者：如果是和国外来进行一个比较的话，我们的国家标准处在一个什么样的水平？

应子龙：略高。

记者：略高？

应子龙：略高于世界各国的标准。为什么国外不翻车？国外没那种车。

解说词：对比美国、欧盟等多个标准，中国的标准基本相当甚至略高。但许多国家的配套管理已经完善，而我国目前超载、改装的现象普遍存在，规则的执行不尽如人意。这次事故后，有一位网友连发多篇博客，从内容来看是一位桥梁业内人士，他呼吁有关部门和设计师注意，考虑到现实国情，就要慎用独柱墩设计。但是，应子龙认为，完全不用独柱墩并不现实，而且它也有它的优势。

应子龙：条件允许的情况下，我尽量不采用独柱墩，北京市也有这么一个共识。但是，因为地面各种条件的问题，不是都能设双墩的。咱们现在交通这么紧张，比如说我底下原来应该可以设两个车道，我现在只能设一个车道了，你双墩一占，你把底下空间给占了。就是因为这个地方交通堵得不得了，我才做立交桥，我做立交又设好多障碍，又堵着不让走，你不是自己跟自己矛盾吗？

图 2-11　国内发生的同类型事故回顾

采访摘录

你要挖掘一个事件的深度和时效，这本来就是矛盾的。等事件沉淀下来，回过头看看你就知道哪些信息是真的，哪些信息是假的了。我们不急于表态，否则容易犯很多错误。在收视率的压力下我们也会做一些比较快的节目，但我们会把握一个语态就是不要下结论。尽管如此我还是觉得那不是新闻调查标志性的节目。我们的核心产品还是：第一，对当下的热点事件做一个尽量准确和深度的调查。同时我们所选择的事件最好有一定的社会普遍性。一些太极端、个体的事件一般不会进入我们的选题范围。第二，就是社会问题的分析。比如某个社会问题在这个时代值得重视，那么我们会围绕这个主题展开调查，当然也会寻找一些比较典型的案例来承载这个主题。

——《哈尔滨倒桥事故调查》编导　王晓清

2. 突出记者调查过程，力求做到平衡报道

《新闻调查》十分注重展现记者介入调查的行为。尤其在事件性新闻报道中，一方面要求记者深入新闻现场，敏锐捕捉现场信息和细节；另一方面要求记者尽可能和当事人进行面对面的对话。这种直接交流可以更好地捕捉当事人对新闻事件的态度和情绪的变化。通过记者的现场调查过程，展现与当事人面对面的交流，逐步揭开新闻事件真相，这是《新闻调查》的重要特点之一。

采访摘录

《新闻调查》希望记者能直接采访到新闻当事人，有很多面对面的谈话，可以展现语言交流本身的一种张力。其实面对面的采访是一个可以包含很多信息的东西。除了语言本身，还有表情、态度，这些东西是很难掩饰的。在交谈的过程中很多东西你可能并没有注意到，比如细微的表情和动作，但当你后期剪辑时，这个人的脸被放在荧幕上，他的所有细微的情绪都会被放大。这时候你会发现他在镜头前的撒谎或者掩饰，其实都是有迹可循的。采访是好看的，但一定要采到位。所以《新闻调查》始终是要有记者介入行为，要和当事人进行直接对话的调查类节目。我们希望自己的评论不多，因为那是新闻评论类节目的事情，我们希望观点来源于事实本身。

——《哈尔滨倒桥事故调查》编导　王晓清

【案例精选】

8 月 25 日，哈尔滨市政府官员在新闻发布会上宣布，已请国家住建部推荐 7 位国家级专家组成调查组，全面勘察桥的质量和设计情况。公众和媒体等待调查结论的同时，也在不断提出各种质疑。一位网友贴出了一组去年的照片，拍摄的恰好是出事的这段匝道桥。那时桥刚刚竣工，这位网友看到桥体上有裂缝，还有破损，怀疑质量有问题，所以拍下了照片。我们就这个问题采访了施工单位的项目负责人。

记者：有几张照片今天想请您看一下，就是大桥出问题的这个段落。是刚竣工的时候，正好有一个网友在现场拍的。从这些照片来看，他怀疑工程质量有一些问题。

刘国生(福建省交建集团工程有限公司，项目技术负责人)：像这几个非常规则的缝隙，这个都是特意设计在那儿的伸缩缝。桥梁在气候的变化中，它要热胀冷缩，一定要留伸缩缝，像这种因为它是贴外面的，它会掉一下，都不影响结构安全和使用功能。就像我们装修的时候，有时候露一点皮，我们将来补一补，这都是很正常的。

解说词：事故发生后有媒体报道，在桥体里看到了编织袋、泡沫等材料，露出来的钢筋有些非常细，而且没有按规定绑扎，据此质疑建桥单位有偷工减料的嫌疑。在事

故现场，我们看到这些情形确实存在。

记者：这是倒下来的这块桥板的侧面，那在它的侧面我们看到，露出来的钢筋粗细各不相同。有的比较粗，例如这个，还有的看起来非常的细。在它的侧面，还露出来有像编织袋一样的东西，那这个蓝色的看起来像是塑料布，这个地方用的材料是泡沫板，那这样的情况正常吗？

刘国生：泡沫板，我们叫苯板。用这几公分的苯板来填塞这个缝，伸缩缝。工艺要求这个缝不能进混凝土的，必须要保留这个缝才有伸缩量，这是非常好的做这个缝的材料。

记者：那他们说的那个类似编织袋的材料是怎么回事儿？

刘国生：我接着说编织袋。这个缝用苯板填塞以后，和梁之间会有一些小缝隙，那我们就把一般的柔性材料，像编织袋、土工布裁成条，把那小缝隙都塞上，避免在浇筑混凝土的时候混凝土落到那个缝里边。

解说词：施工方解释，桥梁每过一段就需要留一个伸缩缝，泡沫板和其他柔性材料用在这个部位，防止浇筑混凝土时进入伸缩缝，是建桥通用的方法。至于钢筋，桥梁按设计本来就要用到多种规格钢筋，粗细各不相同，多数钢筋是采用点焊法来连接，这种工艺效果要好于绑扎。

刘国生：我不好说其他的，施工这一块，我们还是有信心的。

图 2-12 记者深入现场捕捉细节信息

观点来自于事实本身，这是《新闻调查》多年坚持的节目理念。不难看出，《新闻调查》很少对新闻事件作出评价，更不会直接判断观点的对错。而是致力于提供客观事实，提供足够的对当事人的访谈、背景信息、专家学者的观点引发观众思考，让观众自己作出判断，力求做到平衡报道。《新闻调查》始终希望能够通过节目培养社会大众的理性精神，培养大众看待一件事情的方式和角度，把对错的选择权还给他们，引导他们独立思考。

为此，《新闻调查》在工作手册上对记者提出了以下四点要求①：

第一，质疑的精神。《新闻调查》的记者必须要有怀疑一切的介入态度和“打破砂锅问到底”的工作作风。

第二，平衡的意识。《新闻调查》的记者应该让事件中的冲突双方和不同的利益集团有同等的发言机会。

第三，平等的视角。在《新闻调查》的记者面前，只有被调查者这一相同的身份，没有尊卑贵贱之别。

第四，平静的心态。《新闻调查》的记者要多一份理性，少一份冲动，这有助于你对事物作出更准确的判断。

在这种采访要求下，《新闻调查》培养出以王志、柴静（图 2-13）、王晓清、胡劲草（图 2-14）等为代表的一大批优秀记者。他们虽然有着各自不同的采访风格，却都把上述四点要求融汇在与采访对象的交流过程中。

图 2-13　前《新闻调查》记者柴静与村民对话交流

图 2-14　胡劲草在《大官村里选村官》一期中采访村长候选人

① 张洁，吴征：《调查〈新闻调查〉》，文化艺术出版社 2006 年版，第 34 页。

人物链接

国内从事新闻调查的优秀记者，在一定程度上受到国际同行的启发和影响，比如芭芭拉、沃尔特斯、丹·拉瑟、沃尔特·克朗凯特等人。

芭芭拉·沃尔特斯(Barbara Jill Walters)，1929年出生，被誉为“美国新闻界的第一夫人”。1962年她因主持NBC早间新闻节目《今天》为人所熟知，1972年随尼克松总统到访中国，亲自报道了整个历史事件。1979年芭芭拉调到ABC新闻栏目《20/20》工作，以自己独特的主持风格和犀利的提问方式成为《20/20》的王牌。1999年克林顿总统性丑闻风波当事人莫妮卡·莱温斯基拒绝了其他媒体，唯独接受了她的采访，引发全国收视热潮。2004年9月芭芭拉正式宣布离开主持了25年的节目。

丹·拉瑟(Dan Rather)，1931年出生，CBS记者，以政治报道和现场报道著称，因其认真工作的态度和不惧艰险的勇气被同事称作“拼命干的丹”。1963年肯尼迪总统遇刺时他最早发回了报道，随后被任命为CBS驻白宫首席记者。1975年加盟《60分钟》，1981年被任命为《晚间新闻》的节目主持人，接手沃尔特·克朗凯特(Walter Cronkite)的辉煌事业。

沃尔特·克朗凯特(Walter Cronkite)，1916年出生，美国电视记者，1962年主持CBS的《晚间新闻》，被观众亲切地称作“美国最值得信任的人”。他曾参与了第二次世界大战、水门事件、肯尼迪遇刺等世界重大新闻的报道和主持。尤其是在1963年听闻肯尼迪总统遇刺身亡被证实后，镜头前的他停顿了一下，取下眼镜抹去眼泪，努力地保持镇静，带着沉痛的悲伤播完整段新闻。这成为美国电视史的经典瞬间。1981年他从《晚间新闻》主持人的岗位退下来。2009年去世。

3. 追求镜头表达的丰富性，记录完整真实的谈话场

《新闻调查》把双机拍摄作为常态化的技术标准。几乎在每期节目中，《新闻调查》都采用双机拍摄的手法，目的在于丰富镜头语言，记录真实完整的谈话场(图2-15)。毋庸置疑，两台机器在现场所捕捉的信息，包括在谈话过程中所制造的谈话场，都是单台摄像机无法完成的。

图2-15 双机位采访

如果说双机拍摄是《新闻调查》制造真实谈话场的硬性要求，那么记者的逻辑能力、敏锐的观察力则是记录真实完整的谈话场所必需的软性标准。在整个谈话过程中，记者要敏锐地捕捉现场信息和谈话对象情绪上的细微变化，同时要适当地削弱自我个性的呈现。在节目中记者要牢记，自己只是配角，是在替观众提出他们最关切、最感兴趣的问题，起着连接事件当事人与观众之间的桥梁作用。而记者得以敏锐捕捉现场、不断追问的内在动力来自于求证问题、探寻真相的理性精神。

采访摘录

在把是非对错选择权交给观众的时候，其实这个过程中我们希望可以培养观众看待问题的方式。我觉得《新闻调查》最核心的东西就是培养一个“理性精神”，就是观众在看节目的时候不是收获这个事件本身，而是找到看待一件事情的方式和态度，如果能做到这一点，它就是我心目中最大的成功。一个更成熟的公民社会，大家都应该懂得法律的精神、理性的精神，但这种普及不是通过评论或者说教的方式，而是你作为记者和节目组本身能够以这样一种态度来做这样一个节目，让大家在看节目时能够感受到这些精神，这是我个人在做节目时的希望。

——《哈尔滨倒桥事故调查》编导　王晓清

要点小结

1. 电视深度报道的过程如同侦探式的叙述，新闻媒介和新闻记者独立调查取证，推动事件的明朗化，记者在其中的角色是调查者和事件推动者。

2. 叙事上要善于讲述故事，同时注意用事实说话，多层次、多角度揭露被隐蔽的事实。

3. 电视新闻深度报道要有缜密的逻辑思考，同时要善于用镜头语言表达。

三、延伸与思考

从诞生至今，《新闻调查》已走过了 20 年的历程，节目组所坚持的“(记录)正在发生的历史”“(探寻)新闻背后的新闻”的精神为我国调查性报道树立了榜样。

一档节目的兴盛，离不开制作团队秉持的专业理想和信念，更与整个社会的发展息息相关。如今，《新闻调查》在收视率的压力和新媒体的冲击下，也在调整节目策略。但不管平台和传播方式怎么变，如何在内容上做出自己的特点和品质，始终是《新闻调查》最为看重的要素。尽管现在对于新闻的时效性要求越来越高，但公众仍然想要了解事情的来龙去脉、前因后果、社会影响等方方面面，因此具有深度的新闻调查报道依然有存在的价值。

推荐阅读

《新闻调查》栏目组编著:《"调查"十年——一个电视栏目的生存记忆》,生活·读书·新知三联书店 2006 年版。《新闻调查》官网:http://www. cntv. cn/lm/xinwendiaocha/。

节目推荐

《新闻调查》自诞生之日起即成为中国社会发展的记录者,它把一件件看似平常的调查报道置于中国深刻的社会背景下,成为映射社会千姿百态的一面镜子。囿于篇幅,无法为读者提供翔实的经典案例剖析,其中一些报道虽然已历时久远,但仍非常值得研究与探讨,现列表如下,供读者观看和思考。

表 2-3 《新闻调查》中部分值得探究的报道

题目	刊播时间及题材	主要内容
《大官村里选村官》	1998 年 (民主选举)	1998 年是《中华人民共和国村民委员会组织法》颁布实施的第一年,吉林省镇赉县大官村率先展开了村官民主选举,两位从海选中脱颖而出的候选人严格地按照法律程序竞选村长。节目用纪实手法完整展现了农村直选村长这一具有历史意义的时刻,播出之后广受社会好评。《大官村里选村官》荣获第 39 届蒙特卡洛电视节"女神银质奖"。
《透视运城渗灌工程》	1998 年 (地方形式主义)	这期节目披露的是山西运城耗费巨资修建虚假渗灌工程的内幕。时任调查记者王利芬走访田间地头,实地考察了当地渗灌工程的利用情况,采访了地方负责人和当地农民,层层深入,揭穿了官方"渗灌工程,利国利民"的谎言,引发了巨大社会反响。该片获得《新闻调查》1999 年第四季度优秀节目金奖。
《睡在桥下的兄弟》	2012 年 (农民工生存状态)	2012 年的冬天,一位农民工躺在郑州的立交桥下 20 多天后死亡,引发社会对农民工尤其是露宿零工群体的关注。事件发生后,郑州市市政府暂时免费安排立交桥下的农民工晚上住旅店。然而不少农民工对此并不买账,认为此举影响了他们正常接活,对政府来说以此法解决农民工的住宿问题也非长远之计。如何让农民工群体在城市中有尊严地工作和生活,是摆在城市化进程的中国社会和政府面前亟须反思和解决的问题。
《天价乌木之争》	2013 年 (所有权)	一名四川农民从自家的承包地里挖出一根价值"千万"的木头,却被镇政府以国家财产为理由收回。为此,他把镇政府告上了法院。到底乌木归谁所有,双方各执一词。节目通过横向和纵向新闻背景的介绍让乌木的归属权变得不得而知。乌木的所有权争议也让相关物权法的完善得到大众的普遍关注。

第四节 《24 小时》:追求品质的新闻资讯节目

本节要点

1. 具有杂志化特征的新闻资讯节目。
2. 追求新闻品质。
3. 轻松的节奏,口语化播报。

《24 小时》是中央电视台播出的一档直播资讯节目(图 2-16)。节目内容以版块化的形式呈现,主要回顾和盘点当天重要新闻事件,深入挖掘新闻事件背后的故事,播出时间为每日 23:00—23:55。《24 小时》的内容涉及时政新闻、经济新闻、社会新闻、娱乐新闻、体育新闻等,紧贴当下社会和网络舆论热点,拓展了电视新闻类节目报道的视野和范围。

图 2-16 《24 小时》节目片头

2008 年,央视新闻频道因对汶川大地震、北京奥运会等大事件的报道而收视冲高。但是 2009 年上半年,收视却有较大回落。对于新闻从业者来说,突发新闻热点是可遇而不可求的,因此如何在平时也能做好新闻节目,是当时央视新闻中心亟待解决的问题。2009 年,央视新闻频道改版,提出"海量资讯,增加评论,淡化专题"的改版方针。在这一方针下,"资讯化"意识和整点新闻功能得到强化。经过调整,原先专题和资讯各占半壁江山的局面发生了变化。在此背景下,《24 小时》应运而生,制作团队的主力来自原《社会记录》栏目。2009 年 8 月 10 日,《24 小时》正式播出第一期节目。

《24 小时》一改以往新闻频道中新闻资讯类节目的沉闷和单一,通过"说新闻"而不是"播新闻"的方式和及时到位的新闻评论等,增加了新闻节目的多样性和观赏性,逐渐成为一档较为成功的深夜新闻资讯节目。

知识链接

《十年:从改变电视的语态开始》一书从一名参与者和见证者的视角出发,记录了 1993 年至 2003 年期间,中央电视台新闻节目的改革过程,以及作者对中国电视新闻改革的观察与思考。其中，对《东方时空》《焦点访谈》等新闻节目的创立背景以及重大活动的电视报道过程进行了详尽的回顾，讲述了节目背后鲜为人知的故事，探索了十年间电视新闻"说话方式"的变迁及意义。本书作者孙玉胜现任中央电视台副总编辑，曾参与制作《焦点访谈》《东方时空》《新闻调查》等多个经典新闻节目。

一、节目架构

作为央视新闻频道每天最后一档新闻节目，《24 小时》不仅要对当日的新闻热点有一个提纲挈领的筛选和把控，而且还要考虑到观众对于热点新闻背后的故事、人物资讯等信息的需求。因此，该节目兼顾梳理当日要闻和深度挖掘新闻故事两大任务。

伴随着片头音乐，首先映入眼帘的是当期头条新闻的内容提要，通常时间不超过一分钟，简洁明了地介绍当天的头条新闻内容，节奏紧凑，语言简洁。提要内容结束，插入一段宣传预告片后，就直接进入演播室的播报部分。

每期节目，主持人都以"24 小时，记录即将过去的××月××号，给大家梳理全天的新闻"作为开场白。"欢迎观看《24 小时》，一起来回顾今天的新闻"也曾是节目的经典话语。关键词"梳理""回顾"等都突出了《24 小时》的节目特点，有意识地表明节目的目标。

《24 小时》在节目策划的过程中以"主播关注""国内焦点"和"国际焦点"作为最主要的三个版块。其中，"主播关注"主要盘点当天最重要的时政新闻，并进行评论和深度挖掘。在三个主要版块中，穿插"声音""现场""今日面孔"等小版块，实现新闻内容的多样化衔接。2012 年元旦后，《24 小时》的版块设置有所调整，"主播关注"版块被一分为二，设置在节目的开始和结尾两部分，这样首尾呼应的安排，大大提高了节目的可看性，也提升了节目内容的逻辑关联程度。

《24 小时》充分利用 1 个小时的播出时间，平均每天播出的新闻数量都在 20 条以上。常规节目是由 2—3 个 15 至 20 分钟的"主播关注""今日头条""国内焦点""国际焦点""声音""现场""图说今天"(现已停播)等小版块组成。同时，根据当日社会焦点和重大事件，节目也会制作部分系列报道。比如 2014 年 12 月 28 日亚航飞机失联超过 6 小时，《24 小时》就在"今日头条"版块，用超过 8 条新闻的数量，约 15 分钟的时长，对"亚航飞机失联"事件进行了报道，从家属、航空公司、机上 2 岁的小女孩、天气气候等各个方面对飞机失联的原因、经过以及可能产生的后果进行了完整的分析。

【案例精选】

以 2014 年 12 月 28 日播出的《24 小时》为例(表 2-4)，看看其节目架构：

表 2-4　2014 年 12 月 28 日《24 小时》节目表

版块	内容	时长
现场	男子跳火车 疑因旅途综合征	1′49″
国际焦点	中国女性印尼遭性侵案：我使馆强烈要求印尼方面彻查	0′59″
国际焦点	希腊：渡轮起火 救援正在进行中	1′17″
现场	山东日照：被卡窗外 消防员托举营救男孩	0′45″
现场	吉林松原：观冬捕 买大鱼 游客云集查干湖	1′29″
国内焦点	虚假的补充耕地・陕西商洛：建经济开发区 村民耕地被征	3′04″
今日头条	亚航 QZ8501 航班今晨失联：失联航班或遭遇恶劣天气	4′01″
	亚航 QZ8501 航班今晨失联：新加坡乘客为一名 2 岁女童	3′19″
	亚航 QZ8501 航班今晨失联：2014 年 航空史上悲伤的一年	2′31″
	亚航 QZ8501 航班今晨失联・印尼媒体：一飞机在印尼勿里洞岛东部坠毁	0′35″
	亚航 QZ8501 航班今晨失联——亚航：亚洲地区首家低成本航空	2′19″
	亚航 QZ8501 航班今晨失联：亚航接连发布三份声明	2′53″
	亚航 QZ8501 航班今晨失联：该航班当地时间 7 点 24 分失联	1′45″
	亚航 QZ8501 航班今晨失联：今日搜救结束 明天一早继续	2′49″
主播关注	再问河南南阳“艾滋病拆迁队”：开发商为何雇佣“艾滋病拆迁队”？	1′22″
	再问河南南阳“艾滋病拆迁队”：未批先建项目有多少？政府是否知情？	0′33″
	河南南阳“艾滋病拆迁队”事件追踪：昨天南阳官方公布最新调查结果	2′04″
国内焦点	病死猪流入市场调查后续・江西高安：对涉事人员及场所展开彻查	1′37″
现场	广西南宁：越野车连撞多车 致 1 死 10 伤	2′39″
国内焦点	猎狐行动・河北：私开地下钱庄 潜逃迪拜被劝返	2′03″
国内焦点	虚假的补充耕地・陕西商洛：村民说地未被冲 国土局材料疑点多	5′15″
国内焦点	服刑人员猝死调查・江西赣州：急性心功能障碍是直接死因	2′17″
国内焦点	服刑人员猝死调查・江西赣州：服刑人员狱中死亡 身负多处伤痕	2′18″
现场	吉林松原 查干湖冬捕：八方买客争抢“头鱼”	1′06″
国内焦点	关注立法法修正案草案：无法律依据 地方权力不能“任性”	1′51″

得益于播出时间为非黄金时段，《24 小时》的新闻在选题上具有较大的自由度，口径也较为宽松。国际、国内时政要闻、民生新闻、网络事件热点都在其新闻报道的范围内，实现了“从草根到高端，新闻因人而生动，从细节到悬念，讲述因人而精彩；理清事件因果，抵达真相纵深，记录正在发生的历史，渗透新闻背后的新闻；深度解析热点之中的利害纠葛，鲜明表达客观理性的媒体立场”①。

① 王磊：《央视新闻频道晚间节目的编排策略》，《现代视听》2009 年第 7 期。

二、节目特点

1. 张弛有致的版块设置

《24 小时》在最初筹备策划阶段，对于资讯化的制作理念还表现得不是特别强烈，相反，非常注重专题节目形态。节目最初的设定是以 5—6 个 8 至 10 分钟的新闻专题报道，结合大量编导外采短片的模式来制作这一个小时的节目的。直到节目开播前三天，整个专题节目的制作思路被否定，最终，节目组结合《共同关注》制作资讯节目的经验以及《新闻周刊》按照栏目分块的架构模式，提出以新闻版块来搭建整个《24 小时》的内容结构。

在重新确立了制作思路之后，《24 小时》设置了“国内焦点”“国际焦点”“主播关注”“今日面孔”“声音”“图说今天”等版块。版块构成整个节目的骨架，建构好了骨架再向其中填充有价值的新闻内容。《24 小时》的版块内容并不相互独立，而是以成组的方式出现，比如“主播关注”是由 2 到 3 条具有内容关联性的短片共同构成。版块的设置总体上起到了调整节奏的作用，使节目内容之间更加富有连贯性和逻辑性。

《24 小时》的版块在内容和形式上具有统一性。例如，“今日头条”主要是播报新闻热点和突发事件等，类似希腊公投、马航和亚航飞机失事的新闻都被设置在“今日头条”当中播出(图 2-17)。而“主播关注”则更加关注具有较强话题性的内容，比如《郭美美事件》《河南“艾滋病拆迁队”》《最高检：整合组建新反贪总局》《打击冷冻“僵尸肉”》等(图 2-18)。

图 2-17 《24 小时》的“今日头条”版块

图 2-18 《24 小时》的“主播关注”版块

版块化的设置要求新闻编辑对新闻内容有深度的把握，这样才能够根据版块的特点将不同的新闻内容按照统一的标准放入其中，从而保持版块的统一性和持续性。同时，每个版块要有明确的功能和目的，比如“主播关注”就是一个以表达观点为特色的版块，选择的新闻题材具有一定的话题性和公共性，能够产生观点的碰撞。而“今日面孔”则是以人物新闻为主，主要播出普通人的故事。针对版块化的设置，《24 小时》在新闻选材上有相对应的标准,以实现节目风格的一致。

版块化的设置不仅对节目内容的选择产生了一定影响,而且对整个节目的逻辑串联也有很高的要求。它要求版块之间的排列具有内在逻辑性,在版块安排的先后顺序上需要精心雕琢,使得版块与版块之间相互照应。《24 小时》在早期的版块设置上,基本使用的是 2—3 条“主播关注”“国内焦点”“国际焦点”,另外搭配“声音”“现场”“今日面孔”等小版块构成整个节目。版块里的内容具有一定的关联度,形式也较为一致。比如,在“艾滋病拆迁队”事件报道中,“主播关注”版块持续关注这一异常事件的进展,多角度追问事件真相:开发商为何雇佣“艾滋病拆迁队”?未批先建项目有多少?政府是否知情?南阳官方公布的最新调查结果是什么?由此很好地起到了媒体“社会监测”的功能。2012 年之后,《24 小时》对原有的版块编排进行了调整,比如“主播关注”被一分为二,在首尾各出现一次,“声音”“现场”“人物”等穿插在主要版块中播出,更加灵活多变。

值得一提的是,《24 小时》版块化的设置为节目内容在网络上的传播提供了便利。通过版块将整期节目进行碎片化处理,从而满足网络传播的特点和需求,能够有效地实现电视新闻与网络平台的接轨。

2. 专注新闻的价值理念

《24 小时》虽是深夜播出的资讯节目,但却不因播出时段而影响新闻的品质;相反,栏目较好地利用了时间差,在报道深度和视野广度上下了功夫。

首先,《24 小时》是晚时段发生的、有价值的突发新闻或新闻事件的第一播报平台。2011 年 7 月 23 日晚 8 点突发“7·23 甬温线动车特大事故”,《24 小时》在当晚得到事故发生的消息后,通过多方信息渠道进行证实,到当晚 10 点 45 分左右,就从消防渠道得到了唯一一段现场画面。当晚 11 点,《24 小时》开篇就以突发新闻形式首播了“7·23 动车事故”的新闻,是官方媒体中第一个播报动车事故的新闻节目(图 2-19)。

图 2-19　《24 小时》第一个报道“7·23 动车事故”新闻

其次,在选择新闻内容的时候,《24 小时》也致力于为已经发生的新闻事件提供不一样的观察视角和深度评论。作为一档全天新闻盘点类节目,《24 小时》并不以新闻条数来填充时间,而是充分发挥全天新闻“总编辑”的功能,强化新闻落点的提炼与分析,为观众提供更开阔的视野、更具深度的理解。由此,《24 小时》成长迅速,受到业内外好评。

3. 平衡盘点与发现功能

2009年央视推出《24小时》时，并没有对这档节目的性质作明确的要求。但是作为全天最后一档新闻节目，盘点梳理全天的新闻成为《24小时》区别于其他资讯类节目的一个重要特征，也是这档节目最显著的功能。《24小时》在制作节目内容时，会参考全天新闻频道资源平台上丰富的新闻资讯，通过筛选和重新整合编排，变成一档汇聚全天时事要闻的节目。

然而，如何在已经报道过的新闻中筛选新闻，及时补充、增加新的新闻信息，发现新亮点，成为《24小时》节目制作流程中的一项重要任务。在《24小时》节目发展史上，对新闻事件的挖掘最经典的案例就是2011年发生的郭美美事件。当时郭美美炫富的微博、郭美美与中国红十字会之间的关系疑云已经引发广泛的社会讨论，但却没有央视的新闻节目对这起事件进行深入的调查和报道。《24小时》关注到当时社会舆论对郭美美事件的讨论，2011年6月25日率先在"主播关注"版块播出了《究竟谁是郭美美?》，成为央视第一个报道郭美美事件的新闻节目。

尽管《究竟谁是郭美美?》只有短短3分钟，但却是中央电视台首次对"郭美美事件"作出的报道。节目最后，主持人评论说："作为媒体和每一个关注此事的公众，我们不能按照自己的想象和思维的惯性，去人为地认定郭美美事件最终的结果和性质。但是作为一个社会的公益机构，承载着中国慈善事业名誉的公益机构，中国红十字会有责任向社会用事实来证明。"这段评论也被看作是推动相关机构严肃调查"郭美美事件"的一个动力。

4. 追求表达的亲切平和

《24小时》的主持人具有较强的表达能力和评论能力，因此《24小时》将主持人对新闻的点评和讨论作为节目的一个特色。不同于其他新闻节目，《24小时》的新闻点评内容更加关注民生，语气和口吻非常平民化，语言十分生动活泼，有时候还会援引网络评论和网络热词来作点评。

《24小时》一般采用双主持人的播报模式，大部分内容采用单人交替播报，但在进行新闻点评和讨论的时候，则会采用双主持人同时出镜进行"聊天式"的播报点评。主持人以聊天的方式，用犀利、幽默的口吻评论新闻，增加了节目的灵活性，使其更具吸引力和亲切感。

【案例精选】

2013年1月16日播出的节目当中，"主播关注"版块报道的就是《影星周星驰当选广东省政协委员》这样一则新闻。在播放了周星驰的影片后，主播肖艳对新闻进行了讨论式点评，新闻标题还援引了周星驰的电影台词"国家有任务给你了"，这种接地气的表达在网络上获得热传。之后主持人又点评说："不管怎么说，周星驰已经当上政协委员了。其实这件事情为什么会成为一个新闻呢？很大程度上，因为很多人觉得是不可思议的。有些人当然感慨了，说这是戏如人生，但有些人更直接，他们就问了，'周星星，你当政协委员行吗？'"（图 2-20）

图 2-20　《24 小时》主持人点评"周星驰当政协委员"

这样轻松自然的新闻点评是《24 小时》的一大特色，不仅让新闻节目更加张弛有度，而且口语化的交谈方式也能够拉近主持人与受众之间的距离。

要点小结

1. 作为全天新闻盘点类节目，《24 小时》准确把握了该时段观众的需求，在新闻整合的深度和广度上下功夫，实现了差异化的效果。

2. 在强化新闻内容品质的同时，口语化的播报、聊天式的点评，增强了节目与观众的交流感和心理上的接近性。

三、延伸与思考

《24 小时》是央视改版之后，晚间新闻节目中一档比较有代表性的直播资讯节目。在新闻频道 24 小时持续不断的新闻播报中，《24 小时》发挥了总结当日热点、挖掘当日新闻的功能，充分实现了与观众现实生活的贴近性，实现了生活语言在电视新闻播报中的灵活使用。迄今，《24 小时》仍然凭借其话语的轻松性、内容的接近性、形态的多样性而保持着较高的收视率。

从节目内容来看，在一天的紧张生活之后，《24 小时》用轻松愉悦的口吻为观众梳理一天的新闻事件。节目重视国际热点，关注国内民生问题，新闻视野比较开阔，播报和点评口语化。当然，节目的新闻评论受到时间和整体风格的限制，所占比重不大，有时候起到的仅是调整节目节奏的功能。若《24 小时》想在保持亲民的表达风格的同时，更加体现点评的深度，需要精炼表达，一针见血地直指问题的关键，同时从多角度为观众提供信息，增加点评的深度。

《24 小时》在深夜 23 点播出，这并非传统的新闻黄金时段，但如果节目基于对该时段的观众的分析，进行定向深化，同样可以创造不错的收视成效。以下推荐几档中外深夜新闻节目，供观摩比较（表 2-5）。

表 2-5　中外深夜新闻节目推荐

频道	午夜节目	播出时间	简介
凤凰卫视	凤凰子夜快车	周二至周六 00:00—00:30 （首播）	“一天的终结就是另一天的开始，地球没有停止一刻。综合报导世界大事，载送全日新闻精髓。”这是《凤凰子夜快车》的标语。《凤凰子夜快车》凭借凤凰卫视的国际化平台，关注国内和国际热点的最新动态。虽然对于中国来说这个时间段是午夜，但是对于欧美和中东地区来说正是白日。节目很好地把握了这个时间差，及时关注国际热点事件的最新动态，第一时间进行采访和播报，以快速的反应，力求做到“地球没有停止一刻，新闻不会停止一刻”，为关注国际事务的受众提供快速、及时、第一手的国际新闻资讯。目前，节目的主持人由安东、黄橙子、万俊、李科夫担任。
CBS	大卫·莱特曼深夜秀	周一至周五 23:35—00:37	CBS 的《大卫·莱特曼深夜秀》是一档著名的午夜脱口秀节目，1993 年 8 月 30 日播出首集节目。节目以纽约市的景色片头搭配 CBS 交响乐队演奏的节目主题曲为开头，紧接着主持人大卫·莱特曼出场，之后大卫·莱特曼会基于观众对节目的反馈和流行文化、政治事件等表演一段单口。在一段广告之后接入对嘉宾的现场采访，这是节目最为出彩的一部分，很多明星艺人、政治人物、网络红人等都曾做客大卫的节目，谈话内容也涉及社会时事和政治等，但都以搞笑的方式进行解读。《大卫·莱特曼深夜秀》曾在“电视指南 50 个最佳电视节目”中排名第 7 位。2014 年大卫·莱特曼宣布退休，他的最后一期节目在 2015 年 5 月 20 日播出，之后由史蒂芬·科拜尔（Stephen Colbert）接任主持。大卫·莱曼特从主持 NBC 的深夜秀到 CBS 的深夜秀已有 30 年，超越了约翰·卡尔森，成为主持深夜节目最长时间的主持人。
日本电视放送网株式会社（NTV）	News Zero	周一至周四 22:54—23:58， 周五 23:58—00:58	2006 年 10 月开始播出，是一档主要针对上班族和年轻人的深夜新闻节目，首席主播是村尾信尚。除了首席之外，还有女性辅助主播进行播报，节目还针对不同类型的新闻设有体育主播、气象主播、教育问题主播、星期主播等。节目形态十分年轻，内容也偏向于社会，为上班族和年轻人提供喜欢的内容。

第五节　《零距离》:国内民生新闻的开创者

本节要点

1.《零距离》是国内民生新闻节目的开创者。

2. 民生新闻意味着中国电视新闻语态的转变。

3. 民生新闻的瓶颈与《零距离》的突破。

《零距离》原名《南京零距离》,是江苏省广播电视总台城市频道制作的一档日播类新闻资讯直播栏目(图 2-21)。该栏目于 2002 年 1 月 1 日开播,至今已播出了 13 年。自播出以来,《零距离》拥有较高收视率,保持着南京地区所有节目收视率之首。《零距离》也是全国年度广告创收规模最大的民生新闻栏目。①

图 2-21　《零距离》片头

《零距离》最具里程碑意义的是"作为一种新型的节目样态,其关注民生、反应民情、表达民意的基调,其平视百姓、走近百姓、互动百姓的视角,都掀起了中国电视新闻节目从语态到视角、从内容到形式、从播出方式到影响模式的全新转变"②。节目理念和操作手法被称为电视新闻遵循新闻规律、回归新闻本质的一次革命性突围。《零距离》的成功也使其不断地被各类竞争者模仿。

背景链接

新世纪以来,中国电视行业迅猛发展,电视产业结构的调整为省级电视媒体发展提供了新的空间。新一轮电视频道竞争引发省级电视台纷纷选择差异化的竞争策略,媒体市场意识空前高涨,吸引观众、提升收视率成为重中之重。

"新闻立台"观念的重新确立,使得电视新闻理念被重新界定。电视新闻的收视格局亦被重新划分,电视新闻在不同层级的频道中开始呈现出差异化趋势。

"以人为本"的工作方针及一系列亲民、为民政策的出台给民生新闻的兴盛营造了良好的政策环境。"贴近实际、贴近生活、贴近群众"的"三贴近"精神的提出成为"为

① 《中国电视民生新闻发展报告》课题组:《交流·合作·共赢:中国电视民生新闻发展考察——以全国省级台民生新闻协作体为考察对象》,《现代传播》2011 年第 9 期。

② 胡智锋、李刚:《变革、困境与开拓——由〈零距离〉升级改版看中国民生新闻的新突破》,《中国广播电视学刊》2009 年第 6 期。

民"理念在传媒领域的延展。

——参见侯迎忠:《电视民生新闻研究综述》,《现代传播》2006 年第 5 期

一、节目架构

《零距离》自开播以来一直保持 60 分钟的时长,节目架构在 13 年中经过了多次调整,但其特色和优势都得到了延续,主持人、节目定位和主要风格都没有太大变化。

60 分钟的节目被分为多个小版块,目前由"民生要闻""新闻调查""卫星连线""零距离维权""卞说卞聊""说天气"(周日为固定的《秦大妈说天气》)等组成。

以 2015 年 1 月 27 日的节目编排为例(表 2-6),看看目前该节目的架构情况。

表 2-6 2015 年 1 月 27 日《零距离》节目表

版块	内容	时长	版块介绍
现场报道	强收废品"破烂王"聚众伤人	2′6″	该版块由 8—10 条新闻组成,主要是当天的突发新闻、有现场感的民生新闻等。所有的报道全由记者现场出镜,力求迅速准确、短小精悍、节奏快速地展现现场感。
	渣土车肇事逃逸 市民拍下追尾瞬间	1′0″	
	小车自燃 热心市民拍下现场	1′55″	
	热心公交司机 下车勇擒小偷	2′10″	
	银行柜台出错 存款给了别人	1′36″	
	四个监控探头下:猖狂小偷顺走手机	1′51″	
	危险:超载大货车 少个轮胎还跑高速	1′26″	
	春运临近 超载抬头	1′19″	
	城市频道送挡风被:帮快递员消除安全隐患	2′45″	
	心脏停跳七天 小伙靠"人工心脏"复活	2′8″	
新闻发布	江苏省政协委员:微信会议 告别"文山会海"	2′44″	由 3—5 条新闻组成,主要发布与民生相关的权威信息,包括与民生相关的时政新闻、相关政策的发布与解读等。每条新闻时长在 1 分半左右,利用各种图表进行说明。为了增强节目的权威性,节目会不定期邀请部门新闻发言人走进演播室,直接发布新闻,这一版块同时成为政府信息发布平台。
	江苏省政府工作报告:2015 年再办十件民生实事	3′0″	
	南京"新年欢乐送"走进南京虹悦城	4′35″	
深度调查	零距离维权:帮聋哑家庭的孩子上学	2′47″	重视和强调记者介入新闻事件、揭露事件真相的过程,体现舆论监督力。
	十五万元贷款为何不翼而飞?	6′4″	
	看新闻拿大奖:好人好心得好报	2′43″	
卞说卞聊	今日话题:路灯背后透着"黑"	8′15″	《孟非读报》的延续,作为一个名牌子栏目,改版后邀请了更多名人参与讨论,力图打造一个多元话语平台,新闻范围由本地和本省新闻扩大到全国重点新闻。

二、节目特点

1. 中国民生新闻的开创者

节目开播之初，江苏城市频道就采用了“民生新闻”这一概念推广《零距离》。随着节目的成功，“民生新闻”的说法也开始被国内电视界广泛认可，而民生新闻的兴起又被看作是中国电视真正的“本土化新闻”。

知识链接

电视民生新闻作为一个新生事物，业界、学界对这一概念有着不同的理解，给它下的定义也多种多样。目前，比较有影响的有“新闻题材说”“节目形态说”“传播对象说”“价值取向说”四种。

“新闻题材说”认为电视民生新闻是一类独立的新闻报道题材，是与时政新闻、社会新闻、经济新闻、科技新闻、体育新闻等并列的概念。“节目形态说”认为电视民生新闻是以民众生活为主体的新型电视新闻节目。“传播对象说”则将民生新闻视为办给老百姓看的电视新闻节目。“价值取向说”认为考察电视民生新闻这一概念，不应当仅仅局限于新闻体裁、样式等专业层面上，而应当更多地从新闻媒介、新闻工作者实践活动的价值取向上去考察。电视民生新闻强调的是：电视媒体、电视从业人员从民本的立场、观点、态度出发，对市民百姓的生活进行报道，体现媒体关注民生的姿态。

——参见戚姚云、陈滢潇、陈富清：《电视民生新闻的概念界定》，《中国广播电视学刊》2008 年第 8 期

中央电视台和省级卫视在时政新闻报道上拥有绝对的优势，因此作为地面频道的新闻节目，《零距离》有意避开时政新闻等“硬新闻”，在选题上以与民众生活的相关程度为依据，报道公众关心的新闻故事。

民生新闻的选题，一部分是直接通过电话、邮件等方式从公众中搜集而来，甚至公众自拍的新闻也可以直接在电视上播出。《零距离》甚至邀请婚庆公司摄像师为节目提供内容，还通过设立“社会新闻大赛”等多种方式鼓励百姓拍新闻。这些举动大大拉近了新闻和公众的距离，公民记者在其中亦发挥了相当重要的作用。

“以民为本、民生内容、平民视角”是民生新闻最突出的价值取向，体现在新闻中就是从市民最为关注的视角切入。比如《整治“水果车”宜疏不宜堵》这则报道，在报道城管清理水果车之后提出了“取缔了这些临时水果摊点，老百姓买水果方便吗”的问题。对于如南京“两会”这样的时政新闻，《零距离》始终围绕衣食住行等方面进行报道，如“公交 IC 卡如何更好地服务民众”“如何降低药价”以及“增加药价透明度”等。

《零距离》一直在用各种方式来加强与观众的联系。首先，节目设置了互动环节，

通过提问来征集市民意见，市民通过参与一些诸如“南京长江大桥收费站该不该拆”“小学升初中要不要考试”“公共场所是否应该禁止宠物入内”等问题的讨论，间接地影响到城市政策制定的过程。其次，节目还通过举办“零距离社区行”等活动来增强与观众的互动（图 2-22）。

图 2-22　新媒体时代《零距离》用微博来收集民意

图 2-23　孟非主持的《孟非读报》

对于电视新闻来说，主播的风格是决定该节目风格走向的重要因素。《零距离》主持人的风格是轻松、亲切的。作为该节目主持人的代表，孟非的公众形象与传统意义上的新闻主播相比可谓另类：光头、说起话来嘴角还略有些歪、点评新闻时不拘泥传统、充分展现自身的个性和思想。他主持的《孟非读报》节目让一个看似不适合电视呈现的内容大受欢迎（图 2-23）。

2. 新兴全媒体演播室的尝鲜者

2013 年，江苏电视台城市频道对其演播室进行全新改造，体现出“全景化、大屏化、全媒体化”的特点，改变以往演播厅单纯重视造景的情形。新演播室主要包含背景大屏幕景区、虚拟绿箱景区和多屏互动景区，各景区可单独录制，也可以采用全景模式完成频道各个栏目的直播和录播（图 2-24）。

图 2-24　接替孟非和《孟非读报》的卞缙和《卞说卞聊》

全媒体演播室的上线凸显了节目制作

的“全景化”理念，即从演播室舞美设计阶段便引入栏目包装的概念，结合演播室灯光、摄像机系统等合理设计多个相互关联的景区，达到 360 度无死角环拍的效果。“大屏化”中大屏幕播出系统最直观地体现了节目的形象和演播室的硬件基础，能够提升节目的整体气势，增强新闻节目的可视性(图 2-25)。虚拟景区可以作为事件结果的展示区域，起到还原现场的作用。主持人可以通过手上的平板电脑控制屏幕，增强栏目的互动性。“全媒体”融合微博、微信、移动 3G 等现代传媒元素，实现节目录制过程中与场外观众的互动，并通过海量资讯搜索以及多屏互动完成节目录制。

图 2-25　《零距离》的大屏幕运用

《零距离》从开播之日起就坚持直播，强调“第一时间”的传播效果。直播方式经历了演播室直播和现场记者的语音连线，最终实现新闻事件的现场卫星直播，从 ENG 逐步迈向了 SNG。《零距离》是国内第一个几乎天天利用 SNG 进行播报新闻的电视节目。每天在节目播出时，SNG 和 3G 两个报道小组随时待命，一旦有重大突发新闻，便随时打破正常节目的播出，插播现场连线报道。

3. 将新闻与公益结合的实践者

民生新闻对社会问题有天然敏感性，最了解百姓的公益需求，可以说，民生新闻具有与生俱来的公益精神。《零距离》从播出伊始就坚持公益定位，塑造公益形象。节目成立后的第一个广场活动就是“阳光行动”，为无力上大学的贫困学子募集资金。此后年年坚持评选“十大公益服务大奖”，将鲜花献给那些为社会默默奉献的人群，既获得了公众支持，又建构了良好的品牌形象，提升了节目的社会影响力。将公益活动系列化、常态化是该节目的独特风格，这些公益活动提高了节目的知名度、公信力和影响力。

知识链接

电视公益节目主要分为常态化电视公益节目和特别电视公益活动。大部分常态化的帮扶类、社会调解类的公益节目因其话题相对琐细具体，缺乏普遍关注价值导致影响力不足。相对而言，电视公益活动近年越来越受到青睐。这是因为电视公益活动不仅将电视各种元素融入公益活动中，直观生动地呈现电视公益的过程和现场情态，而且将各种社会力量、社会资本汇聚在一起，借势发力，彰显媒体的社会责任。从某种意义上说，电视公益活动已成为媒体吸引社会关注的重要策略。

当前固定的公益活动诸如“感动中国十大人物”“3·15 公益晚会”等固定活动已建立了较高的美誉度和影响力，观众也形成了年度定期关注的“约会意识”。

——参见王晓红：《民生新闻的公益品质和价值期待——齐鲁频道“公益齐鲁 公信天下”的成功启示》，《中国广播电视学刊》2012 年第 12 期

4. 电视民生新闻品牌的塑造者

近几年，品牌和风格越来越成为西方电视新闻节目影响力的重要构成要素，而中国电视新闻在日趋激烈的媒体竞争中也开始出现类似的变化。在全媒体、多频道时代，品牌对于媒体和节目的生存至关重要。

知识链接

公益电视品牌的代表：2011 年 9 月，齐鲁频道把品牌升级战略定位于“公益”，提出“公益齐鲁，公信天下”的口号。其品牌栏目《拉呱》自开播之日起就定位于“倡导中华文明的核心价值：仁爱信义，忠孝和睦”，为民代言、惩恶扬善；节目推出了一批有影响力的社会公益活动，诸如救助弱势群体的“毫光工程”，解决贫困乡村交通难题的“连心桥工程”，关爱留守儿童活动，建立乡村文化站和卫生站等，主持人也是各种公益活动的参与者和形象大使。

——参见王晓红：《民生新闻的公益品质和价值期待——齐鲁频道“公益齐鲁 公信天下”的成功启示》，《中国广播电视学刊》2012 年第 12 期

民生新闻节目的本土化、平民化、服务性、贴近性等特点契合了观众的收视需求，在观众中积累的口碑可转化为商业价值。在一些特殊的时间节点，《零距离》会打破固有编排，着手打造一些大型直播活动，包括动态报道、新闻故事、相关的调查和评论，借此吸引观众的注意力，塑造节目品牌形象。比如，《零距离》策划了《解放日——新中国成立 60 周年》《盛世天象——日全食大追踪》等大型直播行动。2014 年南京大屠杀国家公祭日期间，《零距离》推出了 8 集纪录片《真相 1937》，在节目中每天播出。

除了节目品牌，《零距离》还致力于打造主持人。此外，《零距离》还打造了一个出镜记者群体，在不同的民生领域打造专业化的品牌记者。比如《零距离》的三名知名维

权记者鲁青、尹美又、杨威，他们在“零距离维权”中帮百姓解决各类维权难题（图 2-26）。《田柳探营》的记者田柳与军方保持着密切的合作，在国庆阅兵、汶川地震、各种军事演习、珠海航展的现场都能看到她的身影。此外，《零距离》还经常举办“社区行”“便民网”“电影进社区”等线下活动，拓展延伸了产业经营范围，提升了品牌影响力。

图 2-26　主打记者品牌的“零距离维权”版块

要点小结

1.《零距离》是国内民生新闻的开创者，其成功的节目形态为国内多家地方台所效仿。

2. 民生新闻的平民性体现在新闻选题、切入角度以及平民语态等方面。

3.《零距离》通过打造节目、主持人和记者品牌，以及常态化的公益活动等措施强化自身的品牌形象。

4. 民生新闻在经过十多年发展后，想要继续保持领先优势，需要不断创新。

三、延伸与思考

《零距离》带动了国内“民生新闻”浪潮。对于中国电视而言，民生新闻最大的意义不仅在于改变了中国电视新闻的语态，更重要的是，它是中国电视的一次本土创新。然而，经过十余年的发展，各台民生新闻的收视率出现了普遍下滑的态势，原因大致有以下几方面：

首先，新闻的同质化严重。同一地域范围的多个频道栏目都把镜头对准了有限的新闻信息来源，报道方式千篇一律，同质化倾向造成了观众的审美疲劳。

其次，报道内容低端化、浅薄化。在收视压力下，一些媒体习惯报道交通事故、刑事案件、社会纠纷等题材，追求煽情化和视觉刺激，吸引受众眼球，一些新闻充满了低级趣味。

再次，曲艺化、故事化、方言化等方式能够有效地拉近新闻节目与观众间的距离，但也会使观众过于关注新闻所表现的形式而忽略了新闻内容本身。

最后，近年来各家卫视纷纷投入巨资，以大投入、大制作的电视剧和综艺节目强力挤压地面频道，这也在一定程度上导致了民生新闻的弱化。

在这种情况下，2009 年《零距离》在播出七年后进行了升级与改版。大胆放弃“南京”的亲和力优势，冲破地域局限。地域概念突破后，《零距离》的发展方向确定为“大民生”，不再局限于一城、一地、一省老百姓的柴米油盐、鸡毛蒜皮的小事，而是将视野扩大到与百姓生活息息相关的宏观政策及走势，不过依旧从民生角度对此进行分析和解读。可以预见，《零距离》这类节目和民生新闻想要继续创新，必须要从新媒体环境下受众的收视需求和特点着力。

目前民生新闻在全国各地方电视台落地开花，各台在着眼百姓生活的同时都不断探索新模式，在当地产生了较大的影响力。下面是一些值得观看和研究的民生新闻节目：

表 2-7 民生新闻节目推荐

节目	所属电视台	简介
《电视问政》	武汉电视台	2006 年开播，现已成为武汉市纪委、市委宣传部等多家单位联合打造的知名电视传媒品牌，成为媒体利用其影响力对政治实行直接作用的一种新的传播形式。
《拉呱》	齐鲁电视台	2005 年齐鲁电视台借助曲艺这种形式首创了全国第一个曲艺式新闻栏目《拉呱》。这档栏目用方言的形式说新闻，再加上主持人“小么哥”曲艺演员的身份，将“说学逗唱”的方式与新闻内容相结合，形成了该栏目最大的亮点。
《阿六头说新闻》	杭州电视台 西湖明珠频道	2004 年播出，用杭州话播报新闻。采用角色化播报，主持人生动活泼的演绎方式受到杭州地区观众的喜爱。

第六节 《今天》：早间新闻的典范

本节要点

1. 根据受众收视习惯安排内容。
2. “鱼缸”式演播室及其优势。
3. 重点新闻的放量编排。

《今天》(*Today*)，也被称作《今日秀》(*The Today Show*)(图 2-27)，是美国全国广播公司(NBC)推出的一档早间新闻节目，于 1952 年 1 月 14 日首播，至今已有 63 年的历史。这档节目自播出以来一直蝉联美国早间节目的收视冠军，直到 20 世纪 80 年代末被美国广播公司(ABC)的《早安美国》(*Good Morning America*)超越。经过一段时间的重整旗鼓，1995 年 12 月 11 日后，根据尼尔森收视率调查，《今天》再次成为全美每周收视率最高的早间新闻节目。

图 2-27　从 2009 年起《今天》使用的 logo

背景链接

《今天》节目开播之时，美国家庭的电视拥有量已经从 1950 年的 300 万台迅速增长到了 1500 万台。不同于以往严肃的新闻节目，它以轻松的晨间新闻为主，最早由戴弗·加洛维(Dave Garroway)主持。当时的节目包含了国内新闻头条、与新闻当事人的深度访谈、生活时尚专题、其他各类软新闻、小环节和噱头，以及地方台的最新消息。如早年在节目中出现了大猩猩马格斯(J. Fred Muggs)表演小把戏，并与戴弗·加洛维一起主持节目(图 2-28)。《今天》的成功也引发了其他电视台早间新闻节目的纷纷效仿，如美国广播公司(ABC)的《早安美国》(*Good Morning America*)和哥伦比亚广播公司(CBS)的《早间秀》(*The Early Show*)。《今天》的编排方式和结构模式也深深影响了我国的早间新闻，《马斌读报》《凤凰早班车》《朝闻天下》等节目都受其影响。

图 2-28　1954 年戴弗·加洛维与"大明星"马格斯及伙伴共同主持节目

人物链接

戴弗·加洛维(Dave Garroway)(1913年7月—1982年7月)是美国电视史上的一位重要人物,他是NBC《今天》最早的主持人(图2-29)。当时他以轻松随和的风格出现在荧屏上,颠覆了以往电视主持人照本宣科、严肃古板的形象。在聊天交流的过程中,戴着一副大眼镜的加洛维经常一边抬起手掌,一边说着"淡定"(peace),这也成为他的标志性动作。

图2-29 加洛维的"招牌动作"

人物链接

西尔维斯特·韦弗(*Sylvester Weaver*)(1908年12月—2002年3月),曾任美国Young & Rubicam广告公司的总经理,1953—1955年担任美国全国广播公司(NBC)主席。

韦弗在广播的黄金时代在Young & Rubicam广告公司工作。20世纪30年代他制作的*Fred Allen's Town Hall Tonight*广播节目获得成功,随后他便掌管了公司所有的广播节目。1949年NBC雇佣他与CBS抗衡。在NBC他做出许多开创性举措,其中不少改革之后成为各大电视网学习的典范。20世纪50年代,他先后制作了*Today*(1952)、*Tonight*(1954)、*Home*(1954)和*Wide Wide World*(1955),取得了不错的收视成绩。

韦弗坚定地相信电视应当在给观众带来娱乐的同时教育大众,因此他要求NBC的所有节目每一部分至少包含一条精致的文化内容。

一、节目架构

1952年《今天》首播时只有2个小时,2000年扩充到了3个小时,2007年9月扩充到4个小时,使《今天》成为美国最长的早间新闻节目。在每天播出的前3个小时里,节目每逢半点和整点的最后几分钟都会提供一个窗口给地方附属台,用以插播地方新闻。

【案例精选】

以2015年1月2日的节目为例,可以一瞥《今天》如何分配4个小时的节目时间。

表 2-8 2015 年 1 月 2 日《今天》的节目内容

时间		新闻类型	播出内容
第 1 小时	7:00 a.m.	节目预报	简单介绍今天的重要新闻，镜头从人群外景摇进“鱼缸”演播室。
	7:02 a.m.	最新新闻	搜寻亚航 8501 航班遇难者的行动仍在继续。
	7:04 a.m.	最新新闻	马里奥·科莫去世。他曾是纽约州的州长，美国政治家，1932 年出生，享年 82 岁。
	7:07 a.m.	新闻追踪	调查：警官在卧室杀死了自己的妻子。
	7:08 a.m.	新近新闻	以美国为首的北约联盟对叙利亚进行了空袭。
	7:09 a.m.	新近新闻	非法入境的移民可以申请驾照。
	7:12 a.m.	新闻追踪	流感继续席卷全国。
	7:14 a.m.	新近新闻	女王守卫因恐怖威胁撤离。
	7:17 a.m.	连线访谈	Bono 是爱尔兰摇滚乐团 U2 的主唱兼吉他手，在接受访谈时他表示自己可能永远都无法再弹吉他了。
	7:31 a.m.	国内新闻	好莱坞希望 2015 年票房好转。
	7:40 a.m.	人物访谈	林赛·沃恩是美国著名的高山滑雪运动员，2014 年因为膝盖受伤无缘索契冬奥会。在这期访谈中她表明了自己想要重振旗鼓的决心。
	7:42 a.m.	人物访谈	艾米·凡·戴克鲁昂曾是奥运会游泳冠军，在访谈中她表达了自己的期望。
	7:50 a.m.		扎克·伯格 2015 年的新挑战。
第 2 小时	8:03 a.m.	社会新闻	男子发现自己的胳膊里嵌有长达 50 年的事故碎片。
	8:10 a.m.		谷歌的新年搜索热词是“宿醉疗法”。
	8:11 a.m.		电子戒毒所的出现。
	8:13 a.m.		“回到未来”是否能够准确预言 2015 年。
	8:14 a.m.		《价格是否正确》这档游戏竞猜节目的选手竟然不知道 iPhone 的价格。
	8:16 a.m.	主打新闻	身为导演的安吉丽娜·朱莉在《坚不可摧》这部电影中指挥布拉德·皮特。
	8:21 a.m.		《今天》主持人分享 2015 年的个人计划。
	8:33 a.m.	生活服务	专家给出建议：如何在新年中打扫凌乱的家。
	8:40 a.m.		少女向观众展示打橄榄球需要用“心”领悟。
	8:46 a.m.	生活服务	旅行建议：如何享受一次既舒适又经济的旅行。
	8:52 a.m.		维拉德·斯科特展示划时代的生日。

续表

时间		新闻类型	播出内容
第 3 小时	9:00 a.m.	主打新闻	你是否能像安吉丽娜·朱莉和布拉德·皮特那样和你的配偶一起共事。
	9:07 a.m.		迪伦·德雷尔的奶奶曾在《价格是否正确》中创下纪录。
	9:16 a.m.	名人新闻	西莱里亚·鲍德温在 2015 年的展望。她是美国喜剧演员亚历克·鲍德温的妻子,身为瑜伽教练的西莱里亚在 2014 年 11 月因在 Instagram 上传了一系列她用瑜伽姿势做各种事情的照片而走红。
	9:30 a.m.		那些把我们当小孩子一样惊吓的电影。
	9:33 a.m.	主打新闻	安吉丽娜·朱莉讲述二战老兵路易斯·赞佩里尼如何改变她的人生。
	9:41 a.m.		2015 年采购商品的最好时机。
	9:49 a.m.		工作日晚上的食谱:枫糖烤鸡和其他。
第 4 小时	10:00 a.m.	脱口秀	欧塔·卡比和凯瑟·李·基弗德讲述:你是如何惹恼你的服务员的。
	10:14 a.m.	生活服务	八种方式打扫过年后的家。
	10:22 a.m.	生活服务	五个开启新年新气象的功能型应用程序。
	10:30 a.m.	生活服务	四种让你显瘦的时尚法则。
	10:38 a.m.	生活服务	打扫圣诞节:贮藏装饰品的最好方式。
	10:48 a.m.	生活服务	与帅哥一起做纸杯蛋糕。

注:中间空隙包含广告、天气预报以及地方新闻。

二、节目特点

1. 内外演播室无缝衔接与互动

“鱼缸”式演播室,即开放式的玻璃结构演播室,因其造型类似鱼缸而得名(图 2-30)。这种开放式的透明演播室不但方便行人(观众)目睹主持人的风采,看清演播室内工作人员的一举一动以及节目的进展情况,而且演播室内的摄像机也可以透过玻璃幕墙录下并播出围观者的行为举动。在这种布局下,场外观众十分自然地成为节目的“背景”:流动的人群举着不同的条幅和标语站在场外热情地与演播室内的主持人、嘉宾甚至是电视机前的观众互动,最大限度地增加了观众的参与感和现场感。

1994 年,《今天》率先在纽约洛克菲勒广场建造开放式的玻璃结构演播室,大获好评。之后,美国广播公司(ABC)在纽约时代广场、哥伦比亚广播公司(CBS)在中央公园也相继把人员和设备搬到了街边,搭建了更大、更好的玻璃体的透明演播室。演播室外有可供路人观看的超大电视屏幕，演播室内设有休闲式的采访区，摆放有新闻书报和休息长椅，以营造清晨轻松的家居氛围。[①] 如今，"鱼缸"式演播室已经成为纽约市的标志性景点，每年会有数以万计的游客到这里参观。

图 2-30　**"鱼缸"式演播室**

"鱼缸"式演播室主要利用户外街景来搭建第二演播室。这种演播室将主持人与路人以适当介质分离，但不妨碍路人通过声音或形象参与节目。主持人也经常走出演播室（依托于演播室和街道无缝连接）与场外观众进行直接对话。比如《今天》的气象主播经常会随机采访路人，提出如"你从哪里过来？""你觉得今天冷不冷？"这样的问题。这种方式新颖别致，能够吸引观众的注意，不少热情的观众举着手中的标语积极与主持人甚至屏幕前的观众互动。此外，明星的参与也增加了户外演播室的知名度。"乌叔""苏珊大妈"等新闻话题人物都曾在这个临时舞台演出，带动了现场观众的参与热情。在《今天》看来，与演播室外观众的互动是节目的重要组成部分。

总之，与美国另外两大早间节目《早安美国》《早间秀》相似，《今天》强调新闻现场感，带动观众参与互动，以明星主持人扩大早间节目影响力。反观目前我国的早间节目，多为新闻简报，缺乏现场互动的感染力，即使冠以"现场直播"之名，更多是形式上的时间概念，缺乏真正有效的互动。

2. 杂志型结构强化贴近与实用

一般而言，国外早间新闻杂志节目多以 2～3 小时时长为主，以大时段大体量承载内容广度，兼具新闻性和娱乐性，表现出资讯服务的大众化倾向，满足人们最现实、最生活化的资讯需求，培养收视习惯。

---

① 张艳秋：《美国早间电视新闻节目透视——美国三大电视网早间新闻节目特色及背景分析》，《现代传播》2002 年第 2 期。

图 2-31　气象主播阿尔·罗克(Al Roker)播报天气

图 2-32　“苏珊大妈”在《今天》户外演播室演唱圣诞歌曲

图 2-33　“鱼缸”式演播室外景

图 2-34　2006 年都灵冬季奥运会期间的演播室外景

首先,早间新闻不应该是旧闻的“集散地”,而是昨夜今晨最新资讯的“大卖场”。即便信息来源受到局限,无法做到新闻的首发,也要搜集整合各方报道,这是早间新闻节目能够热播的缘由。例如,2015 年 1 月 2 日的《今天》第一条新闻即是“搜寻亚航 8501 航班遇难者的行动仍在继续”,之后,连续六、七条短消息集纳组合。

其次,结合杂志型、联播型和谈话型等多形态节目的表现元素,以呈现丰富的信息,尤其强调早间生活信息的实用和贴近。例如,2015 年 1 月 2 日的《今天》节目中除了主打新闻和大量最新新闻组合外,还有不断出现的天气预报、交通信息和生活服务资讯,如“专家给出建议:如何在新年中打扫凌乱的家”“旅行建议:如何享受一次既舒适又经济的旅行”。在“凯瑟及欧塔的今天时间”(*Today with Kathie Lee and Hoda*)版块中,两位主持人凯瑟·李·基弗德、欧塔·卡比和嘉宾一起演示生活服务内容。

3. 放量编排与收视需求相结合

(1)根据不同时段收视群体的需求编排节目。早晨 7 点到 8 点一般是美国上班族起床的时间,鉴于工作需要或信息需求,他们想要了解昨天全世界有哪些重大新闻。因此,《今天》在这一时段安排的主要内容是突发新闻(breaking news)、重点新闻(top story)和新闻追踪(developing story)。10 点到 11 点则完全不同,因为节目的主要收视人群变成了家庭主妇,她们送走了丈夫和小孩,做完家务后最需要的是放松。在这

图 2-35 节目录制中一只红鹦准确地落在马特·劳厄尔(Matt Lauer)的头上

一时段,凯瑟·李·基弗德、欧塔·卡比会与观众聊一些时尚和娱乐新闻,帮助她们消除烦恼、放松心情。比如在 2014 年圣诞节的时候,主持人就和嘉宾一起探讨如何装饰节日桌子来给客人留下深刻印象,节目还详细介绍了如何把废酒瓶做成闪闪发光的金色花瓶,如何做糖果圣诞树等。而当圣诞节和新年结束后,《今天》又向家庭主妇介绍如何收拾剩下的装饰品、打扫房屋、如何让节后的自己看上去显得苗条等实用性信息。

图 2-36 凯瑟·李·基弗德和欧塔·卡比为主妇们介绍如何收拾节日剩下的物品

(2)重点新闻放量编排。为了保证观众能够接收到最重要的新闻,《今天》对同一主题内容进行多次、多角度的编辑,即对重点新闻放量编排。比如,2015 年 1 月 2 日节目播出奥斯卡女星安吉丽娜·朱莉接受《今天》主持人阿尔·罗克的独家专访,节目中两人交流近期上映的电影《坚不可摧》,内容包括影片戏里戏外的故事、朱莉的家庭生活以及怀念二战老兵路易斯·赞佩里尼等。这本是一期明星访谈,但如果安排整段播出的话,信息量太大、时间太长,不符合早间观众的收视习惯,也不利于节目的传播效果。因此,《今天》把这期节目分成三部分,分别放在不同时段(8:16、9:00、9:33)进行编排,以逐步递进的方式,不断提供新信息来吸引观众,让这条重点新闻在不同时段都有所涉及。

图 2-37 “鱼缸”式演播室吸引场外观众积极参与

图 2-38 安吉丽娜·朱莉接受《今天》采访

背景链接

与晚间新闻的严肃认真不同，早间新闻更轻松活泼，话题更为日常化，主持人风格也更随和，主持人在大街上与人群互动的画面更是时常可见。较之于晚间新闻，早间新闻关注公众生活特别是普通美国人生活中遇到的问题，街谈巷议、节日庆祝、天气状况，甚至各种八卦新闻，而且因为时间容量比晚间新闻大，有些报道实际上也更详细、更具深度。总体来说，看早间新闻的感觉就像看电视剧一样轻松。如果说晚间新闻适合受过良好教育的中产阶级，那么早间新闻的受众则没有年龄大小和受教育程度高低之别。对于很多美国人来说，收看早间新闻是每天起床后不可缺少的“生活方式”。

4. 打造可以“听”的电视新闻

当前，整个传媒行业都面临媒介融合的命题，电视新闻节目也开始探索多媒体发展的路径，《今天》当然也不例外。2014 年 6 月，天狼星卫星广播公司(Sirius XM)和 NBC News 共同打造了“可以听的《今天》”，为那些在汽车等交通工具上无法收看节目的上班族们提供《今天》的优质新闻。

电视媒体的网络客户端和手机APP的出现早已不是新鲜事，但值得注意的是，《今天》网页版把整段节目分割成不同主题——新闻、流行文化、美食、健康、天气等，让网络观众根据自己的兴趣选择收看内容。同时，节目也会随着时间的推移实时滚动播出在电视新闻上，确保网络视频和电视的同步收看。

关键术语

NBC（美国全国广播公司），1926年创立于纽约，是美国历史最悠久、实力最强的商业广播电视公司。在广播的黄金年代，NBC所在管理公司——美国广播组织（Radio Corporation of America，RCA）通过收购成立了NBC红蓝网。其中NBC红网主要播出娱乐和音乐节目，蓝网播出新闻和文化节目。1934年美国联邦电信委员会（Federal Communications Commission，FCC）成立后认为NBC的两大网络及其所掌控的电台垄断了美国的广播市场，在1939年起诉RCA，认为它应当剥离旗下的一个网络。虽然最后RCA胜诉，但还是导致之后蓝网和红网的分离——蓝网被卖给了保险业巨头Edward J. Noble，改名为美国广播公司（ABC），红网则成为现在的NBC。

NBC敢为争先的精神一直为业界所称道：20世纪50年代，在西尔维斯特·韦弗的带领下，NBC创办了历史上最早的早间新闻节目《今天》；1965年NBC最先推出了彩色电视节目；1989年首次进行了美国制式的高清晰度电视ACTV的实验；1996年，公司又与微软联手，合办了MSNBC频道，通过互联网向世界各地传播讯息；紧随美国经济复苏和金融贸易繁荣的趋势，NBC又一次大胆尝试突破，于1998年和道琼斯公司联合开办了CNBC频道，播送商业新闻和实时金融讯息，并在欧洲和亚洲设立了分支机构，迄今为止客户已突破1.75亿。

要点小结

1.“鱼缸”式演播室的出现有助于观众与演播室互动，增加参与感和现场感。

2.根据不同时段、不同收视人群调整节目内容。

3.早间新闻应该以轻松、服务类新闻为主，同时通过多种表现元素保持观众的新鲜感。

三、延伸与思考

从收视心理看，早间新闻节目满足了人们在早晨醒来时对信息资讯的伴随式需求。早间资讯为讨论提供谈资，为出行提供服务，为居家人士提供当天的节目安排或休闲方式，因而获取早间资讯被认为是“开始你一天工作的一种生活方式”。

从国际态势看，随着新媒体崛起，电视黄金时段和晚间时段的新闻节目收视率呈下滑趋势，而早间新闻节目却一枝独秀，维系着良好的收视份额。以美国为例，早间新闻节目成为几大电视网所有播出的新闻节目中屈指可数的、观众数量呈上升趋势的强档节目，正如《今天》最早开播时主持人戴夫·加洛维所说，“我们将带领您接近这个世界，但绝不会让您感到乏味”。

从国内情况看，中央电视台和31家省级上星电视台绝大部分开设了早间新闻栏目，平均首播时间为7:00，平均时长达42分钟。不过，栏目总体上多采用联播型方式，可谓“早间版的《新闻联播》”。少数杂志型早间新闻栏目，版块虽多，但大多是“新闻回顾+生活服务”的模式。在这些早间新闻栏目中，中央电视台《朝闻天下》有较强的影响力；北京卫视1991年创办的《北京您早》是国内开播最早的一档早间电视新闻栏目；东方卫视2003年创办的《看东方》则是播出时间最长的早间新闻栏目(2小时)，且较好地呈现大都市的国际气质。

不过，总体而言，我国早间新闻节目无论在表现的生动性、创新性上，还是内容的吸引力上都有待提升。

书籍推荐

Surhone Lambert M, Tennoe Mariam T, Henssonow Susan F, *Today(NBC Program)*, Betascript Publishing.

Stephen Battaglio, *From Yesterday to TODAY: Six Decades of America's Favorite Morning Show*, Running Press.

节目推荐

早间新闻虽然始于《今天》，但ABC、CBS的早间新闻在三大电视网竞争中也各有特色，三大电视台的早间新闻战也延续至今。其他类似的新闻杂志类节目同样值得读者观看分析，从而加深对本节知识的理解。

表2-9　类似的新闻杂志类节目简介

节目	所属电视台	简介
《早安美国》(*Good Morning America*)	美国广播公司(ABC)	1975年11月3日首播，每次播出两小时。自开播以来，《早安美国》通常是收视率第二的节目(仅次于NBC的《今天》)，但在1980年至1990年中期，由最受美国观众欢迎的组合——查尔斯·吉布森(Charles Gibson)(1987年—1998年主持)与琼安·兰登(Joan Lunden)担任主持人时，ABC曾超过对手NBC，跃居早间新闻收视率第一名。
《早间秀》(*The Early Show*)	哥伦比亚广播公司(CBS)	1999年11月1日首播，每天早上7点至9点播出。2011年CBS宣布《早间秀》改名为《今早CBS》(*CBS This Morning*)。

续表

节目	所属电视台	简介
《日界线》 (*Dateline*)	美国全国广播公司 (NBC)	1992年播出的一档电视新闻杂志节目,曾效仿《60分钟》,但收视平平。几年后《日界线》探索节目定位,把犯罪话题作为主要关注点进行深入调查,使之成为这档节目的最大特色。与老牌的新闻杂志节目相比,《日界线》更加注重情感类话题的挖掘。2006年播出的《诱捕网络色狼》,通过偷拍暗访的方式揭露了网络中存在的性侵害问题,引发全国关注。
《20/20》	美国广播公司 (ABC)	《20/20》是美国广播公司推出的一档模仿《60分钟》的电视新闻杂志节目,1978年6月6日首播。不同于《60分钟》关注严肃的政治议题或国际民生,《20/20》选取观众感兴趣的社会情感类话题、名人访谈,开辟了自己的受众群和市场。此外,前《今天》主持人芭芭拉·沃尔特斯(Barbara Walters)和休·唐斯(Hugh Downs)的加入为这档节目增添了无限魅力。

第七节 《60分钟》:深度报道的先驱

本节要点

1. 调查类电视报道中,记者或主持人在现场,是探寻的主体。
2. 讲述一个好的故事。
3. 电视深度报道发挥了电视影像语言的特色。
4. 学会在新闻报道中讲述故事,同时要注意不能超越真实的界限。

《60分钟》是一档电视新闻深度报道节目,1968年9月在美国CBS电视台播出。这档节目开始于电视逐渐兴起的时代,在当时挑战了人们对电视媒体难以进行深度报道的看法,为电视媒体在新闻领域赢得了声誉,被《纽约时报》评为“美国电视史上最受尊敬的新闻杂志节目之一”。近半个世纪的时间里,它经历了电视的辉煌时代,也面临着眼下新媒体的挑战。尤其难得的是,在历经47年后的今天,《60分钟》依然每周准时和观众见面。

作为一档电视新闻深度报道节目,《60分钟》属于“叫好又叫座”的典型,同时获得观众和专业人士的认可。它是美国电视史上收视率最高的节目之一,曾5次荣获美国联播网黄金时段收视率排行榜第一名,能够获此殊荣的只有情景喜剧《全家福》(*All in the Family*)和《天才老爹》(*Cosby Show*)。20世纪80年代,《60分钟》发展巅峰时期在美国的收视人群达到5000万人,占全美人口的20%。《60分钟》曾多次获得艾美奖,2003年9月艾美奖授予唐·休伊特及所有制片人“终身成就奖”。该节目获得的奖项基本上囊括了所有电视新闻奖，其中 11 次被皮博迪奖（Peabody Awards）授予“杰出电视节目”。

自创办以来，《60 分钟》逐渐形成了调查性纪录片的风格和样式，节目关注重大社会问题，被称为“美国社会的一面镜子”，同时它又有引人入胜的叙述结构、技巧和方法。

事实上，《60 分钟》并非世界上最早的电视调查类报道栏目，英国 BBC 的《全景》（*Panorama*）是目前世界上正在播出的存在时间最长的电视公共事务栏目，于 1953 年 11 月 11 日开播，比美国《60 分钟》早了整整 15 年。《全景》大量播出调查性新闻报道，是全球尤其是在西方有影响力的著名电视调查性新闻栏目。不过，相对而言，《60 分钟》在中国电视界的知名度更大一些，中央电视台《新闻调查》栏目成立之初，曾经提出“要做中国的《60 分钟》”的口号。

背景链接

1968 年，年轻的唐·休伊特(Don Hewitt)准备制作一档新的节目，他试图在这个节目中塑造的特征是记者带着观众进入、深度了解新闻故事。

一个节目能够受欢迎，必然与当时的受众基础有关。当时的社会背景是，美国 60 年代的生育潮已过去，由于家庭里幼儿的减少，以前电视常常被孩子占据的状况得到改善；另外，随着美国经济的增长，个人家庭拥有的电视机数量增加，成年人有更多机会看电视。成年男性在这时候成为电视台争夺的对象。

关于电视能否进行深度报道，当时电视界已经有了很多探索，例如爱德华·默罗的《现在请看》就曾以出色的报道产生了广泛的社会影响。但是，当时人们对电视的深度报道的能力仍然持质疑的态度。电视只适合娱乐的、浅显的、表面化的内容，这种思想依然根深蒂固。唐·休伊特将电视的特征看得更清楚，他想要制作的是故事化的新闻。

1968 年，已经身为王牌电视节目制片人的唐·休伊特向哥伦比亚广播公司(CBS)管理层递交了一份报告，设想创办一个黄金时段片长一小时的新闻节目。节目将由三个部分组成，每个部分都是一个故事，由一名记者出镜采访，并串联讲述整个故事。唐·休伊特的目标就是要让观众既看到原子弹之父罗伯特·奥本海默的实验室，又可以一窥玛丽莲·梦露的衣橱。要让节目在保持一定严肃性的同时，又具有娱乐性和可观赏性。

一、节目架构

在夜晚的黄金时间用 1 个小时（60 分钟）全部播放严肃的新闻节目显然有些太长，对于 CBS 这样的商业电视台来说，当然要考虑收视率问题。在不影响节目品质的前提下,《60分钟》做出的选择是将每期节目分成3个部分,每部分讲述1个话题,一般第一个为硬新闻报道,后两个多是较轻松的软新闻话题,每个话题大约13分钟,加上片头导视、片花和广告,节目总播出时间为1个小时。

《60分钟》的节目理念是通过深入挖掘,探讨重大社会背景下的重大社会问题。报道的主要内容有事件调查、人物访谈、特别节目、人物概评等。"硬新闻"的选题包括政府行为、社会事件、司法公正、人类灾难、战火纷争等。"软新闻"则多是些轻松的文化、娱乐或社会生活的话题。这种安排方式也是出于对节目可欣赏性的考虑。

【案例精选】

以2014年11月的四期节目为例,我们可以看到这种新闻组合方式现在仍然在沿用。

2014年11月2日:
Recruiting for ISIS 有关"伊斯兰国"新兵招募的话题
Under Fire 有关美国海豹队员泄露射杀本·拉登而引发困扰的话题
Blake Shelton 有关一位美国乡村音乐歌手布莱克的故事

2014年11月9日:
The Ebola Hot Zone 有关"埃博拉"病毒的话题
Cleaning up the VA 有关退伍军人部新任负责人如何整顿该部门的话题
Steve Carell 关于演员凯洛的故事

2014年11月16日:
Water 有关饮水安全的问题
Cardinal Sean 有关与红衣主教探讨宗教改革的话题
Mandy Patinkin 关于演员帕汀肯的故事

2014年11月23日:
Falling Apart 有关美国桥梁安全的话题
Chernobyl 对切尔诺贝利地区现状的追踪
Forgotten Corner of Hell 打捞、清理二战中遗留的炸弹和武器

这种固定的三个版块模式,有时也会根据实际情况加以灵活调整。一旦遇到重要的话题或者采访对象,《60分钟》会以特别报道的形式,把全集打通,集中报道一个话题。比如,奥巴马第二届任期开始时,《60分钟》就做过一个长达40分钟的关于奥巴马的专访。

从1978年开始,《60分钟》邀请专栏作家安迪·鲁尼开创了一个新闻评论版块——《安迪·鲁尼有话说》(*A Few Minutes With Andy Rooney*)。在节目最后的几

分钟，安迪·鲁尼就各类新闻事件、社会现象发表自己的看法。话题从“药瓶里的棉花”到“上帝是否存在”，话题类型多种多样。由于属于评论节目，安迪的言论有更大的自主权，有更多的空间发表自己的看法。例如，听说有 15 亿人通过网络购物的时候，他说：“这个数据令人怀疑，就算它是真的，购买无法触摸和看见的货品实在无法令我提起兴趣。”该版块伴着《60 分钟》走过了最辉煌的时期。2011 年，随着安迪的离职，《60 分钟》取消了新闻评论版块。

二、节目特点

《60 分钟》的成功有多种多样的因素，核心是对新闻专业主义精神的追求。此外，特别值得一提的是《60 分钟》“讲故事”的报道策略：用好的方法讲述好的故事。好的故事，意味着报道的事件、话题或者人物本身有故事性；好的方法，强调善于利用采访和影像叙事手法，善于挖掘事件，富有吸引力地进行报道。

1. 娴熟的故事讲述技巧

谈到《60 分钟》，首先需要谈到的是它娴熟的故事讲述手法。这个特征在唐·休伊特开创节目时就已经确立，而《60 分钟》的记者也一直秉持这一原则。艾美奖的评委曾经这样评价《60 分钟》：“用简单而有效的方式深入了故事的核心，进入了人物内心，编排自由、富有活力，开创了一种新的节目样式。”《60 分钟》在坚持新闻严肃性的同时又让新闻保持娱乐性和可观赏性。《60 分钟》成功的关键，是用好的方法讲述一个好的故事。多年以后，制作人唐·休伊特出了一本近似于自传的著作，就以“讲述一个故事”为书名。

知识链接

我对新闻的理解是：从未听说过的故事。《60 分钟》所擅长的正是讲述这样的故事。

——唐·休伊特

简单来说，《60 分钟》的节目观是：冲突的情节和有趣的人物构成了好故事的基本要素。冲突的情节意味着故事是在时空中不断演进、不断向前发展的，故事不是点状散布的，而是要有变化、有曲折、有冲突。即使生活中的事件确实是碎片式的，甚至是毫无逻辑联系的，但如果呈现在屏幕上，这些干扰将对事件本身的叙述相当不利。

《60 分钟》的制作经验得出了讲好故事的方法：第一，把最精彩的内容放在开头；第二，把次精彩的内容放在结尾；第三，开场要直接明快，直接进入故事或人物，奠定故事的基调；第四，要有精彩的内容，其中包括悬念的设置、最触目惊心的或者最难见到的镜头。

总之,《60 分钟》的原则就是让故事充满张力,讲述人物时用事件来反映,介绍事件时又以人物为中心。人物和事件相互照应,共同构成了《60 分钟》的新闻主体。

【案例精选】

以下这期节目是典型的《60 分钟》的叙事方式。这期报道中,三个主题分别是:“斗牛士的生活”“报道滑雪爱好者的生活”“歌手碧昂斯的生活与独立思想”。三个部分都以具有冲击力的画面开始。

表 2-10 三个主题的开场画面及声音

	第一幅画面	声音
斗牛	斗牛场上,主人公斗牛现场和观众紧张状态的交叉剪辑	斗牛场的安静和台下观众紧张的感叹声
滑雪	主人公滑雪时的惊险镜头	现场同期声
碧昂斯	碧昂斯演出现场	演唱会现场表演歌曲《我是单身女士》的同期声

2. 影像语言的变与不变

在这个媒体技术变得几乎无所不能的年代,《60 分钟》依然坚守着它初创时的节目形式:演播室里永远把翻开的杂志作为背景,片头依然是滴答的钟声。

图 2-39 《60 分钟》经典的片头画面

每一期的开场,伴随着滴答走动的钟声,翻动的杂志最后定格在《60 分钟》的标识性画面上。这是《60 分钟》的经典片头,几十年来都没有太大的变化。相比较现在新闻类节目复杂的动画包装,这个开头简直是朴素到了极点,但这个简洁、直接的画面却让观众记忆深刻。相对于现在电视屏幕“跑马灯”式地传播给观众丰富的信息,《60 分钟》的节目形式在今天看来有些单调,但恰恰也是因为这种坚持,使这个节目保持清晰持久的品牌形象。实际上,长期固定的片头设计也是加强节目品牌效应、增加观众辨识度的一种方法。

简洁却不流于简单，与现在众多包装华丽的新闻节目相比，在影像语言的运用上，《60 分钟》在某些地方一直坚守着自己的特色。它所寻求的变化，是怎样与自己的节目内容有机结合，探索如何用电视手段更好地展现新闻故事。

图 2-40　每则报道开始时记者都会坐在翻开的虚拟杂志前介绍故事梗概

在包装相对简单的同时，《60 分钟》在报道中对于画面也有细致的追求。镜头稳重、重视记录、选取的画面有充足的信息量、保持观众的兴趣点、尽可能有动作、画面中的动作吸引观众的视线、记者一定要到现场讲故事。同时，节目通过同期声传达现场氛围，较少使用容易引导情绪的音乐。

《60 分钟》节目队伍里有一个惯用的词"KISS"，即"keep it simple stupid"的简称，中文意思是"保持它简明到犯傻"。不管是没有任何歌词的主题曲，仅是滴滴答答的走针声，还是主题简短而鲜明的故事梗概，又或是在信息中拒绝冗余、尽可能少地使用数字和形容词。总而言之，简单而清楚地讲述每个故事是《60 分钟》的最高准则，也是这档节目最具魅力的精神所在。

知识链接

实际上，《60 分钟》在电视表现手段方面的探索一直影响到今天。我们所熟悉的字幕，就是从《60 分钟》开始出现的。制作人唐·休伊特去咖啡馆的时候，受咖啡馆经常用黑板提示顾客一些信息的启发，开始在电视屏幕上摆出一块板子，补充主持人的姓名、重要内容提示等信息，也就是后来的字幕。

片头预告是一本占据整个画面的杂志，左上角标有"60 分钟"字样，杂志整体背景为干净简单的灰色。在预告中，节目展现报道中最关键的、尖锐的、有趣的问题。短短 1 分钟的预告一般都会包含"解说＋采访＋现场采访同期声"，尽量让影像语言丰富起来。

接下来的画面是一起参与报道的记者分别介绍自己，和常见的用字幕展示工作人员姓名的方式相比，这种方式更加强调记者和主持人的参与，也与《60分钟》重视出镜记者在现场的报道有关。

每部分开篇都是大约1分钟的演播室主持人阐述，说明报道的主题，或者提出问题。在这1分钟的演播室时间里，镜头以缓慢的速度推进，直到主持人背后的杂志封面占据整个画面为止。打开的杂志选取的是最能体现该条报道主题的画面，上面写有该报道的名称和报道记者的名字，甚至还有文字稿，视觉效果和杂志几乎一模一样。这种呈现方式在开创之初是为了契合电视新闻杂志的定位而设计的，因为在《60分钟》播出时，电视新闻深度报道还没有那么普及。这种设计延续了观众传统的杂志阅读感受，而现在对观众来说则是清晰的品牌辨识。

3. 优秀的明星报道团队

提及《60分钟》，人们印象最深刻的，还有它出色的报道团队。与其他新闻节目不同，《60分钟》不设固定的节目主持人，只让本期节目的出镜记者在演播室作简短的述评。主持人是记者，记者同时也是主持人，这是《60分钟》的要求，也是它的特色。除了华莱士，节目著名的记者主持人还有丹·拉瑟(Dan Rather)、哈里·里森纳(Harry Reasoner)、莫利·塞弗(Morley Safer)、莱丝莉·斯塔尔(Lesley Stahl)和埃德·布莱德利(Ed Bradley)等。

记者在这类电视深度报道栏目里，一是作为社会和文化的评论员，二是作为精神分析学家或治疗学家。前者就宏观的社会文化现象作出分析，后者则深入探讨个人的精神生活。但无论是哪种角色，记者首先都是一个解释者，重新塑造、安排并讲述别人的故事。

《60分钟》是记者的“SHOW”，通过伴随式采访表现出来。记者要对题材十分了解，并且能在故事中表现出来。

知识链接

主持人 Anchor

Anchor的本意是船只的锚，《60分钟》节目的制作人唐·休伊特介绍，他们用这个词汇来指主持人，现在Anchor已经成为主持人的固定称呼。

人物链接

爱德华·默罗，美国著名新闻记者，二战中以在伦敦的优秀报道赢得声誉。二战后随着电视的兴起，他加入CBS电视台，延续他对社会批判的思考、独立报道的专业风格。

人物链接

迈克·华莱士(Mike Wallace)(1918年5月9日—2012年4月7日)，美国著名

图 2-41 《60 分钟》老一辈主持团队

记者。早期做过演员、电台广告员，在加入《60 分钟》之前，他在 *Night beat* 中咄咄逼人的形象已经颇受大家关注。

华莱士是《60 分钟》最早的主持人之一，凭借着令人尊敬的职业精神和新闻敏感度，他和《60 分钟》一起逐渐成为美国甚至世界新闻界的楷模。他从 1968 年开始担任《60 分钟》的主持人，采访过多位重要新闻人物，包括八任美国总统、马丁·路德·金、伊扎克·拉宾、普京等人，他也因为采访过邓小平和江泽民而为中国观众所知。

要点小结

1. 电视调查类报道的过程如同侦探行动一般，新闻记者独立调查取证，推动事件的明朗化，记者在其中起到调查者和事件推动者的作用。

2. 叙事上要善于讲述故事，同时注意要用事实说话，多层次、多角度地揭露隐蔽的事实。

3. 电视新闻深度报道要有缜密的逻辑思考，同时要善于运用镜头语言表达。

三、延伸与思考

《60 分钟》拓宽了新闻的视野，重新诠释了新闻的本质。它的成功，不仅使得电视新闻成为新闻业的旗帜，更成为客观、公正、自由的新闻品质的象征。

不管在网络时代它的收视率还能持续多久，《60 分钟》是一个在任何媒体时代都值得被提及的新闻节目。它在形式上充分发挥了电视媒体影像和声音结合表达的特点，更重要的是它的新闻专业主义理念，在一代代新闻人中坚守、传递。

推荐书籍

〔美〕唐·休伊特：《60 分钟：黄金档电视栏目的 50 年历程》，马诗远、林洲英译，清华大学出版社 2004 年版。

推荐栏目

美国广播公司《夜线》、英国广播公司《全景》。

表 2-11　**两档推荐栏目及其简介**

节目	所属电视台	简介
《夜线》(*Nightline*)	美国广播公司(ABC)	《夜线》是一档深夜播出的电视新闻杂志节目。节目时长半小时，每周一到周五晚 11 点 35 分播出。内容以严肃深刻的硬新闻居多，深入报道政治、经济、文化、社会等多个热点话题，曾被认为是美国大众心目中很有影响力的节目。1979 年 11 月美国驻伊朗大使馆爆发了人质风波，成为当时震惊全美的重大新闻。为了与 NBC 夜间新闻节目 *Tonight* 竞争，四天之后 ABC 开办了《夜线》，由泰德·科佩尔(Ted Koppel)担任主播，及时迅速地把事态的最新进展传递给美国观众，满足了大家关注新闻热点的需求。节目在 30 多年中曾作出多次改版，模仿《60 分钟》把播出时间延长到一个小时，然而效果并不理想。2005 年《夜线》在科佩尔离开 ABC 后再次进行改版，每期话题从一个变成多个，但保留着 30 分钟的节目时长。改版后的收视率曾超越同时段 CBS 著名访谈脱口秀 *Late Show with David Letterman*。然而近年来受到 CBS 的 *Late Show* 和 NBC 的 *Tonight Show* 等娱乐节目的冲击，《夜线》的收视率大不如前，广告费也直线下滑。
《全景》(*Panorama*)	英国广播公司(BBC)	《全景》是 BBC 推出的一档调查性深度报道栏目，1953 年 11 月 11 日首次播出，也是当今世界连续播出时间最长的时事电视节目。《全景》聚焦世界热点，比如中东问题、苏伊士运河事件、国际反恐问题、日本海啸等。《全景》宣称："这个节目的主要目的，就是审慎地考虑对权力的利用和滥用的问题，无论是在私人领域还是在公共领域。"作为 BBC 的一档新闻旗舰节目，《全景》坚持公共利益至上的原则和相对客观的视角。

第八节　《NBC 晚间新闻》：严肃的晚间新闻风格

本节要点

1. 以深度新闻评论见长。
2. 追求新闻的严肃性和真实性。
3. 明星主持人的摇篮。

《NBC 晚间新闻》是 NBC 辐射全美国的晚间新闻旗舰节目，从 1970 年 8 月 3 日开播以来就是美国收视人数最多的电视晚间新闻，平均每期节目有 930 万观众，居美国三大电视网之首。1993 年 12 月底，《NBC 晚间新闻》在《接近 2001》系列节目中首次向全球公

图 2-42 《NBC 晚间新闻》节目 LOGO

布了它的网址，成为了一档全球可收看的新闻节目。[①] 该节目非常重视新闻评论，注重挖掘新闻事件背后的社会因素，分析新闻事件的具体原因。《NBC 晚间新闻》报道了美国社会和其他地区诸多重大新闻，其新闻评论凭借深度和独特的视角广受好评。

在美国，收看晚间新闻是公众了解国际资讯和社会动态的重要渠道。美国三大电视网每晚黄金时段播出的晚间新闻一直是美国电视节目最重要的组成部分。早在 2007 年 3 月，《NBC 晚间新闻》就实现了高清播出，成为美国三大电视网主打晚间新闻节目中最早实现高清录制的节目，而 ABC 和 CBS 的晚间新闻节目高清化则晚了一年之久。尽管媒介环境发生了变化，但《NBC 晚间新闻》仍旧保持着最初的节目架构，具有相当的稳定性。虽然在拍摄技术、播报方式、演播室设置等方面有了许多变化，但模式仍是主持人坐在主播台前，播报当日国内、国际的新闻消息。哥伦比亚广播公司的新闻发言人萨迪就曾说过："我们仅仅拥有 22 分钟时间来覆盖整个世界，这是一种相当直白的新闻报道。"[②]

一、节目架构

《NBC 晚间新闻》每晚 6 点 30 分至 7 点（美国东部时间）在 NBC 电视网播出。时长 30 分钟的节目主要由新闻头条，国内、国际新闻，体育娱乐新闻和天气预报等版块组成。每一版块的具体时长不固定，但是片头和天气预报一直保持在共计 4 分钟的时长内。这样的架构使《NBC 晚间新闻》的流程比较灵活多变。在对每个版块的播出时间进行灵活把控的同时，《NBC 晚间新闻》还时常对前几日播报的新闻进行持续更新和追踪报道，增强了对重大热点新闻的关注度，保持了报道的连续性。

《NBC 晚间新闻》一直是美国晚间电视新闻节目的标杆，在新闻采编、播报、节目

① 参见王晓红：《媒介融合背景下大陆视听新媒体的发展与挑战》，台湾世新大学"2014 海峡两岸数位汇流下的新闻与传播学术研讨会"主题演讲。

② 保罗・哈法利：《苦恼缠身的美国电视网晚间新闻》，王嘉译，《声屏世界》2003 年第 5 期。

编排上都体现了高超的新闻专业水准。节目培养了如大卫·布林克利(David Brinkley)、汤姆·布罗考(Tom Brokaw)、布莱恩·威廉姆斯(Brian Williams)等在美国新闻界赫赫有名的记者和主持人。

《NBC晚间新闻》作为美国屈指可数的晚间联播式新闻资讯节目,也常常被拿来和我国的电视新闻节目进行比较。从新闻内容的采编和节目架构上来讲,我国的《新闻30分》与《NBC晚间新闻》有很多相似之处。《新闻30分》虽是午间新闻节目,却也聚焦深度报道,多角度、全方位地分析新闻事件。通过对重大新闻事件及有影响的社会问题进行分析、解释、评述和预测,来挖掘"新闻背后的新闻"。[①] 两档节目在时长、选题、编排上都具有一定的相似性。

【案例精选】

2014年12月23日《NBC晚间新闻》的节目编排:

头条:美国遭暴风袭击,部分地区损失惨重,全国航班受到影响;索尼决定解禁电影《刺杀金正恩》;美国机场抓获利用民航走私枪支的团伙;纽约为遇袭警察默哀;美国经济新增长;祈祷有治愈功效;雪球特快:为美军战死者家属提供一个不一样的圣诞节。

详细内容:

1. 突发:圣诞节前夕,突发暴风袭击。
2.《刺杀金正恩》电影解禁播出。
3. 美国机场发现并抓获飞机上走私枪支的作案团伙。
4. 纽约为两名被袭击警察默哀。
5. 圣诞节带动消费,美国经济快速增长。
6. 祈祷的力量:科学家发现祈祷有治愈功效。
7. 雪球特快:慰问阵亡美军遗孀和遗骨的特别活动。

在发生重大突发事件的时候,《NBC晚间新闻》还会播出特别版节目。比如2013年4月,在波士顿马拉松比赛过程中发生了爆炸案,包括ABC、CBS在内的媒体纷纷延长了常规晚间新闻节目的播出时间。当晚,《NBC晚间新闻》也将节目的播出时间延长到晚上10点,以便更加全面、准确地报道波士顿爆炸案的相关新闻。

【案例精选】

2013年4月15日 波士顿爆炸案(Breaking News,突发新闻):

导语:一起联合作案的爆炸案在波士顿发生,两颗自制炸弹在波士顿马拉松比赛终点处爆炸。

---

① 吴闯:《从〈新闻30分〉看电视新闻深度报道的特点》,《新闻采编》2002年第4期。

1. 波士顿爆炸案事件回顾：通过现场拍摄的实时画面还原了事件发生时的真实情况(图 2-43)。通过主持人布莱恩·威廉姆斯的评论，穿插美国总统奥巴马在新闻发布会上的简短评论、现场经历者的讲述和医生的采访等，以无缝链接的编辑方式将来自多种信息源的内容串联起来，回顾整个事件的过程。同时节目运用多屏画面，把当事人的讲述和现场画面搭配起来，更加真实、生动地还原了事故发生时的情况，增加了新闻的现场感和可信度。

除此之外，《NBC 晚间新闻》还使用了数据新闻可视化等手段，提供波士顿马拉松活动的路线以及参与人数等信息，更加详细和直观，也更具有吸引力。

图 2-43　爆炸现场画面

2.《NBC 晚间新闻》记者安妮·汤普森(Anne Thompson)作评论(图 2-44)。

图 2-44　安妮·汤普森正在评论

3. 前方记者发回现场报道(图 2-45)：介绍当前爆炸案发生地的情况，同时说明波士顿全城已经处于戒严状态，实时更新现场情况。

图 2-45　前方记者发回现场报道

4.《NBC 晚间新闻》法律记者皮特·威廉姆斯(Peter Williams)作评论(图 2-46)：发布官方消息，对当前波士顿事故发生现场是否还有其他疑似炸弹，以及官方对现场的处理方案等进行详细介绍。

图 2-46　法律记者皮特·威廉姆斯在评论

5. 连线《NBC 晚间新闻》国家安全分析师迈克尔·莱特(Michael Leiter)(图 2-47)：安全分析师对主持人提出的“爆炸案嫌犯使用两枚炸弹的目的”等问题进行解答。

6. 连线白宫前方记者查克·陶德(Chuck Todd)(图 2-48)：介绍当前白宫新闻发布会现场情况以及官方发布的最新信息。

7. 布莱恩·威廉姆斯评论美国大型活动的安保情况，以及波士顿爆炸案的发生是否与安全保障缺失有关等问题。邀请 NBC 记者结合近几年来美国发生的大型恐怖事件，综合多种信息，对美国大型活动中安保工作的缺失提出质疑。

8. 电话连线目击者(图 2-49)：结合现场画面，与目击者进行电话连线，介绍事故

图 2-47　连线国家安全分析师迈克尔・莱特

图 2-48　连线白宫前方记者查克・陶德

图 2-49　与目击者进行电话连线

发生时的具体情况和经历者的感受。

9. 再次连线现场记者，实时更新爆炸案发生现场的消息。

10. 连线前线记者和在救治伤员的医生（图 2-50）。

图 2-50　连线前线记者和医生

11. 再次连线《NBC 晚间新闻》法律记者皮特·威廉姆斯。

12. 连线前任波士顿警察指挥官比尔·布拉顿（Bill Bratton）（图 2-51），讨论如何在公共活动中保护民众安全，排除大型活动的恐怖因素。

图 2-51　连线比尔·布拉顿

13. 再次连线白宫前方记者查克·陶德，切入现场画面：白宫为爆炸案伤亡人员默哀和降半旗。

14. 连线《纽约日报》（*New York Daily News*）体育专栏作家迈克·鲁皮卡（Mike Lupica）（图 2-52），介绍波士顿马拉松的活动历史，回顾以往的活动情况。

15. 其他新闻。

在之后几天的节目中，《NBC 晚间新闻》又进行了全程追踪报道，包括抓捕疑犯和展开全城戒严等。节目不仅派出记者到华盛顿进行现场调查，为观众提供多方信息来源、多角度的分析报道，同时还邀请之前对疑犯家属、同学、朋友进行采访的记者进入演播室，共同播报有关新闻。丰富的内容使节目呈现出信息源的多样化和新闻资讯的

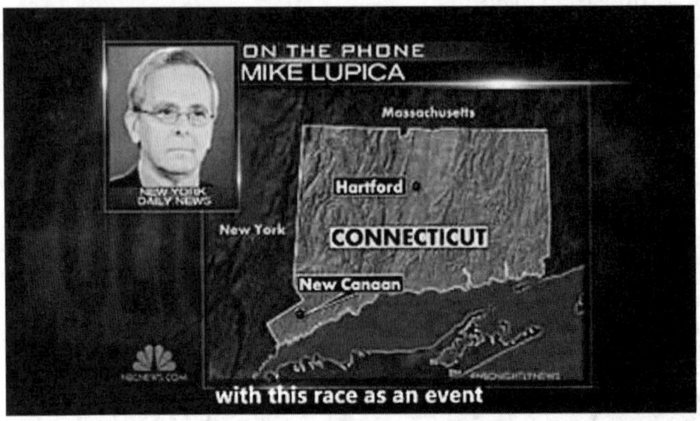

图 2-52 连线迈克·鲁皮卡

实时性。

对在 2013 年 4 月 15 日爆炸案发生之后近半个月的《NBC 晚间新闻》的内容进行整理和归纳，有如下结果①：

表 2-12 《NBC 晚间新闻》波士顿爆炸案后续报道

日期	节目内容
4 月 15 日	事件经过、人员伤亡、总统反应等
4 月 16 日	最新伤亡数据、推测炸弹是如何制成的、目击者与纪念者、加强安检
4 月 17 日	监控录像中的疑犯图像、离开医院的生还者们
4 月 18 日	FBI 正式公布疑犯照片、当天波士顿的生活（“悲伤和恐惧”）
4 月 19 日	封锁波士顿、全城搜捕疑犯、疑犯一死一伤
4 月 20 日	波士顿爆炸案细节、各地活动加强安保
4 月 21 日	最新视频显示疑犯是如何落网的、波士顿的精神重建
4 月 22 日	起诉疑犯、波士顿恢复情况、疑犯亲属认为疑犯是无辜的
4 月 23 日	疑犯向调查者供认其与哥哥谋划爆炸案、波士顿恢复往日平静
4 月 24 日	后续调查、MIT 纪念殉职保安、波士顿事件中互帮互助
4 月 25 日	后续调查：疑犯本来准备赴纽约制造炸弹袭击
4 月 26 日	关于爆炸的准确信息、正在医院的疑犯情况、被劫车主的供词
4 月 27 日	搜寻疑犯使用过的笔记本电脑、疑犯母亲被列入 FBI 数据库
4 月 28 日	后续调查、伤者康复之路
4 月 29 日	新证据：炸弹上的 DNA、美俄合作调查

① 郭毅：《美国如何报道灾难性突发事件？——以 NBC〈晚间新闻〉波士顿爆炸案系列报道为例》，载自《南方传媒研究》，南方日报出版社 2013 年版。

续表

日期	节目内容
4 月 30 日	俄国两年前已通知美国注意疑犯、采访爆炸案生还者
5 月 1 日	又拘捕 3 人，他们为掩护疑犯向警方撒谎
5 月 2 日	找到新的重要证据
5 月 3 日	最新调查进展
5 月 4 日	最新调查进展
5 月 6 日	疑犯尸体处理问题、三名对警方说谎的学生已被释放

不难看出，针对热点新闻，《NBC 晚间新闻》除了及时制作特别版新闻节目外，还展开持续跟踪报道，确保重大新闻事件报道的完整性和连续性。同时，节目非常善于从不同角度挖掘新闻背后的社会问题，展开讨论，加强节目深度，突显节目特色。

二、节目特点

《NBC 晚间新闻》一直拥有较高的收视率，广受业界与学界的好评，其制作理念和编排方式亦被其他新闻节目争相效仿。《NBC 晚间新闻》的成功是诸多因素合力的结果。总体来看，《NBC 晚间新闻》在内容上重视热点和突发新闻，擅长深度挖掘新闻背后的原因，展开较为深入的评论分析，有较为独特的新闻视角。这些都是这档节目成为美国晚间新闻中佼佼者的主要原因。

1. 追求新闻的真实严肃

当前美国大众文化中，娱乐化内容大量充斥市场，娱乐思维深深影响并塑造着电视节目的形态。为了迎合观众的需求，电视节目在内容设置和编排上都有意无意地呈现出娱乐化趋向，以此来获得更高的收视率和更多的经济效益。

然而，《NBC 晚间新闻》始终追求严肃性新闻。从新闻选题，新闻短片的拍摄、制作，到新闻内容的编排，都能看出其对政治、经济、军事、社会等重要话题的高度关注。值得一提的是，《NBC 晚间新闻》在突发事件和灾难报道上表现得尤为突出，比如 2001 年炭疽病攻击事件、2005 年美国飓风灾害、2013 年波士顿爆炸案等报道。

《NBC 晚间新闻》记者善于搜集多方信息展开深入调查，从不同角度对问题进行深度剖析和评论，追求新闻的真实性。比如 2007 年的“弗吉尼亚理工大学校园枪杀案”，在事件发生前两天，NBC 就收到了犯罪嫌疑人赵承熙寄来的包裹，包括其持枪的视频和照片等(图 2-53)。NBC 一方面将包裹转交安全机关，一方面在节目中对包裹内容进行调查，在后来《NBC 晚间新闻》的报道中，主持人也对包裹进行了查验，使用了大量包裹中的一手资料，真实地还原了事件的起因以及凶手的犯罪动机，《NBC 晚间新闻》因而获得很高的收视率。

图 2-53 犯罪嫌疑人的视频

通过多方连线和寻找一手信息的方法，该节目不仅提高了新闻的可信度，而且丰富了节目的层次，增加了内容的充实度。但由于受到商业电视台追求经济效益的影响，包括《NBC 晚间新闻》在内的美国晚间新闻都减少了对国际新闻的报道。一方面，在海外设置驻外记者站的开销比较大；另一方面，国际新闻因与美国观众的生活接近性不高，很难获得较高的收视率。当前，《NBC 晚间新闻》越来越侧重于报道与美国公众直接相关的国内新闻，国际视野有所下降，但其新闻的严肃性和专业化程度仍保持着较高水准。

2. 注重新闻的服务价值

NBC 作为一家商业电视台，首先需要考虑节目能否获得充足的商业利益，《NBC 晚间新闻》也逃不出收视率的牢笼。节目尽可能地迎合受众对于新闻内容的需求，通过提供与观众生活、工作相关的具有服务性价值的信息来获取更高的节目收视率。

当前，美国社会对政治的关心程度低，公民的政治参与热情不高，因此，《NBC 晚间新闻》在选取新闻内容的时候就非常注意平衡软、硬新闻的比例。比如在严肃的时政新闻中加入与观众生活息息相关的社会新闻，在国际和国内新闻报道的比例上倾向于报道国内新闻事件。

2014 年 12 月 23 日《NBC 晚间新闻》的新闻头条以 2005 年袭击美国密西西比州的卡特里娜飓风为主要内容，通过记者对现场情况的介绍，辅助以画面提供的信息来表现飓风所产生的巨大后续影响。节目对一位房屋受到严重损害的老妇进行采访，以微观的角度、贴近普通人生活的视角来反映飓风所产生的影响。这种方式体现了《NBC 晚间新闻》的亲民性和接近性。随着时代的发展和电视节目制作模式的变迁，如何选择对受众来说有更高使用价值和指导意义的新闻内容是对电视新闻节目的一大考验。《NBC 晚间新闻》突出体现了新闻对于普通百姓生活的服务功能，在传播信息的同时还体现了人文关怀。

知识链接

2005 年 8 月 23 日，美国墨西哥湾沿岸部分州县遭到卡特里娜飓风袭击，造成了严重的财产损失和人员伤亡。飓风卡特里娜 8 月中旬在巴哈马群岛附近生成，随后转移到美国东南部，24 日在佛罗里达州以小飓风强度登陆。但是数日后，风暴移动至墨西哥湾，在横过墨西哥湾套流时强度迅速增大为 5 级飓风；29 日，卡特里娜飓风在密西西比河口登陆时已变成极大的 3 级飓风。风暴潮对中部数州都造成了灾难性的破坏，强风吹及内陆地区，也阻碍了救援工作。估计卡特里娜造成最少 750 亿美元的经济损失，这是继 1928 年奥奇丘比(Okeechobee)飓风之后死亡人数最多的美国飓风。

卡特里娜飓风灾害后，美国政府要求飓风灾害区域内的城市进行人员撤离，包括新奥尔良市民在内的上百万人都离开了家园。墨西哥湾附近的油田、炼油厂、原油出口设施都被迫停工关闭，造成当时纽交所原油价格大幅飙升。发生灾害的地区出现了无政府状态的混乱局面，部分地区还发生了抢劫、盗窃等社会治安混乱的现象，给美国社会带来了严重的不良后果。

3. 直播连线增强现场感

《NBC 晚间新闻》的另一大特色是出镜记者的现场报道。尤其是在报道新闻突发事件的时候，出镜记者的加入在很大程度上增强了演播室主持人和新闻现场的链接感。通过双屏模式，及时切换演播室播报画面和新闻现场画面，出镜记者对新闻现场进行第一时间的介绍(图 2-54)。这不仅增强了新闻的时效性，而且具有极强的现场感。

图 2-54　记者连线

在播报新闻的时候，《NBC 晚间新闻》的虚拟背景一直配有相关的图像或视频资料，极少出现主持人一直在播报却没有新闻画面支持的情况。与国内的新闻节目不同，《NBC 晚间新闻》较少使用环境空镜和固定镜头拍摄的画面作为新闻内容播出，而倾向于使用非常规的构图，甚至是摇晃的跟拍画面，画面切换也比较频繁。这些画面不仅能真实地记录记者探寻新闻线索的全过程，还能在视觉上吸引观众的注意，刺激受众的感官。虽然画面嘈杂，镜头切换频繁，但这样的新闻画面却往往具有很高的新闻价值，凸显了新闻的现场感和真实性。

4. 名主持与强评论结合

《NBC 晚间新闻》也采用主持人中心制的模式。在这种模式下，节目的主持人通常同时担任评论员、新闻编辑等多重角色，全面掌控节目整体的编排和流程，从而使节目的播出具有非常清晰的思路。《NBC 晚间新闻》的大部分主持人都具有新闻采访、出镜报道的经历和较长的新闻节目制作经验。

人物链接

布莱恩·威廉姆斯(Brian Williams)

布莱恩·威廉姆斯 1993 年加入 NBC 担任记者，2004 年开始担任《NBC 晚间新闻》的主播和新闻编辑。加入《NBC 晚间新闻》之前，他曾任 NBC 驻白宫记者，还曾主持 CNBC、MSNBC 的独家新闻报道栏目 *The News with Brian Williams on CNBC and MSNBC*。他曾获得 11 次"爱德华·莫罗奖"，12 次"艾美奖"，还在 2007 年被《时代》杂志评选为百位影响世界的名人之一。

人物链接

汤姆·布罗考(Tom Brokaw)

《NBC 晚间新闻》的前任主持人汤姆·布罗考，也是《NBC 晚间新闻》的王牌主持人。他以报道新闻干净利落、评论新闻见解深刻、擅长即兴发挥著称。他同 CBS 的丹·拉瑟和 ABC 的彼得·詹宁斯一起被誉为美国电视新闻界的三大明星主播。汤姆·布罗考被称为美国新闻界最值得信赖和最受尊敬的人，曾摘得包括"杜邦奖""皮博迪奖""艾美奖"在内的多项新闻报道大奖的桂冠。在进入《NBC 晚间新闻》之前他还曾担任 NBC《今天》节目的主持人，直到 1983 年才开始担任《NBC 晚间新闻》的主持人和新闻编辑。汤姆·布罗考在任《NBC 晚间新闻》新闻主播期间充分展现了其独特的新闻敏感和制作新闻节目的专业水准，为《NBC 晚间新闻》赢得不少声誉。

因为采用主持人中心制，主持人从选题、采访再到节目的编排全程参与，所以主持人能够很好地把控节目的节奏。明星主持人不仅需要有良好的新闻素养，而且要有独特的"新闻眼"和挖掘新闻的能力，能够深入剖析新闻所折射的社会问题。明星主持人能够增强观众的黏度，王牌主持人是维系受众群体稳定性的一个重要因素。

《NBC 晚间新闻》的主持人既是播报新闻的人也是新闻编辑，这在很大程度上增强了主持人对新闻的整体了解，为主持人作出精彩的新闻评论奠定了坚实基础。主持人不仅仅是新闻编辑的传声筒，也是实现新闻内容和新闻评论的有效结合体。值得一提的是，《NBC 晚间新闻》的主持人大多都是曾身经百战的一线记者，这些记者型主持人对于新闻的敏感度和他们犀利的新闻评论也给节目增加了不少看点，同时还为《NBC 晚间新闻》扩大了影响力。

知识链接

“艾美奖”(Emmy Awards)是美国电视界的最高奖项，地位等同于电影界的“奥斯卡”、音乐界的“格莱美”。通俗意义上说的“艾美奖”其实是由“黄金时间节目艾美奖”和“日间节目艾美奖”组成的，分别由洛杉矶的电视艺术与科学学院(ATAS)和位于纽约的国家电视艺术与科学学院(NATAS)颁发。

“艾美奖”于每年9月份颁发，所有参选作品必须在上一年度的6月1日到本年度5月31日之间在无线或有线电视上播出，节目播出范围要覆盖全美51%的观众。《NBC晚间新闻》的多位主持人都曾获得“艾美奖”。

要点小结

1. 严肃的新闻选题、公正的新闻视角和专业的新闻报道手段是新闻节目获得成功和长久生存的基本要求。

2. 新闻要有使用价值，新闻内容和新闻信息要贴近受众的生活。

3. 结合新闻热点及社会背景，及时提供有见地的评论，增加新闻节目的报道深度。

4. 现场连线增加了新闻报道的现场感和即时性，不仅获得了多种信源，增加了新闻的公信力，也最大限度地突出了电视新闻的优势。

三、延伸与思考

作为美国最具影响力的晚间新闻节目之一，《NBC晚间新闻》凭借其悠久的历史所沉淀出的对于新闻的敏锐和专业而享誉全球。《NBC晚间新闻》的主播台上出现了一个又一个著名的新闻主播，他们凭借发人深省的新闻评论和独特的个人魅力吸引了众多观众。

《NBC晚间新闻》展现了经典联播式新闻的节目形态和样式，以深度的新闻评论见长，善于深挖新闻背后的原因和社会问题。节目整体节奏把握得当，展现了电视新闻消息类节目的较高水准。即便是在媒介环境瞬息万变的今天，《NBC晚间新闻》也始终拥有一批忠实的受众。

追求深度的新闻评论是《NBC晚间新闻》的亮点，也是这档节目最为吸引眼球的特色。然而，《NBC晚间新闻》也仍旧逃脱不了资本对大众媒介的控制和影响，从新闻选题开始就带有一定的倾向性，在国际事件的报道上也无法完全抛开意识形态。

新媒体的出现使今天的电视呈现发生了巨大变化，视频信息的处理要适应多媒介平台的发展以及受众信息接收习惯的变化。电视新闻栏目形态呈现出大信息量、快节奏、强互动、强评论的特点，此外，随着新媒体技术更迭换代越来越快，电视新闻的创新步伐也随之加快。实践证明，只有始终与新技术同步，主流媒体才能保持其主流地位。

对此，中外电视新闻节目也面临同样的挑战。

晚间新闻时段是中外电视节目的黄金时段，是各家电视台争夺最为激烈的，也是最被看重的新闻时段。在西方，晚间新闻节目主播历来是最具声望和屏幕吸引力的电视新闻从业者。除了《NBC 晚间新闻》外，美国《ABC 今夜世界新闻》《CBS 晚间新闻》，特别是俄罗斯的“今日俄罗斯”电视台新闻节目（包括 *Headline News*、*Politics with Larry King* 等栏目）都值得关注。

表 2-13 值得关注的国外晚间新闻节目

频道	节目名称	简介
ABC	《ABC 今夜世界新闻》	《ABC 今夜世界新闻》于 1953 年创办，其节目的播出时间、名称也几经变换。从 2006 年至今，节目就换过三个名字。2006 年至 2009 年，节目名称为《世界新闻》(*World News*)，主持人是查尔斯·吉布森(Charles Gibson)；2009 年 12 月到 2014 年 8 月，节目改为《ABC 世界新闻》(*ABC World News*)，由女主持人戴安·索耶尔(Diane Sawyer)播报新闻；2014 年 8 月后，节目进行了第二次改名，更改为《ABC 今夜世界新闻》(*ABC World News Tonight*)，主持人也更换为大卫·缪尔(David Muir)。ABC 的晚间新闻在与其他两大电视网络竞争时采取的是“第一新闻”策略(First News Stratagy)，其播出时间相比于其他两台要提早半小时，同时在节目编排上也首先播出国内国际要闻，以此确保观众能够继续收看后面 ABC 的本地新闻，而不换到 CBS 或者 NBC 的新闻节目。近期，ABC 还与 Facebook 合作开展了一个名为“Facecast”的项目，晚间新闻播出 60 秒来自社交媒体的内容，涵盖爆炸性新闻、金融、体育等资讯，节目也会开展线上互动，这是 ABC 晚间新闻与新媒体融合的一大尝试。
CBS	《CBS 晚间新闻》	《CBS 晚间新闻》(*CBS Evening News*)创办于 1948 年，至今已有近 70 年的历史。节目原名叫《CBS 电视新闻》(*CBS Television News*)，这个名字一直用到 1966 年才被改成今天的《CBS 晚间新闻》。在节目播出的历史上涌现出包括道格拉斯·爱德华兹、沃尔特·克朗凯特、丹·拉瑟在内的一批著名的新闻人。《CBS 晚间新闻》长期以来都是美国收视率较高的晚间新闻节目之一。
RT	本频道相关的晚间新闻节目	“今日俄罗斯”(Russia Today，简称 RT)是俄罗斯的国际新闻频道，也是全球最大的视频分享网站——YouTube 最受欢迎的新闻频道。RT 于 2005 年正式开播，以“打破西方国家对英语媒介的垄断”和“展示真实的俄罗斯”为宗旨，聘用大量经验丰富的国际记者，在国际新闻报道领域迅速崛起。RT 新闻基于俄罗斯的国家战略，充分发挥新闻传播的规律，紧跟媒介技术发展，社交媒体及虚拟演播室等的应用使之大放异彩。*In The Now* 是 RT 的一档晚间新闻节目，提供来自世界上 80 多个城市的新鲜资讯和真实观点。RT 另一档引人注目的晚间新闻类节目是美国前 CNN 主持人拉里·金的 *Politicking*，这是一档面向美国观众的政治节目，定期邀请各国领导人或著名的政治家来讨论当今国际政治形势，对当前国际热门事件进行深度分析和讨论。

第九节 《新闻秀场》：新闻节目的另类尝试

本节要点

1. 观众的参与感是节目成功的重要因素。

2. 新闻内容和竞猜形式的结合。

3. 演播室＋专家解读＋网络视频。

《新闻秀场》(*News Show*)是2010年法国CANAL＋电视台播出的回顾年度新闻事件的竞猜类节目，每周一到周五晚19:10播出。节目通过游戏竞猜的方式，帮助观众回顾本年度最受关注的、最富戏剧性的、最出人意料的、最富娱乐性的新闻场景。

图2-55　《新闻秀场》节目LOGO

一、节目架构

《新闻秀场》节目现场由嘉宾和选手构成，比赛采取计分制，每次邀请四位来自各行各业的专家、学者、明星作为嘉宾组成两队，并有两名场外观众分别作为两队嘉宾代表队的选手。节目包括五个环节的游戏竞赛：

表2-14　《新闻秀场》五个环节的比赛内容

节目环节	比赛内容
“看短片猜结果”	嘉宾们观看一小段短片，播放过程中暂停，两组嘉宾竞猜接下来会发生什么事。随后主持人公布答案，胜队记一分。
“一人一数字”	游戏规则是抢答，给出一个新闻人物以及与之相关的数字，请嘉宾竞猜出对应的新闻事件。
“真心话”	两队各出一名嘉宾，节目组准备了一些与该嘉宾有关的隐秘图像资料，如果嘉宾在这一环节的问答中出现失误，节目中将公布这些图像资料。
“新闻里的不知道”	现场邀请新闻人物上场，请嘉宾竞猜这些人物因何事而出名。
由获胜队伍的观众参加计时赛	在限定时间内答题并获得相应的奖金。

【案例精选】

“看短片猜结果”环节中播放了一期美国脱口秀名嘴史蒂芬·科尔伯特 2009 年 6 月前往伊拉克劳军的片段，科尔伯特与驻伊最高指挥官奥德耶诺就他本人想成为士兵、是否符合参军标准的问题展开讨论。此时短片暂停，由现场嘉宾竞猜接下来将会发生什么关系到美国军队最高领袖的活动。嘉宾竞猜结束后主持人公布结果：短片中奥巴马通过远程录像命令奥德耶诺将科尔伯特的头发剃掉，引起台下美军和现场观众大笑。

图 2-56 奥巴马下令剃掉科尔伯特的头发

图 2-57 现场直播剃头过程

人物链接

史蒂芬·科尔伯特(Stephen Colbert)，美国著名电视节目主持人和喜剧演员，曾获艾美奖和人民选择奖。因其讽刺和扑克脸式的喜剧表演风格在美国广为人知，曾主持喜剧中心频道政治讽刺新闻节目《科尔伯特报告》(*The Colbert Report*)，在节目中扮演保守派政治评论家。2014 年 4 月 10 日，科尔伯特在大卫·莱特曼退休后接手哥伦比亚广播公司旗下著名访谈节目《深夜秀》(*Late Show*)。当天，喜剧中心频道宣布

《科尔伯特报告》于2014年年末停播。

2006年4月29日，科尔伯特受邀在白宫新闻记者协会晚餐会上进行表演。他用一贯的风格当面挖苦了美国总统乔治·W.布什，这段长达24分钟的表演让他在互联网上引起广泛关注。2006年和2012年科尔伯特被《时代》杂志评为世界100位最有影响力的人物之一。

二、节目特点

作为新闻类电视节目的一种实验或创新，《新闻秀场》最大的特点在于把新闻内容和竞猜形式结合，大大提高了观众参与的积极性，保证观众能够在轻松愉快的氛围中了解重大新闻事件。具体表现在：

第一，在演播室的设置上，屏幕作为现场短片播放的重要道具，被安排在中央及四周比较显眼的位置。大小屏幕交叉放置，多而不乱，现场主持人、嘉宾、观众都可以较为清楚地观看到节目内容。不仅可以使现场人员快捷地获取信息，也可以增强节目现场的视觉效果。

第二，在嘉宾的设置上，来自政界、演艺界、传媒界等不同背景的嘉宾混搭组队。嘉宾来源广泛，可有效弥补在信息关注领域各自的不足，且可以增强节目的趣味性。同时，根据嘉宾设置部分问题，增强了嘉宾与节目的关联度。

第三，节目内容的选取生动活泼，符合观众口味。游戏题目设置均取材于过去一年的重大新闻事件、有影响力的新闻事件、各界人士的趣闻逸事等，来源广泛，对新闻事件的整合度较高。

第四，网络资源与电视媒体的融合。节目中部分内容取材于网络，如对于重点事件网络视频报道的选取等。将网络流行内容引入节目，作为命题的依据，考察现场嘉宾对于网络内容的熟识度。

第五，对新闻事件和新闻人物进行重新结构，选取一般人之前无法或很少获知的事实作为问题，融趣味性、新鲜感于题目之中。

【案例精选】

在“一人一数字”环节中，节目播放了一段视频：前法国总统夫人贝娜黛特·希拉克在撒兰博物馆发表演说时，后面希拉克总统却与一名年轻女子交谈甚欢(图2-58)，随即总统当场遭到贝娜黛特的呵斥。这段视频当时在YouTube上获得了180万次的点击量。

节目截取了网络视频中的片段出题，并与后来总统夫人接受瑞士TSR电视采访的澄清结合：贝娜黛特表示年轻女子是他们夫妻俩共同的朋友，但她对于演说中有人说话无法忍受，所以“善意”地提醒了希拉克(图2-59)。节目通过这种方式把网络信源和电视核实共同呈现，帮助观众了解事件发生的原委。

图 2-58 希拉克总统与年轻女子交谈甚欢

图 2-59 总统夫人解释生气的原因

要点小结

1. 增强参与感来自于对观众的重视。
2. 新闻节目的叙事方式要适应观众的需求。
3. 硬新闻的软性表达有助于传播效果的最大化。

三、延伸与思考

1. 新闻竞猜十娱乐形式

此节目是以往竞猜类节目的改良版，尤其是与新闻的结合，提升了竞猜类节目的内容质量，使之与不断变化的新闻相挂钩，更富有时间感和生动性。对于新闻而言，这也是一个较好的扩大自身影响力的机会，不同于以往新闻较为严肃、受众面较窄的限制，这种改良后类似娱乐节目形式的新闻报道和介绍可以更加生动地将新闻传播出去。

2. 环节设计十知识延展

节目只是利用竞赛机制作为骨架，撑起节目的主要脉络。而新闻视频内容，以及对于新闻视频内容的解读，才是支撑起节目的血肉，这也是节目最重要的部分。播放这些视频的主要目的，就是通过视频中的内容，娱乐观众，增加节目效果。

3. 细节至上十故事贯穿

在细节设置当中，节目也不忘与新闻细节挂钩，不断增加小故事、故事中的细节、事件的背景以及相关知识等，避免了知识讲述的枯燥性。

4. 民生气质十热点解读

目前，在国内许多的电视台尤其是地方电视台中，民生新闻发展得如火如荼。相比之下，这些节目共同的特质都是贴近民众。加上目前网络新闻资源丰富，每天都有无数的热点，这使得该节目融合了这两种不同的特点，适合作为新闻盘点节目出现。制作部门只需要整合一些相关的视频新闻资源，便可操作。

第三章　脱口秀类节目

第一节　溯源与发展

脱口秀节目最早出现在美国，其英文名称为“Talk Show”，港台的翻译家们发挥奇妙的想象力，将其翻译为“脱口秀”，可谓是音意双通的神来之笔。脱口秀节目与谈话类节目并不完全相同，前者更讲究个性化语言和临场发挥，而后者则有一定的常规模式。当然，从节目类型来看，两者也有诸多相似之处，在一些节目中很难明确地进行区分。从节目历史来看，脱口秀节目从早期的广播电视谈话节目中逐渐发展而来。第一个广播谈话节目是1921年由美国马萨诸塞州斯普林斯菲尔德的WBZ电台播出的，内容是为农村听众讲农场经营。到了1930年代末，美国全国广播公司(NBC)推出了用于公共服务的典型电视谈话节目，比如《芝加哥圆桌大学》(*University of Chicago Round Table*)和《美国城镇空中会议》(*America's Town Meeting of the Air*)。二战之后，电视产业得以快速发展，电视脱口秀节目亦从广播脱口秀中演化而来，这种全新的声画结合的节目样式受到观众喜爱。1948年，美国无线电公司和全国广播公司的大卫·萨尔诺夫联合推出一档脱口秀节目《小城大碗》(后改为《艾德·萨利文节目》)，开创了今天美国脱口秀节目样式的先河。

在美国，受不同历史时期政治环境、社会心理和技术条件等诸多因素的影响，脱口秀节目也呈现出不同的历史特点。20世纪50年代末期，电视新闻先驱爱德华·默罗曾主持节目《小世界》，从那时起涌现出了一大批政治类的脱口秀节目，内容以关注政治动态、剖析社会现实为主。之后一段时间，受麦卡锡主义的影响，政治类脱口秀陷入低潮，脱口秀节目内容开始转向休闲、健康、娱乐的话题。这一转变使得娱乐化脱口秀快速兴起。20世纪60年代，娱乐化脱口秀节目日趋成熟，出现大量以娱乐为主的脱口秀节目，这些节目大多由明星担任主持人，主要在夜间或清晨播出。到了20世纪七八十年代，美国的脱口秀节目大多以名人的访谈为主，节目风格亲切自然。如今，各种类型的脱口秀节目纵横交错，话题也从早期的关注政治、娱乐、经济到现在的家庭暴力、性、私生活等一些私密话题，以满足人们的好奇心和窥私欲，吸引受众以提高收视率。

在播出时间上，脱口秀节目是“全天候”的，几乎任何时间都能看到脱口秀节目。大体上讲，可分为日间脱口秀和夜间脱口秀两种模式。日间脱口秀的内容比较丰富，周一至周五的12点到18点，各大电视台几乎都把时间都留给了脱口秀节目。这个时间段的主要受众是家庭妇女，她们通过看电视打发空闲时间，所以节目内容相对轻松。比如，《奥普拉·温弗瑞秀》以自然、温馨的倾谈为特征，以18至49岁的女性观众为主，节目内容积极向上；《莉基·莱克节目》以青春、活泼的表现形式为主，话题常涉及青年人的着装、形象、心理等，观众多为青年妇女；《杰里·斯普英格节目》常涉及夫妻关系等成人话题；《罗西·欧丹尼秀》的嘉宾通常是影视明星，内容主要为明星的业余爱好、日常生活。才艺表演是该节目的重要部分，有较强的娱乐性。夜间脱口秀节目通常邀请名人作为嘉宾，用比较轻松的方式将时政要闻、热点事件和人物话题融入节目之中，用幽默的语言解读深刻的问题，观众多为男性。夜间脱口秀节目发展到今天，已经形成一些风格独特的品牌栏目，比如《今夜秀》《拉里·金现场》《大卫·莱特曼深夜秀》等。

应当说，美国的脱口秀节目最具代表性，在广播和电视媒体中占据着很大的比重，在全球产生了极大的影响力，亦对社会产生了深远的影响。美国脱口秀的模式也成为包括英国、澳大利亚、中国在内的许多国家电视业争相借鉴和模仿的对象。我国的脱口秀节目大致经历了从谈话类节目到脱口秀节目的发展历程，主要可分为以下三个时期：

一、萌芽期

20世纪90年代初，“脱口秀”节目开始走进国人的生活，当时被称为电视谈话节目。我国最早的电视谈话节目是1993年上海东方电视台推出的《东方直播室》。节目首次采用主持人、嘉宾和观众现场讨论的方式讨论社会热点。虽然当时并未引起很大的反响，但在该节目的影响下，全国各电视台陆续推出此类节目，如广州电视台的《羊城论坛》、黑龙江电视台的《北方直播室》等。同年，中央电视台创办《东方时空》，影响了我国观众的早间收视习惯，开创了中国电视改革的先河。它的子栏目《东方之子》是受到美国著名脱口秀节目《拉里·金现场》的启发而创办的，可以说已具有脱口秀节目的雏形。此后，谈话节目相继登上中国电视荧幕。这一时期即为中国脱口秀节目的萌芽期。

二、发展期

1996年，中央电视台推出了由崔永元主持的《实话实说》。这档节目的播出标志着中国脱口秀节目的真正开端，从此中国电视脱口秀节目进入飞速发展时期。《实话实说》参照美国电视节目《奥普拉·温弗瑞秀》，无论从节目的风格、主持人的定位、话题的甄选，还是嘉宾、观众、舞台的灯光、乐队等都借鉴了国外流行的脱口秀元素，并结合自身特点进行创新，获得了巨大成功。

创办不到6年的时间，《实话实说》就成为一档拥有至少5000万观众的品牌节目。以《实话实说》为标志，中国的脱口秀节目如雨后春笋般发展起来，基本上每个电视台都有自己的脱口秀节目。如中央电视台的《艺术人生》《对话》《时空连线》《五环夜话》《朋友》；北京电视台的《国际双行线》《光荣绽放》；深圳电视台的《魔方舞台》；东方卫视的《东方夜谭》；湖南卫视的《新青年》《大当家》《背后的故事》；湖北卫视的《财智时代》；重庆卫视的《龙门阵》；凤凰卫视的《锵锵三人行》《有报天天读》《文涛拍案》《时事亮亮点》《一虎一席谈》等节目。这一时期，这些节目在借鉴美式脱口秀的特点的同时，大多也保留了谈话节目、访谈节目的特点。

三、成熟期

随着互联网的普及和网络视频的飞速发展，网络平台自制的脱口秀节目迅速兴起，比如《大鹏嘚吧嘚》《晓说》《奇葩说》《货币战争》《鸿观》等。网络脱口秀节目充分发挥了个性、多元、临场发挥等美式脱口秀的特点，传统的谈话类节目特点逐渐褪去，既符合脱口秀节目的要素，又适应了互联网时代受众的收视需要。在网络脱口秀的影响下，电视脱口秀节目进一步创新，一些优秀的脱口秀节目开播，比如《壹周立波秀》《今晚80后脱口秀》《杨澜访谈录》《开讲啦》等。一些综艺娱乐节目也开始借鉴美式脱口秀的元素，在展现主持人与嘉宾的个性特点上更加开放与多元，比如《天天向上》《快乐大本营》等。当下，我国的电视谈话节目越来越强调主持人与嘉宾的个性特点，节目中营造幽默、自由、轻松的氛围，越来越具有美式脱口秀的特点，节目内容也越来越丰富，新闻性、娱乐性与思想性共存。

追溯脱口秀节目的历史，其发展与成熟在美国，而中国的脱口秀节目虽然开办较晚，但近年来别具特色的脱口秀节目也在逐渐增多。脱口秀节目之所以经久不衰，是因为说话与交流正是电视媒介的主要特征之一，脱口秀节目正好把握了电视媒介的本质——通过直观的声画进行情感交流。

第二节　美式新闻脱口秀：娱乐与政治相结合的模式

本节要点

1. 节目最大的特色是关注时事新闻，并将新闻与娱乐充分结合起来。

2. 讽刺幽默、调侃政治、风格活泼、善于融入不同的节目元素。

3. “六段式”是美式新闻脱口秀节目的主要模式，但近年来有所突破，与网络的互动不断加强。

美式新闻脱口秀节目幽默讽刺、充满个性、娱乐与政治结合等特征影响了全球的脱口秀节目。如果说日间脱口秀节目主要面向家庭妇女(美国有很多全职太太),内容以情感倾诉为主的话,那么夜间脱口秀节目则主要以新闻和娱乐为主,侧重时评,绝大多数都以幽默、轻松搞笑乃至讽刺挖苦的方式来呈现。

作为美国受众获知时政新闻的重要渠道和传统的消遣方式,夜间脱口秀节目自诞生之日起已有六十余年的历史,形成了"单口小段+喜剧环节+名人访谈"的固定表演模式。美国几大广播电视台为争夺这一巨大市场也都火力全开,打造出各自的王牌脱口秀节目。其中影响较大的有以下这些节目:

表 3-1　美国王牌夜间脱口秀节目

电视台	节目名称	主持人	节目特点
Comedy Central	《乔恩·斯图尔特每日秀》 (*The Daily Show*)	Jon Stewart "囧司徒"	美国青年时政新闻源
	《科拜尔报告》 (*The Colbert Report*)	Stephen Colbert "扣扣熊"	右派角色扮演与玩转
NBC	《今夜秀》 (*The Tonight Show*)	Steve Allen Jack Paar Johnny Carson Conan O'Brien	深夜脱口秀之典范
	《杰·雷诺今夜秀》 (*The Tonight Show with Jay Leno*)	Jay Leno "大下巴"	语气强、段子多
	《吉米·法伦深夜秀》 (*Late Night with Jimmy Fallon*)	Jimmy Fallon "肥伦"	年轻活泼、爱模仿
TBS	《柯南今夜秀》 (*The Tonight Show with Conan O'Brien*)	Conan O'Brien "柯南"	自成一派、风靡网络
CBS	《大卫·莱特曼深夜秀》 (*Late Show with David Letterman*)	David Letterman "莱特曼"	犀利刁钻、非主流
ABC	《吉米·金梅尔现场秀》 (*Jimmy Kimmel Live!*)	Jimmy Kimmel "吉米鸡毛"	注重恶搞、充满乐趣
HBO	《马赫脱口秀》 (*Real Time With Bill Maher*)	Bill Maher "彪马"	题材生活化、娱乐味十足

背景链接

曾经有人写信问杰·雷诺(Jay Leno):"我想成为脱口秀明星,有没有不用在俱乐部摸爬滚打、直接主持电视节目和颁奖礼的办法?”雷诺在节目上回应:“没有捷径可走。”

几乎所有脱口秀主持人都是从单口相声俱乐部走出来的。过程大概是自己去单口相声俱乐部当演员,经过几年甚至十几年奋斗——成为脱口秀节目段子写手——再经过几年奋斗成为脱口秀节目配角——再经过几年奋斗成为脱口秀节目主持人。但每一个环节的成功比例都不到1%。

目前,美国三大电视网以及几大有线电视网的脱口秀节目段子创作团队都是以主持人为核心建立的。由于这些节目有着庞大的收视人群和较高的影响力,段子写手们的收入很可观,他们的晋升渠道也很宽阔,虽然成功率非常低。

背景链接

“stand-up”(“单口界”)

了解美国深夜新闻脱口秀,首先要弄清楚什么是 stand-up,即俗话说的“单口界”——脱口秀名嘴及脱口秀写手的“预备役部队”。脱口秀特别是深夜脱口秀本身就是比较文明的单口喜剧(stand-up comedy)。

到了20世纪六七十年代,理查德·普赖尔(Richard Pryor)、乔治·卡林(George Carlin)、比尔·考斯比(Bill Cosby)、强尼·卡森(Johnny Carson)等巨星辈出,单口喜剧也通过电视节目这一全新方式呈现给了更广大的观众。同样颇有人气的 *Saturday Night Live*(《周六夜现场》)就是在这个时候应运而生的,与之相比,经强尼·卡森发扬光大的 *The Tonight Show*(《今夜秀》)同样是在这一时期成为了影响深远的脱口秀标杆节目。单口喜剧同脱口秀的发展密不可分。

单口喜剧的形式类似于我国脍炙人口的单口相声:首先,一个话筒一张嘴就齐活了;其次,表演形式多样,说学逗唱、木偶杂耍;最后,话题涉猎广泛,许多名嘴都是引经据典、信手拈来的专家。而在表达方式上,美式单口更接近于东北二人转。

整个单口界更是一个多元化的江湖:模仿型的名嘴如金·凯瑞(Jim Carrey)、三俗型的如安德鲁·戴斯·克雷(Andrew Dice Clay)、政治讽刺型的如乔治·卡林(George Carlin)、愤青咆哮型的如刘易斯·布莱克(Lewis Black)、帮派风的如卡特·威廉姆斯(Katt Williams)等。虽然背景不同,路数不同,但真正成功的单口笑星都有类似的特点:善于原创的敏捷思维、说学逗唱的表演才华、收放自如的现场掌控。这些能力是他们在单口界独当一面的基础保证,也是有朝一日能名利双收、四处巡演的独家秘诀。

严格来讲,美国段子写手都是编剧,除了脱口秀,一些喜剧剧集也会邀请其加入创作队伍。2007年年底,美国编剧大罢工,受到最直接影响的就是日播脱口秀类节目。金球奖、奥斯卡颁奖主持人的串词、嘉宾颁奖时的小笑话也无趣了很多,这也是因为笑话编剧罢工了。除了脱口秀节目主持人,很多喜剧明星甚至导演都做过单口相声演员、段子写手，譬如《变相怪杰》主演金·凯瑞、《呆呆向前冲》主演亚当·桑德勒、《热带惊雷》主演本·斯蒂勒，以及知识分子导演伍迪·艾伦。

一、节目架构

由于美式深夜新闻脱口秀数量庞大且类型基本相似，主要区别在于主持人的风格和节目的亮点特色，所以在此选取几个主要的节目加以介绍：

1.《今夜秀》(*The Tonight Show*)节目架构

早期脱口秀的主要阵地是广播电台，二战后电视的逐渐普及吸引了众多广播界名嘴转战这一全新的媒体平台，比如阿瑟·戈弗雷(Arthur Godfrey)、戴夫·加罗韦(Dave Garroway)、斯蒂夫·艾伦(Steve Allen)和杰克·帕尔(Jack Paar)。深夜脱口秀最早来源于综艺节目，如 CBS 的《小城名流》(*The Ed Sullivan Show*)。

深夜脱口秀的基本模式最初由斯蒂夫·艾伦、杰克·帕尔等先驱奠定，之后又被“脱口秀之王”强尼·卡森以喜剧脱口秀的形式真正发扬光大，成为后世模仿的典范。值得一提的是，他们都来自同一个节目 *The Tonight Show*(《今夜秀》)。1953 年，斯蒂夫·艾伦在纽约地方台播出的一档节目被 NBC 看中，改名 *Tonight*，作为 *Today* 的夜间版于次年 9 月在全国播出，这就是最早的《今夜秀》(图 3-1)。

图 3-1 斯蒂夫·艾伦的《今夜秀》

【节目模式】

首任主持斯蒂夫·艾伦为《今夜秀》开创了“开场段子+喜剧环节+嘉宾访谈+音乐嘉宾+乐队伴奏+观众互动”的脱口秀基本模式，该模式被称作“六段式”(six-piece format)脱口秀模板。

“六段式”(six-piece format)脱口秀模板包括：

第一段为开场 monologue；

第二段为喜剧环节；

第三、四段为嘉宾访谈（中间插播一次广告）；

第五段为第二位嘉宾访谈；

第六段为音乐嘉宾或单口表演。

下面逐一介绍每段的主要特点：

1. 开场段子：通过 10 分钟左右的 monologue 开场，以短小精悍的笑话吐槽新闻时事、明星政客等。

2. 喜剧环节：极富特色的娱乐片段、恶搞视频、记者外景，或者喜剧小品等内容。比如 *Headlines*、*Top 10 List*、*Check the Tweets*、*Thank You Notes*、*New Rules*、*The Word* 等。

3. 嘉宾访谈：名人明星访谈是脱口秀吸引观众的亮点，也是传统脱口秀的核心内容。通常每期节目有两位嘉宾，每位嘉宾十几分钟，每段访谈中间插播一次广告。重量级嘉宾则会一口气采访半个小时，偶尔也会有多个嘉宾登场。

4. 音乐嘉宾：节目最后几分钟留给歌手或乐队宣传新歌、新专辑，他们做客节目现场表演。《今夜秀》继承了卡森提携后辈的传统，此环节偶尔会邀请单口喜剧艺人登台表演，如近年比较知名的华人黄西。

5. 乐队伴奏：除了娱乐现场观众之外，在开场 monologue 部分配合精彩段子表演也是乐队的重要任务。不熟悉美国脱口秀节目的读者可以想象一下崔永元的《实话实说》。有时，乐队老大也可以当成捧哏的 sidekick 使用，比如 Paul Shaffer 和 Ricky Minor。

6. 观众互动：竞赛游戏、来信来电、现场抽奖等互动节目。

近 60 年来，这一模式被无数节目模仿和继承，目前几乎所有的深夜脱口秀节目使用的依然是这种“六段式”节目模式。可见《今夜秀》对美国深夜脱口秀节目的影响之大。

关键术语

Monologue **独白**

Monologue 是美式脱口秀的一个传统环节，后经中国网友发扬光大而风靡微博。在微博搜索“#Monologue#”标签即可看到大量此类段子。它们的语言特点是：前半段是真实新闻，后半句是戏谑调侃。

2.《大卫·莱特曼深夜秀》(*Late Show with David Letterman*)节目架构

1982 年，NBC 和卡森自己的制作公司为莱特曼打造了一款夜间节目 *Late Night with David Letterman*（后简称 *Late Night*），紧随卡森的《今夜秀》之后播出，这就是

图 3-2 《大卫·莱特曼深夜秀》的节目标志

图 3-3 《大卫·莱特曼深夜秀》访谈演播室

Late Show 的前身。虽然卡森为了确保《今夜秀》的收视，对 *Late Night* 加设了诸多限制，使得莱特曼多少有些束缚手脚，但是其偏离传统的幽默感、另类的段子、狡黠犀利的访谈风格，加上各种创意环节和小品很快便得到了观众的认可，从而开拓出一片具有莱特曼特色的脱口秀天地。

此后，莱特曼将原节目的大部分班底带到 CBS。对于 NBC 拥有 *Late Night* 节目内容所有权一事，莱特曼的对策是换汤不换药，把喜剧环节和小品改了名字之后全盘照搬。他在 *Late Show* 主持期间创下了与恩师卡森相同的辉煌——六次获得艾美奖。*Late Show* 在节目开播第二年（1994 年）便拿到了首个艾美奖，而从 1998 年到 2002 年更是连续 5 年雄霸艾美奖最佳综艺类节目。

【节目模式】

1. 开场段子

莱特曼讲段子的特点是铺垫较多、小火慢攻，再出其不意地扔出笑点。他的幽默风格比较“非主流”，笑点有些冷，笑点有些怪，基本上大多笑点是观众预料不到的。段子内容有时会比较刻薄，比如对于 Kirstie Alley 和 Chris Christie 这两个胖子的体重问题，以及市长彭博和阿汤哥的身高问题的嘲讽持续了多年。

2. 嘉宾访谈

访谈方面，莱特曼的犀利和刁钻完全可以跟记者媲美。他有时会对名人的丑事“打破砂锅问到底”——这使得 *Late Show* 中的访谈具有极高的观赏性。但同时这也让许多明星望而却步，不少人表示不敢上莱特曼的节目。

3. 喜剧环节

莱特曼最著名的就是 TOP 10 List（十大榜单）了，这是关于某个人或某一问题的十条可笑的理由、状况等的说明。其中最精彩的就是邀请明星大腕们来宣读榜单。小布什、奥巴马、埃米纳姆、贾斯汀・比伯、《好汉两个半》主创等人都揭晓过榜单，有时甚至还可以像乔诗・葛洛班（Josh Groban）那样唱出来。

二、节目特点

从上述两个脱口秀节目中我们可以看到美式脱口秀的特点。美国深夜脱口秀节目因其制作的便捷性和内容的灵活性，已成为电视与网络社交媒体相互结合的最佳试验田，*Jimmy Kimmel Live*、*The Tonight Show with Conan O'Brien*、*The Daily Show with Jon Stewart* 等节目就是鲜活的例子。它们通过对民间视频的灵活调度和充分利用，弥补了电视媒介的不足，充分发挥了新媒体的特色。下面以这几个节目为例，进行对比分析，进一步挖掘美国新闻脱口秀节目的特点。

1. “囧司徒”——以主持人的绝妙调侃迅速传播

《每日秀》（*The Daily Show*）节目全称《乔恩・斯图尔特每日秀》（*The Daily Show with Jon Stewart*），是美国喜剧中心频道（Comedy Central）于 1996 年推出的一档政治喜剧类（political comedy）夜间脱口秀节目（图 3-4）。该节目以讽刺和恶搞新闻为特色，关注美国当下的政治、媒体及流行文化。在美国传统电视新闻节目收视不断下滑的市场压力下，《每日秀》首播的平均收看人数却能达到 140 万，收看重播的观众也有 80 万。节目开播近 20 年来，曾 40 次获艾美奖提名，并赢得了 18 个奖项，包括连续 9 届拿下艾美奖最佳综艺/音乐/喜剧节目奖。《每日秀》的主要内容来源于时事热点。在这一点上，它与传统新闻节目十分相像。尽管如此，《每日秀》在青少年这样一个普遍对传统新闻节目持消极态度的群体中却有着极高的人气。

图 3 4 《每日秀》节目宣传图

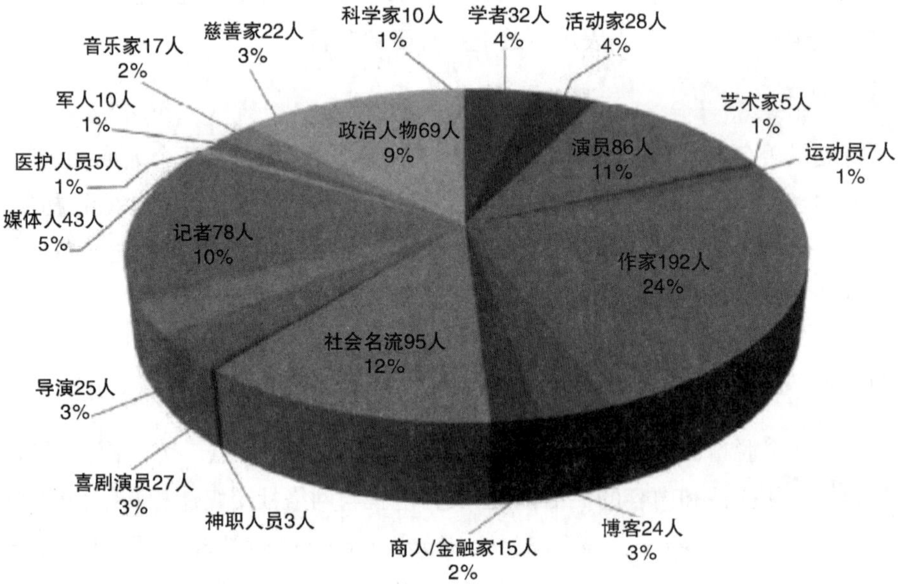

图 3-5 《每日秀》观众构成①

背景链接

《每日秀》的主持人乔恩·斯图尔特(Jon Stewart)因为姓名的发音和长了一张"囧字脸",被粉丝们亲切地叫作"囧司徒""囧叔"。《每日秀》以"观点传播"为破题之策,自开播以来,观众增长了近3倍,八成以上的观众年龄在18—49岁之间。

作为一档日播新闻时事类节目,《每日秀》重点关注时事热点话题。在形式上虽然模仿传统新闻节目,以主持人乔恩·斯图尔特对政治热点的播报开场,但主持人的嬉笑讽喻和大幅度的身体语言,却与传统新闻主持人的正襟危坐形成巨大反差。在内容上,节目一反传统媒体"新闻无观点"的原则,通过对新闻事件的辛辣点评,将主持人的

① 数据来源:CSM媒介研究。

观点评判全盘托出。此外，节目还通过兼具搞笑和分析功能的记者连线以及在演播室对名人嘉宾和政客进行的访谈，实现对迥异观点的多元传播。整个节目以戏剧性的冲突方式制造出具有意外效果及富有讽刺性的鲜明观点，最大限度地抓住年轻受众的兴致与神经。

《每日秀》主要分为三个环节：第一个环节是主持人针对近日各种政治事件、政治人物、国内国际重大事件进行调侃和吐槽，第二个环节是一些副主持们进行外景报道（比较常见的几个副主持包括：有英式口音的 Oliver、加拿大帅哥 Jason、Jason 现实中的妻子 Samantha、拉丁裔的 AL Madrigal、印度裔的 Aasif Mandvid），第三个环节是对来访宾客的访谈。前两个环节共十分钟左右，剩下的时间都留给最后的访问环节。

囧叔的吐槽不是一般性质的玩笑或装傻卖萌，有些小段落堪称“神吐槽”，充满了智慧和洞察，被美国乃至全球观众所注意。该节目的内容十分丰富，充分展现了美式脱口秀讽刺幽默、恶搞新闻和调侃政治的特点，主持人的个性特色得以很好的发挥。

2.《柯南秀》——以跨媒介平台进行隔空对话

图 3-6　《柯南·奥布莱恩脱口秀》

《柯南·奥布莱恩深夜脱口秀》（*The Tonight Show with Conan O'Brien*，简称《柯南秀》）最初由美国 NBC 电视台推出，每天凌晨 0 点首播，是美国最受欢迎的脱口秀节目之一，与《大卫·莱特曼深夜秀》等节目齐名。

主持人柯南·奥布莱恩之前主持过 16 年的脱口秀 *Late Night with Conan O'Brien*，受到广大年轻观众的欢迎。其主持风格活泼、无厘头，运用各种搞笑元素、明星采访、富于音乐性和常演不衰的喜剧表演，深受全球观众喜爱。

2010 年初，因不满节目时间的调整，主持人柯南·奥布莱恩离开 NBC 电视台。在最后一期节目中，他开玩笑表示如果 HBO 要拍一部关于自己生平的电影，他希望由头发超酷的女星蒂尔达·斯文顿（Tilda Swinton）来反串扮演自己。2011 年 4 月，柯南·奥布莱恩加盟 TBS 电视台，并将该脱口秀节目带到了 TBS。

人物链接

柯南·奥布莱恩，生于1963年4月18日，美国脱口秀主持人、喜剧演员、作家、制作人。主持风格活泼、无厘头，深受全球观众喜爱，曾14次被提名艾美奖。

3.《鸡毛秀》——以新媒体视频征集号召人气

图3-7 《吉米·金梅尔现场秀》

《吉米·金梅尔现场秀》(*Jimmy Kimmel Live*)于每天凌晨0点首播，播出频道为ABC电视台(图3-7)。由于主持人的名字“Kimmel”发音像中文的“鸡毛”，所以该节目也被粉丝们亲切地称为《鸡毛秀》。美国观众们在NPR(美国公共广播机构)调查中一致认为，在美国深夜脱口秀节目里，《鸡毛秀》是对社交媒体和网络视频的应用最为频繁和灵活的节目。

《鸡毛秀》有一个最出名的环节叫“吉米鸡毛叫我……”环节(也被称为“The YouTube Challenge”环节，因为恶搞视频都发布到YouTube上)。该环节的内容是：每逢美国的各种节日，由吉米在前一期电视上和鸡毛秀官网上发起呼吁，让观众们去整蛊别人，然后自己用摄像器材拍下画面上传至YouTube；接下来，吉米和《鸡毛秀》的工作人员们会专门在整蛊版块里挑选出一些特别的内容，做成合辑在电视里播放。换句话说，该环节是由节目组自己发起的，让观众按照节目的主题或要求来征集民间视频，让观众在这个环节中成为节目的一部分。

背景链接

YouTube是全球最大的视频平台，它对于视频拍摄并无质量与清晰度上的要求，因此观众在家使用手机的拍摄功能就可以参与这一环节。平台参与范围较广，覆盖性强。此外，美国家庭基本上都有两个及以上的孩子，这些整蛊主题基本上都与孩子和父母有关，所以根据ABC电视台对《鸡毛秀》的民意调查，百分之八十以上的观众都表示愿意按照吉米的指示去尝试一次整蛊环节。

整蛊环节中引发轰动的事件有“情人节给女友送个怪礼物”“父亲节把早餐洒在父亲头上”“父亲节把父亲浇一身水”“圣诞节给孩子们送他们讨厌的礼物”“万圣节告诉

孩子们他们的糖果”被吃光了等。美式幽默很喜欢运用低级趣味的玩笑，简单而具有贴近性，人人都有条件去实施。其中，“万圣节告诉孩子们他们的糖果被吃光了”主题非常成功，获得了超过了4000万的点击量，该主题的节目在YouTube上连续两周榜单排名前十位，甚至在中国都被疯狂地转载，进入当时新浪微博的热搜榜和微话题榜。由此可见，《鸡毛秀》这种征集民间视频的方式产生了巨大的扩散力和影响力。

图3-8　“万圣节告诉孩子们他们的糖果被吃光了”主题节目截图

(1)利用网络“病毒视频”制造新内容

所谓“病毒视频”，即在网络上很受观众喜爱，被不断转发、大范围扩散传播的视频。通俗来说就是比较“火”的视频，这类视频一般长度都不会太长而且通过猎奇、敏感、热门等内容来吸引大家的眼球。之所以把病毒视频的传播称为“病毒式传播”，是因为这种视频只能通过互联网这种强大的传播平台与传播路径才能像“病毒感染”般数倍增长。《鸡毛秀》的特点之一，即利用大多数网络受众对“病毒视频”的喜爱来提高电视节目的收视率。

【案例精选】

节目中本来没有“Clash of the Titus”(挑战泰特斯)这个环节，后来这个环节在篮球明星类主题的节目中成为一个固定项目(图3-9)。

这个环节最早出自于一段在YouTube上遭到疯狂转发的“病毒视频”：一个叫作Titus Ashby(泰特斯·阿什比)的两岁婴儿天赋异禀，不仅长得可爱，而且有着一手投篮(幼儿篮筐)的功夫，这充分满足了网络受众们的猎奇需要，更是大受女性观众的喜爱。吉米和节目组看到了这个“病毒视频”，决定把小Titus一家请到演播室来，表演

图 3-9 “挑战泰特斯”环节

投篮并且与吉米在投篮上比试一番。结果这一期节目大受观众欢迎，观众对这个刚刚会说一点话的小 Titus 抱有十足的好感，甚至还成立了“Titus 粉丝俱乐部”。

图 3-10 左为 Youtube 上泰特斯的视频；右为泰特斯与 Jimmy 一起在现场投篮

图 3-11 节目现场的观众纷纷为泰特斯加油助威

《鸡毛秀》当然也不会放过这个提升传播效果的契机，立即在节目中增添了“Clash of the Titus”环节。只要有篮球明星到节目里参加访谈，就会派小 Titus 上去与之比试一番，参与挑战的就包括两位 NBA 巨星级别的人物——科比·布莱恩特和沙奎尔·奥尼尔(图 3-12)。

图 3-12　**泰特斯与** NBA **巨星较量**

《鸡毛秀》不仅把火热的视频拿来用，更将“病毒视频”加以改造，创造出更符合电视播放规律的、更具噱头和传播影响力的全新内容。这个全新内容，可以与节目里的其他环节或内容相互结合、相互补充。这是电视节目中对新媒体内容灵活运用和创新的一个典型案例。

(2)与社交媒体深入互动

Twitter 是全球最重要、影响力最大的社交媒体之一，《鸡毛秀》当然不会放过与 Twitter 相互融合的机会。《鸡毛秀》在节目里表现 Twitter 的内容主要有两种形式：一是直接展示网络内容的环节，叫作“Mean Tweets”(讽刺推文)；二是引起网络话题或视频点击的环节，叫作“Pedestrian Talk”(路人访问)。

Mean Tweets，字幕组一般把它翻译为“名人微博”。这个环节主要请来那些被美国 Twitter 用户调侃的名人们，坐在小房间里面对摄像机，去读那些讽刺、挖苦他们自己的博文(图 3-13)。节目制造了嘉宾与网民的互动，明星在读这些博文时通常会表现得十分尴尬，这正是节目想要达到的效果。当然，这些讽刺并非恶意，“Mean Tweets”实际发挥的作用是，明星通过此种方式展现自己的亲和力，拉近与粉丝的距离。因此，许多 Twitter 的爱好者们一直关注着“Mean Tweets”话题，《鸡毛秀》亦能持续在网络上成为热点。

“Pedestrian Talk”(路人访问)环节，是对公众的随机采访，主要是新闻、娱乐、八卦、恶搞等问题。例如“你什么时候失去你的 Virginity?”“你有没有吃过自己的鼻涕?”等八卦问题；又如拿着 iPhone 4S 去问行人“你怎么看这台新出的 iPhone 5?”，或者拿着猫王的照片去问小孩子“你怎么看 Michel Jackson?”等恶搞问题。“Pedestrian Talk”也会谈论在 Twitter 上出现的热门话题。当然，这些话题或新闻也会采取比较轻松的方式，例如，关于 Twitter 上的热门话题“贾斯汀·比伯的猴”——贾斯汀·比

图 3-13　“讽刺推文”截图

伯在德国慕尼黑开个唱时宠物猴被警方没收的新闻。路人访问环节经常会曝出路人的精彩语录,引爆一系列笑点。总之,《鸡毛秀》作为美国新闻脱口秀节目的代表之一,充分展现了电视与社交媒体的融合。

要点小结

1. 美式深夜新闻脱口秀节目关注新闻时事,将新闻与娱乐结合,讽刺幽默、调侃政治,风格活泼,善于融入不同的节目元素。

2. 尽管表达过程极尽讽刺挖苦,但其美式幽默风格却吸引了观众,常常制造话题效应。

3. “六段式”是美式新闻脱口秀节目的主要模式,但近年来节目不断加强与网络的互动,善于征集网络视频尤其是 UGC 视频(用户原创视频)在节目中播出,还利用网络“病毒视频”制造新内容。

三、延伸与思考

对于在美国具有庞大数量的深夜新闻脱口秀节目来说,它们的存在是一种现象,更是美国观众的一种收视需求。拿囧司徒的《每日秀》来说,关于这个节目对观众,尤其是对青年人的影响,外界就有诸多不同的声音。

美国公共电视新闻主任比尔·摩尔斯(Bill Moyers)曾指出:“不看《每日秀》,你就无法理解新环境下的美国政治。”据美国皮尤研究中心(Pew Research Center)的一项调查显示,30 岁以下的成年人中,有 21%经常从夜间脱口秀节目中获取新闻和政治知识。2009 年 7 月,《时代》杂志在网上举行的以“现在沃尔特·克朗凯特已去世,谁是美国最值得信赖的新闻主播?”为题所做的调查显示,《每日秀》的主持人乔恩·斯图尔特赢得了 44%的选票,比排在第二位的赖恩·威廉斯(29%)领先 15%。

然而,主持人斯图尔特坚持认为《每日秀》依然是一档娱乐节目而非新闻节目。正如他在出席 CNN 节目《交火》(*Crossfires*)时强调，他和《每日秀》的工作人员没有肩负记者的责任，身为喜剧演员的他们只是为观众提供娱乐而已。他认为，人们不应该指望《每日秀》来获取信息或塑造公众的政论语言，《每日秀》节目仅仅给大家带来欢乐、取悦年轻受众。威斯康星大学的两位教授在对《每日秀》进行分析时指出，52 期《每日秀》话题中，46%涉及国际事务。显然，对于年轻人，特别是对国际事务知之甚少的青少年来说是件好事，他们可以借此机会了解国际形势。但是，娱乐节目所选取的国际事务话题多半是易被讲述而又富有娱乐性的。这种根据娱乐性和易讲述程度进行取舍的原则并不全面，有可能会使那些以脱口秀为主要政治信息和政治观点来源的青少年形成有偏差的世界观。

虽然各界对美式深夜新闻脱口秀节目的看法褒贬不一，但不可否认的是，此类节目已成为美国年轻人获取政治信息的主要途径。节目中对政治话题的选择与多元观点的传播，在一定程度上激发了年轻观众的政治意识，丰富了他们的相关知识，影响了他们对政治人物和事件的观点和看法。

作为娱乐性十足的新闻时评脱口秀节目，以《每日秀》为代表的美式新闻脱口秀节目的走红，有其特殊的社会及政治文化背景，这类节目在我国并不具有完全的可复制性。但是吸引青年人关注时事新闻无疑是电视媒体的重要目标，新闻时事也可以有多层次、多角度的解读与呈现方式。以可行性为前提、以观点传播为策略，探索新闻与娱乐相结合的创新路径，的确是国内电视节目争取年轻受众的一个方向。

值得观看与研究的美国深夜新闻脱口秀节目还包括以下这些：

1.《克雷格·弗格森深夜脱口秀》(*The Late Late Show with Craig Ferguson*)(CBS)

2.《卡森·戴利的最后通话》(*Last Call With Carson Daly*)(NBC)

3.《艾伦·德杰尼勒斯脱口秀》(*The Ellen DeGeneres Show*)(NBC)

4.《里吉斯和凯丽现场》(*Live with Regis and Kelly*)(ABC)

5.《周六夜现场》(*Saturday Night Live*)(NBC)

第三节　《奥普拉脱口秀》：美国收视率最高的脱口秀

本节要点

1. 脱口秀节目中主持人的风格影响节目整体风格。

2. 别具一格的“奥普拉”式互动。

3. 改变你自己——人文关怀的节目宗旨。

4. 坦率真诚、以情动人的对话交流。

《奥普拉脱口秀》(*The Oprah Winfrey Show*)又译作《奥普拉·温芙瑞秀》《奥普拉秀》《欧普拉·温芙瑞秀》《欧普拉秀》等,由美国著名的脱口秀主持人奥普拉·温弗瑞制作并主持,是美国历史上收视率最高的脱口秀节目。同时,它也是美国历史上播映时间最长的日间电视脱口秀节目。从1986年12月8日开始,播放集数超过3000集。2011年5月25日,在播出25年后,《奥普拉脱口秀》播出最后一集,宣告了这档日间王牌脱口秀时代的终结。

作为一档美国乃至全球家喻户晓的脱口秀节目,《奥普拉脱口秀》试图通过对典型事件的探讨和分析,给人们提供心理安慰或指导建议。其话题涵盖了虐待儿童、减肥困难、缺乏自信等诸多现实问题。家庭生活问题是《奥普拉脱口秀》的主要关注点,节目中经常讨论理财、安全、装修等话题,为人们提供参考和帮助。作为一名黑人女性,奥普拉也在节目中对宗教、种族、女性等问题予以较多关注。

背景链接

奥普拉·温弗瑞出生于美国密西西比河畔的一个贫困地区,是个非婚生子女,少年时曾自暴自弃,一度成为问题少女。然而今天的她,拥有着超过10亿美元的个人财富,控股哈普娱乐集团,缔造了一个令人可望而不可即的传媒帝国,在出版、电影、股票、互联网等领域屡创奇迹。

奥普拉·温弗瑞不仅在电视界叱咤风云,还跨越了多个领域:于1996年推出一档电视读书会节目,在美国掀起了一股读书热潮;在大导演斯皮尔伯格的电影《紫色》中客串了一个角色,更是荣获当年奥斯卡最佳女配角的提名。奥普拉·温弗瑞成为当今世界上最具影响力的女性之一。喜欢奥普拉的人甚至认为如果她去竞选美国总统,获胜的把握也很大。

2003年,《福布斯》杂志在其网站上为第一个闯入"亿万富翁排行榜"的非洲裔美国女性奥普拉制作了幻灯片。该杂志的编辑形容她的财富积累速度如同过山车一般风驰电掣,但是和其他的亿万富翁不同的是,奥普拉"不是因为有钱而出名,而是出名后有钱了"。《奥普拉脱口秀》已经成为新闻传播课堂上的经典案例,美国伊利诺斯大学更开设了一门课程专门研究奥普拉。

因为节目的话题性很强,常常是重大和充满争议的事件,或者个体的心理问题,所以节目会邀请心理专家帮助嘉宾解决困惑。不过更多时候,奥普拉本人就扮演着心理专家这个角色,努力营造氛围与嘉宾互动。得益于此,奥普拉在节目中专访过很多世界顶级明星,有人曾戏言道:"在美国,只有上过《奥普拉脱口秀》的人才能算真正的名人。"

《奥普拉脱口秀》长期占据着美国脱口秀节目的头把交椅,平均每周有将近3300万名观众。该节目连续18年排在美国同类节目的首位,并且在海外110多个国家播出，是目前为止电视史上收视率最高的脱口秀节目。奥普拉本人曾 4 次获得美国“最受欢迎电视人”的奖杯；还曾当选为全美 50 名女强人之一、20 世纪最有影响力的人物之一；2005 年，奥普拉被《时代》周刊评为 100 位世界最有影响力的人物之一。①

一、节目架构

《奥普拉脱口秀》每期节目时长四十分钟左右，有时候会增加时长，比如同性恋或好莱坞等主题性节目。访谈特殊嘉宾时，如从不接受媒体采访的流行天王迈克尔·杰克逊，节目则会把时长增加到一个多小时。一般而言，节目就在奥普拉的演播室内录制，演播台下会有受邀的现场观众参与互动。但是，有时也不仅限于演播室内，奥普拉还会把聊天室搬到户外，在采访迈克尔·杰克逊这一期节目时，节目组甚至把采访设备搬进了迈克尔·杰克逊的家中和他有名的梦幻庄园游乐厅里。

《奥普拉脱口秀》的节目流程比较简单，每期节目根据嘉宾或话题的不同做出调整，但大体上相似。总的来说，《奥普拉脱口秀》由三段组成：开头的小片及开场白引入；中间的寒暄及话题的高潮；小片转场迎来结尾。下面，我们以 1993 年奥普拉对话迈克尔·杰克逊这期节目为例，看看该节目的架构。

【案例精选】

1993 年 2 月 10 日，迈克尔·杰克逊在《奥普拉脱口秀》中首次澄清“皮肤漂白”的质疑，称自己曾罹患白癜风（图 3-14）。这期节目惊人地吸引了近 9000 万人次观看，成为历史上收视率最高的一集《奥普拉脱口秀》。

图 3-14　迈克尔·杰克逊和奥普拉·温弗瑞

① 数据来自《时代周刊》官网，参见 http://topics.time.com/oprah-winfrey/articles/5/。

1. 第一环节

节目片头为30秒的迈克尔·杰克逊人物小片，接着是奥普拉站在迈克尔·杰克逊家外，讲述充满激情的一段开场白：

"晚上好！我是奥普拉·温弗瑞，现在向全美及全球各国直播，独家访问最'鲜为人知'的巨星迈克尔·杰克逊。我置身于他加州的家，位于圣达巴巴拉外围的一个牧场。他打破各项音乐纪录，多年来拒绝访问，拒绝定型，25年来开创舞蹈、影带、时装潮流，他的一举一动受世人注视。今晚他会展现令人咋舌的豪宅，包括私人影院和正规游乐场，你还可以欣赏他最新的音乐影带。在以下90分钟未经剪辑的节目中，迈克尔·杰克逊会史无前例地展现真我。今晚，他将打破沉默。"

人物链接

迈克尔·杰克逊(Michael Jackson)，1958年8月29日在美国印第安纳州加里市出生，是享誉全球的歌手、词曲创作人、舞蹈家、表演家、慈善家、音乐家、人道主义者、和平主义者、慈善机构创办人。

1982年12月，迈克尔·杰克逊音乐生涯最畅销的专辑*Thriller*发行。1987年9月，迈克尔·杰克逊展开个人首次全球巡演。通过舞台上和视频中的表演，迈克尔·杰克逊普及了机械舞和太空步等舞蹈技术。迈克尔·杰克逊一生中两次入选摇滚名人堂，获得了13个格莱美奖和26个全美音乐奖。在他的音乐生涯中，拥有13支美国冠军单曲。2000年吉尼斯世界纪录大全里认证他资助过39个慈善机构。

2009年5月，迈克尔·杰克逊宣布将在伦敦举行系列音乐会。同年6月25日，他因急性丙泊酚和苯二氮平类药物中毒导致心脏骤停逝世。随后，洛杉矶法医裁定这是一宗凶杀案，他的私人医生康拉德·莫里被判过失杀人罪。2010年，迈克尔·杰克逊被授予格莱美终生成就奖。

2. 第二环节

第一段落，引入采访：

转场片段后奥普拉坐在客厅里，接着向镜头诉说了她踏进这个家门后最直观的感受："温馨的家，除了装修较为华丽外并没有外面传言中的那样夸张"。接着引入人物，"在我们接近他之前，先来了解一下他的历史"，自然地引入介绍迈克尔·杰克逊小时候出道历程的短片：介绍他从小就是一个童星，拥有着与众不同的音乐天赋。童年的小片之后，镜头回到奥普拉，她简单地说："女士们，先生们，让我们欢迎迈克尔·杰克逊。"伴着杰克逊自己的音乐，迈克尔·杰克逊在节目的第6分35秒第一次出现在镜头里，缓缓走入客厅，在奥普拉身旁坐下，采访正式开始。

访谈自节目6分50秒正式开始，到节目的22分钟结束，此段内容奥普拉一直在与迈克尔·杰克逊聊他小时候的事，兄弟姐妹、父母亲等。中间在12分钟时穿插了一段杰克逊童年的小片，这一段落其实是奥普拉有意设计的。由于长期不与媒体接触，杰克逊在采访初期显得非常紧张，在自己的客厅中坐着都很拘束。因此，奥普拉通过童年的经历缓缓地拨动杰克逊的心弦，唤醒他小时候温暖而美好的记忆，使他放松神经、敞开心扉，便于回答之后更深入的问题。整个节目的开篇以及采访内容的前半段就聚焦在他小时候和亲人间的关系上，虽花费时间较长，但这样让观众更为细致地了解了杰克逊从小的生活环境，以及性格的养成方式。这体现出奥普拉高超的采访技艺。

第二段落，节目开始进入高潮：

在第二段落时，杰克逊渐渐开始适应与奥普拉的交流，说话渐渐放松，奥普拉也开始逐步切入正题，问题愈加敏感和深刻。在第二段落的开头即是一个小高潮，奥普拉提出一个较为尖锐的问题——关于外界对其漂白皮肤的猜测。“你的肤色显然和你小时候不同，大家对这种变化揣测纷纭，你是否漂白过皮肤？是不是不喜欢当黑人？”奥普拉的重复提问终于得到杰克逊敞开心扉的明确回答：“不是，我为我的种族而自豪，但从某个阶段开始我的皮肤系统开始紊乱，我无法控制我肤色异常地变白。”诚恳而真挚的回答让人们对长久以来这一涉及种族歧视的敏感话题有了最真实的答案。

第三段落，控制热点话题：

在聊完一系列“皮肤漂白”“整形”等话题后，奥普拉转换话题，提到杰克逊在音乐领域无与伦比的成就。在缓和气氛的同时，又巧妙地提出关于外界传言杰克逊“流行之王”的自大狂妄以及性取向两个问题，旁敲侧击的方式既使杰克逊不会过于难堪，又提出了观众最感兴趣的问题。而在第三段落的末尾、影片第40分钟的时候，节目邀请杰克逊的挚友、好莱坞老牌巨星伊丽莎白·泰勒来到现场，她的出场让谈话氛围更加融洽。泰勒再一次重复杰克逊没有外界传闻的任何问题，并且对杰克逊的单纯和善良大加赞赏，很好地缓和了之前稍显紧张尴尬的气氛，而且也从侧面证明了节目的真实性与谈话的可信度。

如案例所示，第二环节的内容即是嘉宾入场，与奥普拉一同坐在沙发上，开始两人间的互动聊天。两人经过最初的寒暄和闲聊之后，会根据之前的交流话题，再放一段人物或话题的小片，之后进入对嘉宾亲朋好友的采访环节，以缓和气氛。等再回到演播室现场，奥普拉采访的问题会逐渐深入，较多地涉及嘉宾的敏感话题或有争议的事件，从而达到节目的高潮。

3. 第三环节

高潮过后迎来了节目的尾声。节目别出心裁地让杰克逊开着小车载着奥普拉来到他的“梦幻庄园”，同时也让观众们跟着镜头在庄园内一探究竟。然后两人坐在杰克逊的私人放映厅的地板上，聊着有关舞台、表演等轻松的话题，同时杰克逊也时不时地增加一段舞蹈或是歌唱表演，愉悦而温馨。节目最后，奥普拉撒娇式地要登上庄园的摩天轮，迈克尔腼腆地答应。两人背影随着镜头离去越来越远，节目也在两人说笑的背景声中结束。这样一期创下历史性收视纪录的节目，留给观众的是别样的感动和意犹未尽的韵味。

二、节目特点

《奥普拉脱口秀》之所以能取得如此巨大的成功，正如节目名称所示，离不开奥普拉本人的精彩主持。换句话说，脱口秀节目的灵魂就在于主持人。因此对节目的分析，首先应从主持人开始。

1. 特点鲜明的"奥普拉"式互动

美国伊利诺斯大学专门开设了一门课程，研究奥普拉以及她的事业。其中，特别提出奥普拉与名人嘉宾之间特有的交谈方式，称之为"奥普拉"式互动。"奥普拉"式互动主要包括以下三点：

(1)做一个亲切的交谈者

乔治城大学传播学教授德拉·坦纳(Deborah Tanner)曾比较过脱口秀主持人菲尔·多纳休(Phil Donahue)和奥普拉交谈方式的差异。他说，多纳休的节目主要是"报道式谈话"，那是多数男人交谈的方式，而奥普拉则把关注的焦点放在普通人及其经历方面，使用"融洽式谈话"，也就是女性交谈时常用的相互间的沟通方式。

节目中的奥普拉从不冷落任何一位嘉宾。当场上只有一位嘉宾时，奥普拉有时甚至会盘腿坐在沙发上，犹如一位为邻居主妇排忧解难的智慧大婶。这样的人际传播情境使话题能够自然而然地深入嘉宾内心，主持人与嘉宾交流起来才能更轻松地碰撞出真情实感，产生出意料之外的效果。她真诚地与嘉宾和观众分享人生体验，在观众中形成了一种朋友般的依赖感、亲近感和感召力。

知识链接

美国脱口秀研究者认为，向观众开放自己是奥普拉赢得观众喜欢的重要因素，更是她与众不同的主持风格。大多数脱口秀主持人只是鼓励嘉宾和观众交谈，很少表达自己的观点。奥普拉不同，她经常在节目中讲自己的故事。为了表示对受虐儿童的同情，奥普拉在节目中向大家讲述了自己小时候也遭到过亲戚的性骚扰的经历。当一位母亲谈到因为怕失去男朋友才吸毒的时候，奥普拉马上提到："那正是我的故事。"后来，奥普拉也满含眼泪坦言自己在20岁左右的时候也曾服用过可卡因。

(2)做一个良好的倾听者

奥普拉的节目从不事先详细策划谈话的步骤，当然在节目录制之前，她会尽一切可能去挖掘嘉宾的所有资料。但在录制过程中，她往往会抛下之前所有已经了解到的内容，一切归零，耐心倾听，然后根据谈话内容进行发问，步步深入挖掘人物内心。这样既不会让嘉宾感到自己一开始就被完全洞悉，毫无隐私和安全感，也不会使自己与嘉宾的对话如照本宣科般单调生硬，从而有效化解了嘉宾在陌生环境下的心理危机，构建出一个真正随和而亲切的谈话氛围。

做一个良好的倾听者换来的是嘉宾的开诚布公，因为奥普拉的倾听对于说话者来说无疑是最好的鼓励。奥普拉的传记作家乔治·梅尔（George Mair）认为："通常，广播电视记者在提问之后并不听对方回答。他们要么被别的事情分散了注意力，要么在考虑下一个问题……但是奥普拉非常认真地倾听嘉宾的谈话，并且从嘉宾的回答中找出新的问题，使谈话一步步深入。这是她沿用至今，并且被证明卓有成效的谈话风格，因为她向嘉宾和现场观众传递了这样的信息：她很关心、很在乎他们的生活。"①

相比之下，我国的一些谈话节目，主持人和嘉宾的关系犹如一个自动答录机。主持人机械式的提问就像事先输入好的程序，"作答者"的资料一应俱全，嘉宾心理防线升高，刻意保持距离和虚假作态来保护自我。于是观众看到的嘉宾便成了一个毫无血肉的"假人"，所有的谈话都成了"勉强沟通""虚假沟通"和"无效沟通"。但在《奥普拉脱口秀》中，奥普拉的坦诚和耐心聆听拉近了与嘉宾的距离，这种方式让每一位嘉宾有血有肉、活灵活现地展现在观众面前。比如 2005 年 5 月那期著名的节目，大红大紫的电影演员汤姆·克鲁斯在与奥普拉聊天的过程中突然激动地跳上沙发手舞足蹈，表示自己深深地爱着当时新交往的女友凯蒂·霍尔姆斯（Katie Holmes）（二人后来结婚，于 2006 年生下女儿）。坐在一旁的奥普拉也被吓到，最终不得不用手按住汤姆·克鲁斯，提醒他正在录制节目。此镜头被评为 2005 年最让人吃惊的镜头第一名（图 3-15）。

背景链接

实际上，根据奥普拉后来的回忆，她自述自己也从没想到会有这样一幅场景出现。当时看到在媒体面前表现一向沉稳内敛的"阿汤哥"突然做出类似于疯狂的举动，她的第一反应是"彻彻底底地懵了"，但随后恢复了对节目的掌控，并自信地说道："你能看到大牌明星发自内心的疯狂举动，这也是《奥普拉脱口秀》独有的魅力。"

（3）做一名温暖的关怀者

奥普拉在谈话过程中体现出来的人文关怀情结更是可圈可点。《奥普拉脱口秀》将目标受众定位为午后独自在家的主妇和老人。这些观众对于如何处理与家庭成员的关系感兴趣，同时希望能够获得他人的帮助。

---

① Gini Graham Scott, *Can We Talk? The Power and Influence of Talk Shows*, New York: Insight Books, Plenum Press, 1996, p. 249.

图 3-15 汤姆·克鲁斯在节目中突然跳上沙发

因此，奥普拉总是能把轻松、愉悦且夹杂着自我思考和反省的谈话分寸拿捏得十分到位：既能以最大限度的人文关怀真诚地帮助平民大众，又能和嘉宾之间保持相互尊重，绝不以刻意揭人伤疤来满足观众的"窥私欲"。奥普拉对嘉宾和受众同时灌以积极、乐观的人生观，从道德和价值的美好面启迪心灵，不求谈话的深度，而求谈话的温度，让嘉宾在感动和理解的基础上，坦诚面对主持人和观众。这种对"人"的关注、对人文情怀的强烈追求，恰恰是出于对人际传播本质的把握。

【经典案例】

NBC 的经典情景喜剧《老友记》(*Friends*)从 1994 年 9 月 22 日开播，到 2004 年 5 月 6 日大结局，整整走过了十个年头。剧集大结局播映时，全美有超过 5000 万名观众收看，许多观众在剧集结束后表示难以接受。在大结局播出后的第二天，奥普拉将六位主角请到《奥普拉脱口秀》节目中，畅谈十年拍摄过程中的有趣故事。值得一提的是，剧中扮演莫妮卡的柯特妮·考克斯 (Courteney Cox，图 3-16 中左起第三人)接受采访时已经怀有身孕。

后街男孩(Backstreet Boys)成员之一的亚历山大·詹姆斯·麦克林(Alexander James McLean，即 AJ)在成功戒毒戒酒之后接受奥普拉的采访。后街男孩在 20 世纪 90 年代席卷全世界流行乐坛，发行了数支排行榜冠军单曲。然而 14 岁便加入乐队的 AJ 随后却沉迷于酒精与毒品，最终不得不暂停演艺事业，组合也遭受牵连。2003 年，AJ 同母亲一起登上节目，讲述自己在戒毒所的生活。奥普拉秘密请来后街男孩其他成员作为嘉宾出现在现场，AJ 感动得潸然泪下，这也是后街男孩离开荧幕两年后的首次相聚(图 3-17)。

图 3-16　《老友记》大结局播出后第二天六位主角一起上节目

图 3-17　后街男孩再聚首，为浪子回头的成员 AJ 打气

2. 真实轻松的现场氛围

脱口秀节目如果连现场观众的情绪都无法调动起来，那么要调动电视机前观众的兴趣就更无从谈起了。在《奥普拉脱口秀》中，奥普拉非常善于调动现场观众的情绪，参与她节目的观众通常都积极地和主持人沟通，在她热情的鼓励下真实地表达自己的想法和意愿，节目中还出现过现场观众给她打耳洞的场景。正是因为观众的积极性、主动性和创造性，使得她的节目更有真实性和感染力。

奥普拉擅长调动现场观众参与讨论，然后与观众进行平等交流。她总是通过巧妙的提问或循循善诱，引出观众的个性化回答。奥普拉从不居高临下，不卖弄自己的学识和口才。在整个节目中，奥普拉都真诚待人，把谈话的重点放在大家可能会碰到的人生难题上，讨论如何跨过人生的低谷，如何加强与他人的交流等。奥普拉超强的现场控制能力和以情动人的真诚态度，使得她在与现场观众的互动过程中好像是好朋友在促膝谈心、轻松自然、真情流露。

脱口秀节目的另一个魅力源自于现场感、即兴发挥、不可预测和双向交流沟通。奥普拉意识到人们喜欢听她说，同时也渴望表达自己。当观众对某种社会现象或事件有一定的了解后，很想通过谈话节目表达自己的看法，从中寻求认同或认识差异。因此，她会运用自己亲切随和以及细致的提问激发观众去讲真话，畅谈各自的人生经验，使节目充满鲜活的时代气息，贴近受众的真实生活。

观众的肺腑之言很大程度上来自于主持人的引导。奥普拉经常热情地鼓励观众大胆参与发言和讨论，即便言论偏激或有一定的错误也无伤大雅，只要能听到最真实、最有价值的声音，她便像个“煽动家”，甚至调侃观众，确保他们能畅所欲言。只有通过不同声音的碰撞和讨论，节目才能焕发出更真实、更自然的风韵。

3. 严格独特的观众选拔方式

脱口秀节目的重要特征是观众参与传播过程，而奥普拉又经常把关注的焦点放在普通人及其经历方面，因此奥普拉非常重视挑选现场观众。实际上，观众参与电视节目的方式很多，如在节目中担任嘉宾、充当演播室现场观众、为节目提供线索等。但从节目现场制作的角度来看，召集热情并对节目话题感兴趣的现场嘉宾和观众，对节目的成功至关重要。

为此，奥普拉和她的节目制作团队下了不少功夫。《奥普拉脱口秀》在节目录制前一个月在网站上公布正在筹划中的节目主题，便于那些符合节目描述的观众或对节目主题感兴趣的观众报名参与。报名的方式自由多样：亲自到电视台报名、电话报名、信件报名、电子邮件报名等。从理论上讲，这种自由的报名方式为每个人创造了均等的机会，同时也有利于主持人和制作团队挑选出最合适的人担任现场的嘉宾和观众。

在奥普拉的节目中，成为观众也绝非易事。观众如果想要到现场参加录制，必须要提前几个月甚至更长的时间预约申请。有观众曾在节目中表示，自己等待了两年才拿到入场券。很多观众在她的节目影响下改变了自己，当然大多数是积极的转变。她主持的访谈节目吸引了数百万计的观众，而她自己充满坎坷的奋斗史更给在生活中遭遇挫折的观众以巨大的信心和希望。一位35岁的女地产经纪人拉塞尔曾对记者说：“一看到奥普拉出场，我就感到一股电流从头到脚穿越全身。尽管我从电视上看到过她无数次，但却从未想到自己会如此近距离地看到她。”

4. 信任理解的人际沟通关系

谈话的和谐归根到底离不开人与人之间心灵上的信任与理解。传受关系也是如此，若双方的心理距离较小，即便存在一定的心理误差和距离，彼此之间也能互相理解和沟通。奥普拉在与观众的交谈中总能宽容、亲切地对待观众提出的各种需要，在渐进中寻求动态的平衡。

美国传播学者唐·库什曼认为，一个人想要进行人际沟通，不需要首肯对方的每个想法，但必须把对方作为一个独特自我或一个重要的个人加以对待，积极的尊重对这种互动来说是最基本的。主持人与观众之间常常因为个人知识水平、价值观念、生活经历等的差异造成对某一事物的评价大相径庭。在这种情况下，主持人应当以包容的心态，以一种谈心的方式进行有效的信息组合，适当加以引导和迎合，而不是填鸭式、强制性地灌输。如果能提供更多不为观众熟知的背景或证据，循序渐进地说服观众，满足观众的求知欲，那么传播目的也就容易达成，从而实现一种深层次的情感交流。

背景链接

奥普拉曾说，一个好的脱口秀应该发人深省，引进一个新思路，也许会在你绝望时给你一点希望，使你有一点受到鼓励的感觉。一个和谐的谈话场就是一档“给人希望”的谈话节目的最佳温床。在融洽、坦诚、有趣又富于激情的谈话场中，任何有意义的声音都可以发声，好比一场生动的家庭聚会，奥普拉作为女主人，热忱地款待每一位远道而来的客人，做完节目后无论嘉宾还是观众，又都能心情愉悦地回家，这充分展现了电视节目给予人的视听享受、心理满足以及精神的陶冶。

5. 具有人文关怀的节目宗旨

《奥普拉脱口秀》能获得成功绝不仅仅是嘉宾的名人效应，从前文的迈克尔·杰克逊案例就可以看出，《奥普拉脱口秀》在本质上最感动人的，是节目中不断散发出来的人文关怀，这也彰显出其节目宗旨——改变你自己。《奥普拉脱口秀》节目在播出伊始就非常成功，无论在经济效益还是文化影响上都有着不可低估的影响力。20 世纪 90 年代中期，迫于激烈的竞争，美国很多日间谈话节目开始采用一些荒谬的极端手段吸引胃口越来越挑剔的观众。很多主持人以揭露男女隐私、探寻不正常的家庭关系、挖掘犯罪与暴力的细节来吸引观众，暴力和性的展示充斥在谈话节目的荧幕上。然而，奥普拉并不想与之同流合污，坚决拒绝与垃圾节目为伍。她不仅在危难关头坚持了自己的节目立场和原则，而且在选择嘉宾和节目内容上都做了更新和调整。

在奥普拉的竞争对手以提供个人隐私为话题，以揭露和羞辱嘉宾为乐的时候，奥普拉的节目树立了“改变你自己”这个充满人文关怀的节目宗旨。她在一次采访中说：

"我实在是厌倦了这种垃圾节目！该是改变谈话节目风格的时候了。我们不应该再毫无用处地窥探、抱怨和责备。我对人们精神的功能紊乱实在是受够了！我不想花一个小时的宝贵时间来听某人对他的母亲发牢骚。是的，我厌倦了！我觉得这种抱怨毫无必要。我们每个人都清楚生活中充满了问题，我们要做的是解决它们。你愿意为这种改变做出什么，这就是我们节目的内容。"

【案例精选】

以下是《奥普拉脱口秀》的一些主题：

"The worst days in whole life"（一生中最糟糕的日子）：教人们在最痛苦的时刻该如何坚强面对。

"The journey of appreciation"（感恩旅程）：教人们怎么怀抱一种感恩的态度去生活。

"The course about safety"（关于安全的课程）：教人们怎样保护子女不受暴力侵害。

"The women lost appetence"（失去性趣的妇女）：教女人怎样让自己获得身体上的快乐。

"The women in financial difficulties"（经济上有困难的妇女）：教贫穷的妇女如何领取救济、获得经济援助。

从这样一些节目主题我们可以看出，即使在美国脱口秀节目最恶俗的时期，奥普拉依旧坚持着自己的理想与信念，她的节目带给人们的不是刺激，而是温暖、关怀和鼓励。在一期有关心理健康教育的节目中，奥普拉的开场白表明了她的态度："正如你所知道的，我们可以通过电视改变我们的生活。我希望你们通过电视透视自己的人生，去创造生命中的奇迹，把自己引向一种可能的最高境界。如果你想改变自己的健康状况，我是说，真的改变健康状况，今天的节目会帮助你。"简短而令人鼓舞的开场白后，奥普拉和嘉宾特意分析了"宽恕"的实质，认为宽恕是通往自由的道路，认为宽恕不是继续忍受别人的伤害，而是为自己做的一件事，为自己排除前行的障碍。在节目的最后，她向观众介绍了嘉宾所写的新书《人们为什么不能痊愈以及如何痊愈》。整个谈话过程都非常严肃、认真和真诚。几位有心理疾病的现场观众在道出自己的心里话后感动得流下了眼泪。

【案例精选】

我们再看看两期节目的话题导语，分析该节目是如何使用温暖的导语表现出鲜明风格的。

1999 年 2 月 2 日的话题：

The Net of Angles："Chain of Friendship"　天使网络："友好链"

“世界上充满了乐善好施者，但他们经常得不到承认。在今天的节目里，我们将改变这一切。我们将为参加‘奥普拉天使网：友好链’的人送上一份厚礼。全国成千上万的观众都参加了向需要帮助的人献爱心的活动，他们把友好亲善传递给其他人。星期二，你会听到他们中的一些人讲述自己助人的故事。”

1999 年 2 月 3 日的话题：

Protect Yourself Away From Rape　保护自己不被强奸

“虽然专家们说犯罪率有所下降，但每年的强奸案却在继续增加。统计显示，每年有 683,000 名妇女被强奸。星期三，奥普拉将向您介绍一些保护自己的方法，并将和您探讨走出这种暴力阴影的办法以及如何消除这种暴力带给家人和朋友的影响。此外，节目将回放 13 年来我们在《奥普拉脱口秀》节目中了解到的自我保护知识。”

由此可见，奥普拉并不回避人们所面临的困境难题，也不刻意渲染其中的病态部分以诱惑观众，满足某些观众的窥视心理。相反，节目以解惑为宗旨，着力探讨如何跨过人生的阴影、超越自己等积极的人生态度，这使观众得到一种真诚的关注和帮助。《奥普拉脱口秀》鼓励参与者表达自己、倾诉自己并努力给予参与者克服困难的勇气和解决问题的办法。这是节目的内容主体，更是节目吸引观众、留住观众的关键所在。

要点小结

1. 主持人是脱口秀节目的核心，主持人风格奠定了整个节目的风格。

2. “奥普拉”式互动的核心是倾听、交流与关怀，脱口秀主持人应与嘉宾及受众建立相互理解和沟通的传受关系，积极调动观众增加谈话，加强现场感和互动感。

3. 谈话节目的策划团队注重以人为本，以真挚的人文情怀去吸引观众，感染观众。

三、延伸与思考

2011 年 5 月 25 日 16 时(北京时间 26 日凌晨 4 时)，《奥普拉脱口秀》播出最后一期，即特别节目《奥普拉惊喜巨献》。这档已经播出 25 年，影响了无数人并早已成为电视脱口秀标杆的王牌节目最终画下完美句号。无数人在屏息凝神，默念着那句：“再见，奥普拉。”而她自己则不想说再见，只说了一句“再会”。除了《奥普拉脱口秀》外，美国还有许多类似的日间情感交流类脱口秀及访谈节目，读者可观看研究。

表 3-2 与《奥普拉脱口秀》类似的脱口秀及访谈节目

节目	所属电视台	简介
《艾伦秀》(*The Ellen DeGeneres Show*)	哥伦比亚广播公司(CBS)	2003年9月3日首播,该节目结合了趣闻、名人、音乐嘉宾和人情故事,同样很受美国观众的欢迎。《艾伦秀》开播的前三年中一共拿下了25座艾美奖。其主持人艾伦·德詹尼丝(Ellen DeGeneres)在1997年公开了同性恋的身份,可这丝毫不影响她节目的高收视率,外界普遍认为她就是奥普拉女王地位的接班人。
《拉里·金现场》(*Larry King Live*)	美国有线电视新闻网(CNN)	《拉里·金现场》是CNN晚间档王牌节目,1985年开播,时长60分钟,由有着"广播访谈界的拳王阿里"美誉的拉里·金主持,每晚9点准时与观众见面。荧幕前的他是一个满头银发、有点枯瘦的老头,架着一副黑框大眼镜,身穿白领蓝衬衫、背带工装裤。他的提问充满开放性和随机性,经常在问题中夹杂着问题。《拉里·金现场》以时事热点为主要话题,政治界的权力人物几乎都接受过他的采访。2010年,拉里·金正式宣布离开自己主持了25年的节目。2013年,79岁的他加盟"今日俄罗斯"电视台(Russia Today)。
《菲尔博士脱口秀》(*Dr. Phil*)	哥伦比亚广播公司(CBS)	2002年9月16日开播的一档与健康有关的脱口秀节目。主持人菲儿·麦格劳(Phil McGraw)博士是一位心理学家和心理医生,著有多篇论文和专著,他原本作为健康顾问出现在奥普拉的节目中,受到观众热捧后,奥普拉自己的节目制作公司为其打造了这档脱口秀节目。节目主要关注人的心理和身体健康问题,他给观众的建议、出版的书籍等都获得了观众的肯定和信任,同时这档脱口秀也彰显出日间脱口秀节目人性化的价值所在。
《雷切尔·玛多秀》(*The Rachel Maddow Show*)	微软全国广播电视公司(MSNBC)	开播于2008年的9月8日,不同于以上节目,这是一档在晚上黄金时间(9点)开播的时政政论节目。主持人雷切尔·玛多毕业于斯坦福大学,曾是NBC的时事评论员,后因为其犀利的话语风格和对时政极强的敏感度被MSNBC挑中,专门为其制作了黄金时段的政论脱口秀——《雷切尔·玛多秀》,她本人也在2010年被《福布斯》评为美国"最有权力"的女性之一。

第四节 《锵锵三人行》:"客厅式聊天"营造"真实谈话场"

本节要点

1. 通过"客厅式聊天"营造"真实谈话场"。
2. 弱化主持人,变"访谈"为"漫谈"。
3. 话题的新闻性、开阔性和深入性。
4. 形式无结束感,让观众意犹未尽。

《锵锵三人行》是香港凤凰卫视出品的著名谈话类节目，由主持人窦文涛（图 3-18）与传媒界、文化界精英名嘴一起，针对每日热门新闻事件或社会热点话题进行讨论。节目中主持人与嘉宾各抒己见，但并不追求达成一致或者得出问题的结论。节目的风格是自由与漫谈，节目的三大目标是融汇信息传播、制造乐趣与辨析事理。主持人与两位嘉宾类似三友闲聚，在谈笑风生的气氛中，以个性化的表达关注时事资讯、传递民间话语、自由交流观点、呈现生活体验、分享聊天趣味。

图 3-18　《锵锵三人行》主持人窦文涛

背景链接

《锵锵三人行》这一节目的名字由两部分组成。“锵锵”二字来源于古语“凤凰于飞，和鸣锵锵”。主持人窦文涛曾解释为“凤凰这种鸟飞起来叫的声音是锵锵锵锵的”。“三人行”来源于大众所熟悉的古代典籍《论语》，孔子曰“三人行必有吾师焉”。这是为什么《锵锵三人行》节目现场主持人和嘉宾加在一起永远只有三个人的原因。对于为何将二者结合在一起，主持人窦文涛将“锵锵”的声音比喻为节目中嘉宾各抒己见的声音，总结说这就是“凤凰的声音”，并将这个概念引申为开放、民主、自由、思辨的谈话平台。这样的解释为《锵锵三人行》节目及其内容找到了最为恰当的结合点，也给这些古老的说法附加上了电视谈话节目的特点和崭新的时代内涵。

——参见《窦文涛、胡智锋谈〈锵锵三人行〉与谈话类节目》，人民网，2005 年 12 月 7 日，http://media.people.com.cn/GB/22114/56144/56146/3922467.html

1998 年开播后仅一年时间，《锵锵三人行》就成长为凤凰卫视一档王牌谈话节目。从一开始在小众范围内受关注，到逐渐进入大众视野，再到今天家喻户晓，该节目深受海内外广大观众喜爱。《锵锵三人行》的成功表明华语谈话类节目不仅没有走到尽头，反而可以继续保持生命力。同时，《锵锵三人行》的成功也表明传统谈话类节目与脱口秀节目在风格上的相互借鉴与融合。

一、节目架构

《锵锵三人行》播出时间为每天 23:00—23:30，半小时节目容量中除插播广告外实际的播出时间大概是 21 分钟。第二天中午 12:00 点重播。《锵锵三人行》的录制现场是一个仅二十平方米的小摄影棚，一张桌子，三把椅子，桌子上放三个茶杯。有时候桌子上会堆放一些书籍报刊以引发话题讨论，除此之外没有其他特别的道具。这也是《锵锵三人行》的主要特色：将平时朋友间聊天的真实状态呈现在电视荧幕上。

相较于其他脱口秀节目，《锵锵三人行》的节目架构非常简单。自 1998 年开播以来，一直保持这样一个结构：一位主持人和两位嘉宾的"铁三角"组合方式，没有任何现场观众参与互动。节目开始，一般由主持人窦文涛挑起话头，也就是当日节目的话题，现场两位嘉宾进行探讨。但这种交流不属于我们常见的"正襟危坐"式的交流，话题可以在谈话过程中不断变化，节目也不追求为话题立论，而是在主持人和嘉宾看似随心所欲的聊天过程中不时迸发一些奇思妙想，引发观众思考。半小时一到，不管主持人与嘉宾的谈话是否结束，背景音乐都将响起，节目结束。

二、节目特点

1. 客厅式聊天，塑造真实谈话场

一个成功的谈话节目的最佳状态就是真诚、自然，尊重每一位嘉宾的说话权利，尽量将他们的观点融入其中，从而营造一个自由的谈话氛围。谈话节目的生命力在于真实的谈话，只有真实的谈话才能在现场形成一个良好的"谈话场"，相反则无法打动观众。《锵锵三人行》的布局形似客厅，没有现场观众。事实上，主持人、嘉宾和现场观众是一般谈话类节目必备的三个元素，但《锵锵三人行》的"客厅式布局"和"零观众"无形中使主持人和嘉宾处于一种相对放松的状态，制造了一个"真实谈话场"。

知识链接

"场"(field)

"场"原本是物理学上的一个概念，是物质存在的一种基本形式，具有能量、动量和质量，能传递实物间的相互作用，如电场、磁场等。电视谈话类节目被设定在一个特定的场景中，在这个场景中，人的情绪和气氛处于相互激发的状态，伴随着现场的灯光、场景和气氛，主持人、嘉宾包括观众之间，对某一话题展开交锋，各种信息多向交流，不同思想互相碰撞，各种力量交叉融合，很容易形成物理学中的这种"场"。

——参见李和平、钟兰辉：《浅析"谈话场"对电视谈话类节目的价值》，人民网，2012 年 2 月 3 日，http://media.people.com.cn/GB/22114/52789/238416/17015441.html

2. 弱化主持人，营造漫谈氛围

在我们熟悉的许多谈话节目中，主持人和嘉宾之间的对话大多是"一问一答"式。主持人先对准电视观众，将现场要讨论的问题阐释清楚，然后再转身对准嘉宾进行"访问"。然而在《锵锵三人行》中，主持人的位置是在两位嘉宾中间，给观众以平等的暗示（图 3-19）。熟悉节目的观众可能注意到，主持人窦文涛经常两手一挥说"咱们在这里聊天"，而不是面带程式化的微笑采访嘉宾、倾听发言、总结陈述、最后再感谢观众收看。

图 3-19　《锵锵三人行》"铁三角"：窦文涛、梁文道、许子东

在《锵锵三人行》中，窦文涛的"主持人"作用被弱化了，他更像是节目的一个固定嘉宾，是谈话的一分子。这种方式改变了以往主持人与嘉宾之间的采访者和被采访者的关系，让节目中的三个人都可以在放松随意的状态中谈论话题。主持人包括嘉宾都在谈论自己对某事的看法，而不是主持人问问题，嘉宾回答问题。由此，节目将原本的"问答"变成了"聊天"，"访问"变成了"漫谈"。这样做的好处是能够使嘉宾放下紧张警惕的心理包袱，在轻松随意的状态下表达出内心真实的感受和意见，而且只有在这种状态下的真实交流才能够真正打动观众。当然，这也在一定程度上增加了节目的不可控，因此需要主持人有极强的组织能力和临场应变能力。

知识链接

按照谈话方式来划分，谈话节目大体包括"访谈式"和"辩论式"两种类型。"访谈式"的典型节目有《鲁豫有约》和《杨澜访谈录》等；"辩论式"的典型节目有《一虎一席谈》和《齐鲁开讲》等。《锵锵三人行》则开创了一种"漫谈式"谈话节目的先河，取得巨大成功后，我国许多电视台都试图效仿，进行了类似的尝试，但都由于各种原因没有取得相应的效果。凤凰卫视对《锵锵三人行》这档节目的介绍中有一句话叫做"不追求属于问题答案的'正论'，而是'俗人闲话'"，这就奠定了其"客厅式聊天"的"漫谈式"谈话方式。

3. 话题选择紧跟社会热点，视野开阔

《锵锵三人行》选择的话题常常是当下的社会热点话题。新闻性显然是以“话题”为重心的所有谈话类节目的一个共性，话题必须反映当下社会大众的共同关注点，诸如《实话实说》和《新闻会客厅》等谈话节目，也都将话题聚焦于新闻热点。但是，相比之下，《锵锵三人行》在话题选择上视野更加开阔，不仅追逐热点，也追逐一些重要的“冰点”话题，选题上不回避敏感话题。同时，《锵锵三人行》除了讨论国内事件，也关注国际事件，体现出一种全球视野。关于国内事件的讨论，也没有局限于某一个领域，而是囊括政治、经济、文化、教育、娱乐等多个领域，视野较为开阔，这是国内许多谈话类节目所欠缺的。

【案例精选】

以下是2015年1月上旬的节目单，由此可以看出《锵锵三人行》的话题选择。

2015-01-01期　窦文涛:2014点背，超不顺

2015-01-02期　赵本山新闻分析 谣言的可怕

2015-01-05期　香港世纪贪污案

2015-01-06期　智取威虎山 那些年话剧的回忆

2015-01-07期　刘强东与奶茶分手或因杨卫泽

2015-01-08期　喻恩泰:话语也能导致恐怖袭击

2015-01-09期　巴黎东都枪击案疑犯为一男一女

2015-01-12期　巴黎百万人游行

2015-01-13期　马未都:股市散户多被大鳄吃掉

2015-01-14期　窦文涛:阿扁做囚徒狼狈不堪

2015-01-15期　窦文涛赞原卫生部部长吐槽医保

2015-01-16期　马光远:兰州空气质量远超北京

2015年1月的第8期节目，谈论的话题是法国《查理周刊》杂志社遭遇恐怖袭击事件。节目一开始，主持人窦文涛就表示:“今天就绕过奶茶妹妹吧。本来是打算继续聊奶茶妹妹的，但是发生了新的变故。”从窦文涛的这句话我们可以看出，《锵锵三人行》的选题会临时调整。该期节目中，窦文涛的一句话更加巧妙地概括了《锵锵三人行》的选题宗旨——世界是否安全？我和我的家人是否安全？除此之外还有什么有趣的事情？奶茶妹妹的话题显然属于第三类——有趣的事情。但是当关乎第一位“世界是否安全”的《查理周刊》杂志社被恐怖份子袭击事件发生时，大众的注意力便不会再关注可以作为茶余饭后谈资的“有趣的事情”，所以《锵锵三人行》也适时地改变了节目讨论的话题，紧跟时事热点。

4.信息容量与剖析深度并重

虽然《锵锵三人行》每期节目只有20多分钟，但是却不会让观众有种“浅尝辄止”的感觉，原因就在于《锵锵三人行》高效地运用了节目时间，谈话开门见山，直入主题，注重信息容量，强调对话题的深入剖析。节目会根据话题特点，邀请相关领域的专家作出专业探讨，不追求大而空，而是将一个问题说透，引导观众进行理智和审慎的判断。相比之下，国内一些谈话节目选题范围过大或过小，想要将问题说全说尽，并得出结论。这样做的结果，要么会导致概括性太强而显得空洞，要么就浅尝辄止，流于表面。谈话节目现场能请到的嘉宾数量本身有限，《锵锵三人行》巧妙地把握好了信息容量这一关键点。对于一些重大问题，节目会邀请不同专家，制作多期节目，达到对于话题深入剖析的目的。

【案例精选】

2014年3月—4月 长时间关注马航失联航班MH370事态进展

2014年3月11日，《锵锵三人行》第一次对“马航失联事件”展开讨论。当时距离飞机失联已经过去80多个小时，但搜救和调查仍无重要进展，因此节目探讨了失联背后的多种可能性。随后，3月19日的节目邀请了主持人李艾和中国人民大学教授周孝正，主要反思在马航事件发展的过程中舆论逐渐流露出令人担忧的娱乐化倾向(图3-20)。3月25日和4月14日的《锵锵三人行》对马航事件进行了跟进，邀请不同嘉宾进行探讨，主题分别为“马航事件为世界上了公共危机管理课”和“漫谈报道马航客机搜寻之感悟”。《锵锵三人行》对“马航失联事件”展开了长时间的关注。

图3-20　2014年3月19日《锵锵三人行》节目窦文涛和两位嘉宾探讨马航事件

5.无定论式结尾引人思考

一般的谈话节目，主持人与嘉宾之间的对话从始到终都围绕着固定话题展开，到了节目末尾，主持人会根据谈话的内容作总结。不同的是，《锵锵三人行》对于话题的转换却是非常灵活的，用窦文涛自己的话来说就是“锵锵三人行，跑题跑不停”。这样的聊天模式充分体现了思维的跳跃性与发散性，上至天文下至地理，从童年趣事到国际大事，从个人爱好到社会问题，主持人与嘉宾的谈话几乎都是随心所欲的发挥。这也充分证实了三个人不是在按照台本“表演聊天”，而是真正将真实、自然的聊天场景搬到了电视荧幕上。临近节目尾声，主持人也不会为了最后的总结而打断聊天和观众说再见，因此经常给观众一种意犹未尽的感觉。这样没有明确结束感的节目形式，不仅让观众意犹未尽，也因为其没有定论而引发观众的无限思考。当然，对于一些观众而言，无结束感的节目形式有时也会带来困扰，节目的整体感会有所下降。

背景链接

《天天逗文涛》

《天天逗文涛》是主持人窦文涛与 PPTV 聚力携手打造的首档网络脱口秀节目，于 2015 年元旦在 PPTV 聚力播出。《天天逗文涛》每日播出时长为 3 至 5 分钟，与《锵锵三人行》不同，窦文涛在节目中独撑大旗，以其特有的“窦氏风格”为公众解读当天最热门的新闻和最八卦的话题等。这部由 PPTV 精心打造的带有强烈个人色彩的节目，被粉丝称为“2015 年最具思考性的网络脱口秀”。

要点小结

1. 谈话节目的生命力在于真实的谈话，只有真实的谈话才能在现场形成一个良好的“场效应”。《锵锵三人行》通过“客厅式聊天”营造了“真实谈话场”。

2. 谈话节目可以弱化主持人的角色，变“访谈”为“漫谈”，话题选择具有新闻性，注重话题的深入剖析。

3. 节目内容不拘一格，话题不断转变，形式上无结束感，营造一种意犹未尽的氛围。

三、延伸与思考

时至今日，《锵锵三人行》几乎成为分析电视谈话类节目时必不可少的经典案例。一张桌子、三把椅子、三个人，《锵锵三人行》的节目现场设置得近乎“简陋”，然而就是这样没有华丽包装、类似于普通好友日常闲聊的“客厅式聊天”，却营造了自由真实的“谈话场”，让主持人和嘉宾得以置身于轻松的氛围之中充分交流。在《锵锵三人行》节目中，窦文涛作为主持人的作用被弱化，他更像是节目的一位固定嘉宾，与其余两位嘉宾在平等的关系中进行交流，让三个人的奇思妙想和真知灼见得以碰撞、迸发。同时，《锵锵三人行》作为一档谈话类节目，在话题的选择上十分多元，体现了全球性的视野，反映了大众的关心所在。

为了便于读者理解《锵锵三人行》中"漫谈式"访谈的特点，在此罗列出其他几档谈话类节目(见表 3-3)。其中既有"访谈式"的代表节目《杨澜访谈录》，也有"辩论式"的经典节目《一虎一席谈》，希望通过简单介绍和对节目特点的分析，帮助读者进一步探究这三种访谈方式的异同。

表 3-3　相关的谈话类节目

节目	播出电视台	简介
《杨澜访谈录》	东方卫视、北京卫视	《杨澜访谈录》是由杨澜创办，与东方卫视和北京卫视先后合作推出的一档高端访谈节目，2001 年开播。主持人杨澜邀请来自全世界经济、政治、文化等领域的精英做客节目并接受采访。凭借杨澜的个人魅力和独特的提问技巧，加上嘉宾的名人效应，节目取得了强烈的社会反响，获得了良好的社会效益，全世界超过 3 亿人观看。《杨澜访谈录》的最大特点是可以邀请到一般国内其他访谈节目无法请来的国际"大牛"接受采访，比如世界著名商业领袖比尔·盖茨、美国第 42 任总统比尔·克林顿和夫人希拉里·克林顿等。
《一虎一席谈》	凤凰卫视中文台	《一虎一席谈》于 2006 年开播，是由胡一虎主持的一档辩论式谈话节目。《一虎一席谈》以"这里不是一言堂，所有的意见都备受尊重"为口号，以关系国计民生的热点新闻事件为讨论主题，邀请正反双方嘉宾进行辩论。节目试图通过观点自由交锋的方式呈现公共话语的表达空间。最经典的一期节目是 2008 年汶川地震后从"范跑跑事件"探讨师德。
《非常静距离》	安徽卫视	《非常静距离》于 2009 年开播，是由李静主持的一档娱乐访谈节目。《非常静距离》凭借李静幽默风趣的个性和大胆尖锐的提问技巧，展现出娱乐圈明星不一样的一面。这档聊天式的访谈节目(每周六、日 23:40 播出)也是为数不多的深夜档收视冠军节目。
《鲁豫有约》	凤凰卫视中文台	《鲁豫有约》于 1998 年在凤凰卫视开播，随后登陆中国大陆市场，先后在湖南卫视、安徽卫视播出，2015 年 4 月正式登陆旅游卫视晚间档。《鲁豫有约》的节目宗旨是"说出你的故事"，内容以"心灵鸡汤"式的分享为主。节目的最大特点在于嘉宾不局限于名人，许多普通人也会因为新闻话题而走进《鲁豫有约》的演播室。
《艺术人生》	中央电视台 3 套	《艺术人生》是 2000 年亮相于央视的一档老牌的艺术类访谈节目，节目的宗旨是"用艺术点亮生命，用情感温暖人心，探讨人生真谛，感悟艺术精神"。节目每期邀请一位来自文艺界的艺术家，与主持人、现场观众一起回忆过去的艺术和生活，讨论人生与世界。《艺术人生》的收视率曾名列央视前茅，影响力遍及全国。与其他注重猎奇明星隐私的访谈节目不同，《艺术人生》始终保持着对高雅艺术和励志故事的探索和追求。

值得注意的是，韩国也有一档由固定的"四人组"搭档的脱口秀节目——《魔女狩猎》。但与《锵锵三人行》不同的是，《魔女狩猎》是一档情感倾诉类的脱口秀节目。

图 3-21 韩国脱口秀节目《魔女狩猎》

《魔女狩猎》是韩国JTBC电视台每周五晚11点播出的一档脱口秀节目，由四位男性主持人主持(图3-21)。节目把具有致命魅力的、让男人动摇的女子称为“魔女”，以“为救助被魔女们愚弄或对魔女无抵抗力的男人们，有点经验的四位男人站出来了”为口号，冷静地分析女性心理并展开讨论。节目组讨论的主题来自于观众们发送的关于自己在生活、情感上的烦恼的内容，四位主持人通过轻松愉快的方式在演播厅里对观众发来的故事进行演绎。场景虽小，但是主持人超强的表演力和综艺感，加上后期恰到好处的动画、字幕效果，非常形象生动地展现了听众的故事。节目组每期还会邀请几位明星来当嘉宾，共同探讨问题。

不同于韩国传统三大台(SBS、MBC、KBS)的综艺节目，JTBC电视台的《魔女狩猎》最大的特点就在于其尺度大，敢于讨论一些人们比较关注却又不常在公开场合“开诚布公”讨论的男女话题，因此备受观众关注，也在网络上引起不少热议。现代人或多或少都有一些难以启齿或羞于向身边人表达的烦心事，《魔女狩猎》为人们提供了一个情感宣泄的出口，匿名方式让观众勇于表达分享，同时，他们也能够从主持人和嘉宾的讨论中得到建议。《魔女狩猎》每期都邀请明星做客演播厅，表面上虽说是与明星嘉宾一同探讨、解答听众烦恼，却也经常挖出明星的许多八卦猛料，满足了观众的猎奇心理。

第五节 《开讲啦》:为青少年量身定制的电视课堂

本节要点

1. 以教育为主题的脱口秀节目，多以演讲或讲座的形式呈现。
2. 为青少年量身定制，将演讲与对话结合，打造真诚平等的交流语境。
3. 传播主流价值观、传播正能量的风格，丰富了脱口秀节目的类型。

《开讲啦》于每周六 23：36 播出，由中央电视台综合频道(CCTV-1)和唯众传媒联合制作，宣称为“中国首档青年电视公开课”(图 3-22)。每期节目由一位名人演讲，分享其对于生活和生命的感悟，同青年观众进行近距离的探讨，启发观众思考。

《开讲啦》开播以来，创造了央视一套深夜时段收视最高纪录，成为 2012 年“年度上星频道新栏目十强”，广受好评。近年来，网络上掀起了追捧“电视公开课”的热潮，《开讲啦》是继网络公开课之后掀起的一股“淘课”旋风，被观众赞誉为“思想好声音”“传递正能量”的创新之作。《开讲啦》的精准定位和创新手法，值得我们关注和研究。

图 3-22　《开讲啦》主持人撒贝宁

背景链接

《开讲啦》开播于 2012 年，这一年中国的电视节目市场发生了许多变化。在“走转改”的影响下，央视开始改变一些节目形态：《新闻联播》改版，加大了民生新闻力度；大力发展纪录频道；联合全国 12 档综艺节目“开门”办春晚等。CCTV-1 综合频道作为央视的旗舰频道，仍保持全国市场占有率第一的地位，但随着竞争加剧，央视也面临很多挑战，其中最主要的挑战是如何在主流价值表达方面进行创新。经过探索，央视涌现出一批“接地气”的优质节目，比如崔永元的《谢天谢地你来啦》，让明星在突如其来的情境中扮演陌生角色，被誉为“高智商测试”；再比如《梦想合唱团》，结合歌唱比赛推广公益活动。这些节目的出现，让人们感受到央视在媒体改革方面的力度。

一、节目架构

《开讲啦》于 2012 年 8 月开播，时长约为 45 分钟。节目大体分为两个部分：第一部分是嘉宾演讲，一般不超过 20 分钟；第二部分是现场青年代表向嘉宾提问，属于互动环节。

在第一部分的嘉宾演讲之前，一般会由主持人撒贝宁串场，或是以大屏幕播放短视频的方式，介绍当期的演讲嘉宾。之后展现在观众眼前的是一个开放式的扇形讲台，演讲者没有讲台桌，而是站在演讲场地的中央，无讲稿地进行演讲(图 3-23)。节目的后半段时间则交给现场的青年代表，现场发问，与演讲嘉宾进行互动。最后，由主持人撒贝宁对整期节目作总结。

图 3-23 《开讲啦》的开放式扇形讲台

背景链接

在《开讲啦》的节目构想中，最值得关注的是节目策划团队对于演讲嘉宾的“苛刻”。主持人撒贝宁、一位演讲嘉宾、十位青年代表、300 位观众、一个舞台，构成一期《开讲啦》。事实上，这对嘉宾来说，好比一场“大考”。几乎每位嘉宾走上《开讲啦》的舞台说的第一句话都是：“我很紧张！”没有演讲台，没有提示器，没有演讲稿，孤零零地站在舞台中央，面对将近 300 位现场观众，一切都是那么“不利于”开讲，而且还要讲得激情四溢，言之有物，充满魅力，这的确需要极大的勇气和爆棚的自信心，讲好实属不易。但这一切却来自于节目策划团队精心的设计与安排。节目团队在策划之初就想好一定要让嘉宾“紧张”——因为紧张，躲不掉藏不了，这样才能尽可能原生态地展现嘉宾内心，敞开心扉和青年代表对话，和观众互动。

【案例精选】

第 29 期《开讲啦》请来人气偶像王力宏，演讲题目为“梦想造就软实力”，时长约 44 分钟(图 3-24)。嘉宾与现场观众分享了自己的音乐之路，鼓励大家要勇敢“做梦”，因为梦想所激发出来的力量能够帮助自己获得意想不到的成功。我们以该期节目为例，看一下《开讲啦》的节目架构。

图 3-24 《开讲啦》第 29 期节目现场

时间	播出内容
00′00″—02′00″	撒贝宁开场白，大屏幕视频介绍演讲嘉宾。
02′00″—16′10″	王力宏上台与观众问好，倾情演讲，并与观众互动。
16′10″—21′31″	演讲结束，撒贝宁上台，王力宏回答观众问题。
21′31″—23′08″	应观众邀请，王力宏现场吉他弹唱《改变自己》。①
23′08″—43′24″	现场十位青年代表依次提问，与王力宏交流互动。
43′24″—43′50″	片尾字幕滚动，节目结束。

二、节目特点

一档深夜播出的电视演讲节目能够名列专题类节目收视头名，一堂为年轻人讲的“思想课”居然吸引了不少 35 岁到 55 岁的观众。本来被认为安安静静、不可能“大火”的节目，播出后出人意料地引发热议。分析起来，该节目有如下特点：

1. 瞄准 80 后、90 后目标受众，量身定制电视课堂

《开讲啦》定位于“中国首档青年电视公开课”，目标受众以 80 后、90 后的青年为主。对于这些青年来说，最熟悉的莫过于课堂，最厌倦的也是课堂。青少年一方面对

① 注：节目经常根据演讲嘉宾身份增添环节，例如让运动员林丹与特邀嘉宾鲍春来和主持人撒贝宁现场进行羽毛球比赛、歌手王力宏现场吉他弹唱等。

刻板说教、僵化灌输的教育极为反感，一方面却对知识技能、职场经验、社会阅历充满渴求。如何解决好这一矛盾，以青年能接受的方式，传递他们所需要的内容，是电视课堂能否成功的关键。从近年来网络公开课的火爆可以发现，青年人并非不喜欢上课，而问题的关键是如何上课，讲什么内容，能否满足他们的需求。

反观《开讲啦》，节目设计了一个青年与榜样近距离、平等交流的平台。央视利用自身的品牌和资源优势，邀请青年心中的榜样，讲述青年感兴趣的话题，分享他们关于人生、梦想、奋斗、抉择的人生经历和感悟思考，这样的课堂本身就极具吸引力。在 45 分钟左右的节目时长里，嘉宾演讲不超过 20 分钟，其余时间是与现场青年观众的交流，打破了传统课堂"一人讲"和"有讲无问"的僵化形式。

2. 嘉宾各具魅力，演讲话题引发观众共鸣

盘点参加过《开讲啦》的演讲嘉宾，既有诸如王力宏、萧敬腾、蔡依林等偶像歌手，有林丹、姚明、贝克汉姆等体坛健将，也有刘德华、陈坤、李亚鹏等影视明星，同时也不乏学术界、商业界、文艺界的一些明星大腕。虽然演讲嘉宾涉及不同的领域，但都堪称"中国青年心中的榜样"。《开讲啦》用安静的节目形式，为青少年观众传递着正能量。嘉宾们真诚的演讲，让青少年观众们看到了成功背后的艰辛与不易，看到了抉择时的困惑和苦恼。虽然榜样的成功无法复制，但他们的励志故事却为观众打开了一扇思想的窗户，为青年人提供了现实的参照和心灵的滋养。

【案例精选】

以 2012 年第一季嘉宾名单和演讲主题为例，可以看出《开讲啦》在嘉宾选择和主题设定上体现出的教育理念。

表 3-4　2012 年第一季嘉宾名单和演讲主题

时间	期数	演讲主题	演讲嘉宾
2012-08-27	1	人生路，莫慌张	演员：陈坤
2012-08-28	2	人生加减法	导演：李少红
2012-08-29	3	理想丰满	万通董事长：冯仑
2012-08-30	4	转型从零开始	运动员：邓亚萍
2012-08-31	5	指尖上的青春	钢琴家：郎朗
2012-09-01	6	那么，我是谁？	导演、编剧：王潮歌
2012-09-05	7	读书永无毕业	教授：葛剑雄
2012-09-06	8	与责任对话	宇航员：杨利伟
2012-09-07	9	我向世界说明中国	新闻发言人：赵启正
2012-09-08	10	坚持与放下	企业家：王石

可以看出,《开讲啦》的话题大多与社会息息相关,直击青年人的心灵。无论是关乎责任、感恩、磨难还是谈及勇气、努力、梦想,这都是年轻人会产生疑惑、需要直接面对的问题。看惯了明星的光鲜亮丽和体育健儿的驰骋赛场,听他们讲述一个个关于人生、选择、理想、奋斗的故事,容易引发观众的共鸣。

图 3-25　嘉宾陈坤演讲中

3. 演讲与对话的结合,打造真诚平等的交流语境

《开讲啦》是另一种形式的脱口秀,主要采用演讲与对话结合的形式,为嘉宾与青年观众打造一个平等对话的平台。虽然嘉宾在台上演讲,但却是一个人独自站在舞台上,他们面对着准备发问的青年代表,无形中降低了姿态,没有了居高临下的优越感。嘉宾们敞开心怀地倾诉和表达,现身说法讲述自己的人生经历,分享作为过来人的经验和建议,给予青年人指导和力量。

演讲之后,青年提问互动环节的设计摆脱了传统演讲的固有模式,不仅增加了参与性而且极富挑战性。青年受众的想法比较新颖,提问的问题往往比较犀利和难以预料。比如,观众会追问陈坤做公益活动的动机、质疑郎朗的商业行为、认为王石站着说话不腰疼、询问成龙一生做错的事情等。在此过程中,主持人撒贝宁扮演了中间人的角色,机智灵活地衔接与掌控,使节目更加顺畅和完整。多元价值观的思想碰撞在节目中获得最大限度的激发,节目现场不再是"一个人的讲台",而成为众人的思想激荡场。

4. 践行 TV2.0 理念,强调线上线下互动

在《开讲啦》节目研讨会上,制片方唯众传媒总裁杨晖表示,他一直坚持 TV2.0 的新思维,力求找到与观众及时互动的方式。① TV2.0 要改变过去电视节目中个体传播的模式,而要让电视节目由个体传播转向大众传播(强调互动)。演讲嘉宾和现场观众的选择(线上线下活动),演讲结束后嘉宾与青年代表观众的互动,以及节目内容在社交媒体上的再传播,都体现了 TV2.0 的互动精神。

不仅如此,每期《开讲啦》的演讲嘉宾,都是经过前期在校园和互联网上大量的调查而选出的"青年心中的榜样"。演讲者的话题,首先尊重主讲人的意见,然后与制作单位沟通,最后再征询观众的意见。此外,《开讲啦》利用央视的平台优势,启动了征集

① 参见单文婷、赵秋杰:《对话唯众传媒创始人、总裁杨晖》,人民网,2014 年 12 月 12 日。

“中国青年心中的榜样”的活动，提出“你想听谁讲，我们就请谁来”的口号，以观众为核心，充分调动了大家参与节目的积极性。最终，冯小刚、邓亚萍、陈坤、俞敏洪、成龙等各行各业的名人登上了《开讲啦》的舞台，赢得了观众的广泛关注。

除此之外，现场青年代表的产生也同样来自线下活动。“青年代表校园行”活动走进全国数十所高校海选青年代表，广泛征集青年人对嘉宾及相关问题的看法和见解，也扩大了节目的影响力。

知识链接

TV2.0

TV2.0并不是某个具体的产品，而是一个全新的电视传播特征，在TV2.0的框架下，消费者由以前的被动观看，变成主动观看；由电视内容的接收者，变成电视内容的传播者。同时，电视对于各种数码设备也有更大的兼容性和扩展性。在TV2.0系统环境下，以电视机为核心，消费者可以通过互联网更主动地获取信息，并能享受到用手机互动的娱乐生活。

TV2.0的核心要义就是突破TV1.0时代电视节目在时间和空间上的藩篱，实现“随时、随地、随心所欲”地收看电视节目的完美体验，进而终结用户作为“观众”的被动角色，开创由内而外全身心互动参与为特色的全新电视时代。

TV2.0具备三个主要的体验特征：第一，“以观众为中心，创造观众体验”是最根本的体验特征。第二，通过信息传播过程个性化，将为电视媒体的互动性和参与感带来根本性的提升。第三，观众的个人体验成为信息传播过程中的重要产品，该产品的生产和消费作为最主要的传播内容。

——谢仲良：《TV2.0：电视进入互联互动时代》，《经济参考报》2008年1月10日

要点小结

1. 以教育为主题的脱口秀节目通过明确的定位与节目形式创新，吸引青少年受众群体。

2. 嘉宾演讲与现场对话的结合，打造了真诚、平等的对话语境。实践TV2.0理念，提升受众参与节目的程度，提高节目内容与制作水平。

3. 主持人要充分发挥其在嘉宾与观众间的协调作用，针对主要受众群体调整节目的风格。

三、延伸与思考

目前看来，《开讲啦》的演讲主题集中于不惧困难、坚持梦想等与“正能量”相关的主题上，虽然这种主题永不过时，但如果“过度消费”，难免还是会让观众产生审美疲

劳。对此，《开讲啦》或许可以借鉴网络公开课 TED 的经验，扩大演讲主题领域，加强线上互动，争取更大范围的观众。

当前国内荧屏上还存在着诸多单人主持、表演的脱口秀节目，它们虽然与《开讲啦》的节目风格不同，侧重于对当下热点话题的谈论，但也在一定程度上印证了受众对脱口秀这种形式的认可和喜爱。读者可以观看和研究以下节目。

表 3-5　单人主持、表演的脱口秀节目

节目	所属电视台	简介
《金星秀》	东方卫视	《金星秀》是由灿星公司制作，金星主持的一档电视脱口秀。2014 年 9 月，一向以毒舌著称的舞蹈艺术家金星来到上海人民大舞台开启了自己的脱口秀时代。抱着“用生命来吐槽”的心态，以犀利的视角、幽默的风格、麻辣的点评探讨社会时事热点，《金星秀》广受观众好评，收视率经常跃居同时段节目第一名。
《今晚 80 后脱口秀》	东方卫视	《今晚 80 后脱口秀》是东方卫视 2012 年 5 月推出的一档面向 80 后群体的脱口秀，由新锐相声演员王自健主持。节目通过脱口秀的形式展现年轻人对社会热点、文化事件、时尚潮流的态度与看法，幽默风趣却又不失智慧与锐度；以“冷面笑将”王自健为核心，用展现自我个性的方式讲述年轻人的生活，深受年轻观众的喜爱。《今晚 80 后脱口秀》号称是中国唯一一档欧美风格的脱口秀。
《壹周立波秀》	东方卫视、浙江卫视	2010 年在东方卫视播出的《壹周立波秀》是一档季播节目，以美国著名深夜脱口秀 *The Late Show* 为范本，海派清口创始人周立波以脱口秀的方式评点一周发生的社会热点。2012 年节目登陆浙江卫视。

第四章　生活服务类节目

第一节　溯源与发展

生活服务类节目指的是根据公众的生活需求，提供知识、信息和实际帮助的电视节目。节目内容与日常生活直接关联，节目具有很强的服务性、实用性，这是此类节目的本质特征。自1979年我国第一档生活服务类电视节目《为您服务》播出以来，随着中国社会的转型和演变，生活服务类节目不断丰富和发展。从提供简单的生活服务到创造综合的生活体验，《为您服务》《生活》《今晚我们相识》《玫瑰之约》《天天饮食》等经典生活服务类电视节目在不同时期产生了较大的影响。

近年来，生活服务类节目出现了一些新形态，例如：有关调解情感纠纷的节目如《幸福魔方》、互动交友类节目如《非诚勿扰》、居室改造类节目如《交换空间》等。然而，不管是节目题材的扩展，还是节目形态的创新，生活服务类节目都有着自身的选题范围、节目结构和受众，它区别于新闻和娱乐类节目，该类节目始终定位于为人们实际生活需求提供服务。

我国的生活服务类节目大致经历了三个阶段。

一、20世纪80年代初至1992年——初创阶段

1979年8月，中央电视台最早的一档专题性栏目《为您服务》开播，标志着我国生活服务类节目从此走上电视屏幕，《为您服务》开创了电视生活服务类节目的先河。

沈力是这档节目的主持人。1958年组建北京电视台（中央电视台前身）时，沈力就成为第一位电视播音员，被称为“中国荧屏第一人”。1982年，中央电视台将《为您服务》设为固定栏目，由沈力担任主持人，她庄重、朴实、亲切、典雅的主持风格赢得了观众的喜爱。

《为您服务》于1979年8月12日开播，最初介绍烹饪、衣着、养花等家庭小常识，

图 4-1　《为您服务》录制现场

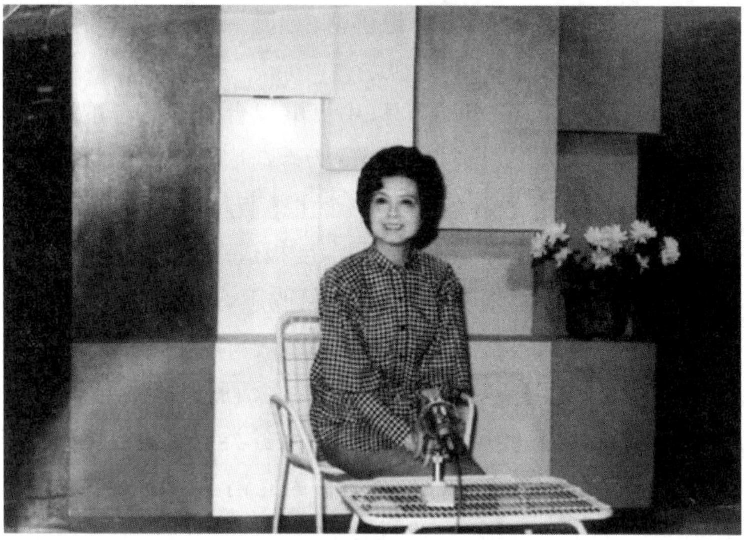

图 4-2　《为您服务》主持人沈力

回答观众提问，节目内容与时长都不固定，但很受观众欢迎。[①] 1983 年，《为您服务》改版，改版后节目在关注受众日常琐碎事件的基础上，增加了对受众社会生活、精神生活的关照，使原本单一乏味的节目变得充满趣味性与知识性。《为您服务》节目开始以栏目的形式播出后，在每周一晚"黄金时间"首播，时长固定在 20 分钟，节目中设有"小辞

① 北京市地方志编纂委员会：《北京志·新闻出版广播电视卷·广播电视志》，北京出版社 2006 年版，第 434 页。

典”“集邮”“摄影咨询”“市场信息”“家事”“老年顾问”“答观众问”等知识性和服务性的小栏目，是一本“家庭生活大百科”。《为您服务》改变了传统电视节目高人一等的“传者”灌输、教育“受众”的姿态，紧跟家庭生活的主题，迎合了人们对于更高生活品质的需要。

“服务日常生活”成为20世纪80年代中国电视生活服务类节目的一种潮流。节目内容上，以日常服务和知识普及为特征，在服务中普及知识，在知识中提供服务；节目形态上，以电视拼盘为主要栏目形态，表现手法相对简单；节目功能上，“生活指南”成为这一时期节目的普遍追求。① 这一时期，广东电视台《家庭百事通》、湖南电视台《观众之友》、湖北电视台《生活之友》、四川电视台《生活之夜》、贵州电视台《观众服务台》等生活服务类节目陆续开播。它们都深受《为您服务》的影响。

二、1992年至20世纪90年代末——转型、调整阶段

进入20世纪90年代，人们的生活和精神状态发生了巨大变化，更加关心生活水平的提高，对生活服务类节目的需求也更大。然而，作为生活服务类节目的代表，《为您服务》却在原地踏步，节目内容越来越单薄，选题视野不够宽阔，形式缺乏创新。1993年，《为您服务》被迫停播。

《为您服务》停播三年后，1996年7月，中央电视台经过精心策划，推出了一档杂志型电视生活服务类栏目——《生活》，很快就为生活服务类节目树立了新标杆。《生活》采用了当时流行的电视杂志形态，分为三个主体版块和几个非固定播出的微型小栏目。这三个版块分别是：“背景”，属于新闻深度报道；“消费驿站”，属于新闻专题报道；“百姓”，属于人物纪实片。1999年3月，栏目改版，撤销“背景”和“百姓”版块，代之以“生活报道”和“时尚接触”版块，前者为社会生活新闻，后者为行业、商品资讯。

《生活》栏目的开播，为深受收视低迷困惑的生活服务类节目带来了希望（图4-3）。同时期，全国各省市电视台开始转变对生活服务类节目的定位，目光逐渐投向专题性节目，针对固定受众人群，生活服务类节目因此悄然复苏。电视杂志是20世纪90年代生活服务类节目的主要形态，新闻消息类、专题类的报道手法得到普遍使用，新闻性明显。

三、21世纪以来——多样化发展阶段

21世纪以来，我国生活服务类电视节目在题材内容上得以继续扩展，主要包括：以解决情感纠纷、家庭矛盾冲突为主的节目，如北京电视台生活频道的《生活广角》、上海东方卫视的《幸福魔方》；职场帮助类节目，如中央电视台的《绝对挑战》、浙江卫视的

① 于烜：《转向——中国电视生活服务节目之变迁》，清华大学出版社2013年版，第19页。

图 4-3 《生活》节目录制现场

《天生我才》；居室改造类节目，如中央电视台的《交换空间》；互动交友类节目，如江苏卫视的《非诚勿扰》；购物体验节目，如中央电视台的《购物街》等。在已有的生活资讯服务基础上，这些节目呈现出“娱乐体验”的特征，并且成为生活服务类节目发展的新方向。

2005 年，中央电视台开播《交换空间》，将家居题材与改造元素结合，将真人秀节目元素融入生活服务类节目中，获得成功(图 4-4)。《交换空间》获得《新周刊》2005 年“最佳生活节目”，评语是“它以难以复制的创意，吸纳兼容多种节目类型的特质，在咨询服务、生活体验、真人秀的联动下迅速突围而出”①。

图 4-4 《交换空间》节目 LOGO

北京电视台生活频道成立于 1998 年。经过 18 年的发展，现在已经发展出 20 多档各具特色的生活服务节目，其中《生活 2015》《生活面对面》等深受百姓喜爱。事实上，杭州电视台、南京电视台等地方电视台也开设有专门的生活频道以及诸多生活栏目，努力基于区域观众的生活需求，在贴近性和服务性上做足文章。

当下，电视生活服务类节目呈现多样化发展的态势。生活服务类节目成为中国电视节目一个重要的组成部分，拥有广阔的发展空间。随着新媒体与传统媒体融合发展

① 《〈交换空间〉——一个节目的蹿红》，搜狐家居，2007 年 12 月 13 日。

的深入，“体验留给电视，服务依赖网络”将成为服务类节目的大趋势。通过手机客户端与电视进行跨屏互动，可以把更多的差异化服务信息推送给用户，全媒体生活服务节目将成为下一个风向标。

第二节 《非诚勿扰》：婚恋交友节目创新典范

本节要点

1. 婚恋类节目要有一个好规则。
2. 婚恋类节目需要情感专家型主持人。
3. 坚持主流价值观下的多元婚恋观碰撞。
4. 避免同质化节目样态，创新节目内容。

我国电视婚恋节目最早出现于20世纪80年代，山西电视台推出的《电视红娘》是此类节目的先驱。电视婚恋节目从开播以来就备受争议，因此节目的发展也一直跌跌撞撞。进入21世纪，随着社会结构的变迁、社会开放程度的提高，婚恋问题逐渐成为社会关注的焦点，婚恋类电视交友节目在沉寂了数年之后，又以崭新的面貌出现在中国电视荧屏上。2009年年底，湖南卫视的《我们约会吧》开播。2010年年初，江苏卫视的《非诚勿扰》开播，旋即受到全国范围内的强烈关注，收视率稳居同类节目的前列，掀起了新一轮的荧屏交友热潮。

背景链接

《非诚勿扰》热播之后，各地卫星频道或地面频道制作的40多档婚恋速配节目相继加入荧屏大战。山东卫视的《爱情来敲门》、湖南卫视的《我们约会吧》、重庆卫视的《凡人有喜》、东方卫视的《百里挑一》、浙江卫视的《为爱向前冲》、辽宁卫视的《幸福来敲门》、贵州卫视的《相亲相爱》、安徽卫视的《缘来是你》等，合力掀起了一轮强劲的电视婚恋真人秀风暴。

背景链接

我国第一个婚恋交友类电视栏目《电视红娘》，于1988年7月正式开播，由此掀开了中国电视婚恋节目的序幕。《电视红娘》由山西电视台《电视桥》节目的一个版块演变而来，当时明确定位为生活服务类栏目，以为适龄青年解决婚恋难题作为节目主旨，努力为百姓交友提供平台。总体来看，该节目虽然形态简单，手法单一，但是节目在开播后迅速获得了观众的认可和喜爱，成为当时老百姓茶余饭后津津乐道的谈资。

背景链接

20 世纪 90 年代末，电视相亲节目开始进入中国观众的视野，掀起了第一轮电视相亲热。1997 年，凤凰卫视播出台湾华视制作的《非常男女》。1998 年，上海东方卫视播出《相约星期六》；同年 7 月，湖南卫视《玫瑰之约》正式开播，首次把综艺娱乐与相亲婚恋相结合，取得了不错的收视率，成为国内电视婚恋交友类节目的标杆。

《玫瑰之约》邀请 6 对普通男女作为节目婚恋嘉宾，以谈话的方式来表达自己的爱情观，在主持人的提问引导下，男女嘉宾在节目现场叙述自己的感情故事，向舞台上心仪的对象提问或者直接表白。《玫瑰之约》为青年男女表达自己的感情提供了一个舞台，对于当时的电视观众来说是颠覆传统的新鲜事物。除了演播室现场的舞台之外，《玫瑰之约》还将舞台延展到室外，制作了 40 多期外景节目。

《非诚勿扰》的前身是英国 Fremantle 公司的情感真人秀节目 *Take Me Out*。《非诚勿扰》于 2010 年 1 月 15 日开播，每周六、日晚 9 点 10 分在江苏卫视播出。节目组将自己定位于大型生活服务类节目，旨在为单身男女提供一个全新的交友平台和话题讨论空间，以服务性为前提，兼顾娱乐性和可看性。因此，《非诚勿扰》重视话题，重视男女嘉宾的表现力和表达力，同时，推出了颇具吸引力的宣传语“今天你相亲了吗”。当然，《非诚勿扰》独领风骚的重要因素还包括主持人孟非，他的睿智幽默使一个相亲交友节目成为轻松、快乐且不失人生教益的课堂。

知识链接

《非诚勿扰》于 2010 年 1 月 15 日在江苏卫视首播。经过两个月试运行，3 月 13 日起，《非诚勿扰》稳定播出，每周 2 期，时长为 1 小时 20 分左右。初期的《非诚勿扰》追求场上交锋，观点冲撞，因而不少女嘉宾语出惊人，引发社会热议甚至道德讨论。2010 年 6 月，国家广电总局正式下发《关于进一步规范婚恋交友类节目的管理通知》以及《广电总局办公厅关于加强情感故事类电视节目管理的通知》，对“相亲类节目泛滥、造假、低俗”等倾向进行整顿。此后，《非诚勿扰》对嘉宾选择、身份确认、话题选择、环节设定等方面进行了调整，大学教授黄菡开始担任《非诚勿扰》的嘉宾主持，与孟非同台把关。2015 年后，《非诚勿扰》在节目形式、嘉宾人选上又进行了新的尝试。

一、节目架构

《非诚勿扰》节目架构清晰，规则明确而简单。每期节目由 24 位女嘉宾和 5 位男嘉宾组成。24 位女嘉宾率先群体亮相，然后对逐一上场的男嘉宾进行选择。《非诚勿扰》节目综艺元素少、嘉宾才艺展现少，注重抓住婚恋节目精髓，重点展现男女之间相互选择的过程。

图 4-5 《非诚勿扰》节目开场图

【案例精选】

在《非诚勿扰》第 3 期(2010 年 1 月 17 日)节目中,女嘉宾马诺面对男嘉宾的真情表白,以“宁愿坐在宝马车上哭,也不愿意坐在自行车上笑”作为回应。这句话引发了社会对现代婚恋价值观的大讨论。这期节目在《非诚勿扰》的发展历程中颇具代表性。

节目开始后,先由主持人孟非进场。接着 24 位单身女嘉宾登场闪亮,分两路呈扇形站定,随后五位男嘉宾分别出场。节目中女多男少的阵容让人眼前一亮,女嘉宾在舞台上尽情表达自己的婚姻价值观念的环节更让人耳目一新。

节目由 24 位单身女生以亮灯和灭灯的方式决定男嘉宾的去留,共经过“爱之初体验”“爱之再判断”“爱之终决选”“男生权利”四个环节来对男女嘉宾进行速配。每个环节内容丰富,表现形式多样。

在前三个环节当中(“爱之初体验”“爱之再判断”“爱之终决选”),由现场的女嘉宾对出场的男嘉宾进行选择,男嘉宾通过视频资料展示、好友访谈等向女嘉宾介绍自己,而女嘉宾则根据视频介绍和现场问答选择对男嘉宾“灭灯”或“亮灯”。

图 4-6 《非诚勿扰》节目的“亮灯”“灭灯”环节

在最后一个环节“男生权利”当中，交友的选择权转移到男嘉宾手中，男嘉宾在了解女生资料后对其进行提问，然后进行最终选择。

总体来看，《非诚勿扰》节目舞台时尚靓丽，内容轻松。为了更加贴近婚恋服务主旨，节目也进行了多次改版：2012 年 10 月增加了“爆灯环节”；2013 年 1 月增加了“爱转角”环节。通过这两个增设环节使得无论是台上的嘉宾还是台下的观众，都可以通过节目大胆表达自己的感受。

图 4-7 《非诚勿扰》节目“爆灯”环节

除定期在室内演播室录制节目外，《非诚勿扰》还在全国指定城市公开招募节目嘉宾、扩充嘉宾队伍。节目与一些婚恋网站合作挑选节目嘉宾，还相继开设海外嘉宾特色专场。

采访摘录

节目的基本节奏就是通过节目所设立的几个环节来调节的：爱之初体验，爱之再判断，男生权利反转。层层递进的节目环节推动着整个节目过程，就像一部精密的仪器。此外，每层以一个短小精致的短片隔开，短片的播放既增加了观众对嘉宾的了解，也推动了节目话题的延伸。再者，女嘉宾灭灯、爆灯的设置让节目随时处于悬念之中，因为你永远不知道男嘉宾究竟何时会“死掉”，也不知道他进入反选环节后究竟会选谁。精彩的内容和无时无刻的悬念都是吸引观众的利器。

——《非诚勿扰》《最强大脑》资深编导　肖亚堃

二、节目特点

1. 富有时代气息的节目定位，聚焦社会婚恋问题

2010 年被誉为“中国电视相亲年”，《非诚勿扰》带动了电视婚恋类节目热潮。该

节目的成功，首先在于其富有时代气息。我国正处于社会转型期，市场化的社会竞争压力增大，现代生活节奏加快，人际情感交流逐渐变少，青年人口未婚比例越来越高，单身群体对恋爱交友的现实需求是导致社会对婚恋交友类节目强烈关注的重要原因。据CSM(央视索福瑞)收视率的数据显示，《非诚勿扰》节目观众的构成主要集中在45—54岁年龄段观众以及25—34岁的女性。从职业收入来看，高学历、干部管理人员、中等收入的观众更偏爱该节目。而这些观众，正是目前中国社会最关注婚姻情感问题的群体，《非诚勿扰》在一定程度上满足了该群体的收视需求。

近年来，社会对"剩男""剩女"的问题变得十分敏感，而在婚姻情感方面，青年一代的婚恋观与上一代人产生了巨大反差，现代生活方式和来自西方开放的择偶观念正在冲击着中国传统的婚恋观，这一切就使得《非诚勿扰》的开播恰逢其时。对普通公众来说，婚恋真人秀节目是寻找婚姻伴侣、探寻婚恋问题、解决情感困惑的新途径，是现代社会生活的一种情感释放和需求。对电视行业来说，婚恋真人秀节目能够达到经济效益和收视效应的双赢。总体而言，婚恋类真人秀节目所创造出的产业模式，成为一种全新的选择。

2. 戏剧性的环节设置，节目过程充满悬念

《非诚勿扰》的节目形式新颖，环节设置独特，能够充分调动起观众的情绪。节目在赛制设计、嘉宾选择等方面都能带给观众全新的收视体验。在传统的婚恋交友节目中，一般采取两种交友方式：一是男女嘉宾们集体见面，介绍各自的资料经历等，有兴趣的嘉宾可以继续单独交流(比如《玫瑰之约》《非常男女》)；一是直接按照男女双方的要求进行一对一的传统式相亲(如《今天我相亲》)。

《非诚勿扰》的节目模式大胆创新，改变了这两种交友方式，变为多对一的选择方式。《非诚勿扰》节目安排一位男嘉宾，同时面对24位女嘉宾，在男女嘉宾人数极不对等的状态下进行。这种方式容易产生一种"男少女多"的戏剧冲突效果，调动起观众的兴趣。

嘉宾出场方式也发生了突破性变化。在传统的相亲节目当中，嘉宾的出场方式比较简单，没有专门的设计。而在《非诚勿扰》当中，男嘉宾则乘坐电梯由上往下缓慢降落在台上，这样就给男嘉宾的出场设置了充足的悬念。并且，每个男嘉宾从出场到离场即构成一个版块，每个版块程式化明显，游戏规则清晰，趣味性强，这使得整个节目跌宕起伏，出现很多戏剧性的变数，充满悬念和不可预见性，让人回味无穷。

在嘉宾选择的主动权上，节目组综合考虑中国人的性格与心理特点，打破了以往婚恋节目的传统，颠覆了传统男性的主动权，以"留灯""灭灯"的方式直观地表达女嘉宾的态度。在男嘉宾每次自我展示之后，女嘉宾都有"留灯"和"灭灯"的机会。在一轮轮的进程后，女嘉宾和观众都会逐渐深入了解男嘉宾。这样的交友模式，男女嘉宾的选择始终处于动态之中，充满悬念。这也让观众可以更为直观地看到男女嘉宾在节目过程中的选择和心理变化。

3. 关注社会热点，善于制造网络话题

话题性是该节目吸引大众眼球、获得社会关注的重要因素。《非诚勿扰》提供男女嘉宾充分表达自己观点、展现自己行为的平台。在这个开放的平台中，男女嘉宾通过相互交流、相互选择，从中引发出各种社会热门话题。这些话题经常能够引起场外电视观众的讨论或情感共鸣，一些话题更是成为网络热门话题。

在《非诚勿扰》第 3 期（2010 年 1 月 17 日）当中，一位爱好骑自行车但没有工作的男嘉宾在最后“男生权利”的环节中向女嘉宾马诺提问：“你喜欢和我一起骑自行车逛街吗？”她毫不犹豫地回答：“我更喜欢在宝马里哭。”此后，“我宁愿坐在宝马里哭，也不愿坐在自行车上笑”就成为网络热门话题，被广泛讨论，也被认为是当今社会拜金现象的一种折射。

节目组除了注意捕捉社会热点话题之外，在社会热点话题的广度和深度上也做足文章。比如，节目会有意布置一些关于住房、收入、对待农民态度、炫富等社会焦点话题。正是这些通过男女嘉宾所表现出来的不同人生态度、价值观的碰撞，紧紧地扣住观众的心弦，引发观众的思考。也正是这些备受争议的人物的存在，使节目和男女嘉宾获得了额外的关注，客观上实现了嘉宾迅速走红及节目收视保持前列的“双赢”目的。

4. 创新的主持模式，打造情感专家团队

对于电视节目来说，主持人是现场嘉宾与观众之间进行交流的重要纽带，在节目中所表现出来的个人修养与语言风格对电视节目的品牌创建有着很大的影响。作为一名电视主持人，在婚恋节目当中，不仅要控制节目节奏，还要把握节目内容，在传播过程中要牢牢把握住主旋律，弘扬社会主流价值观。

《非诚勿扰》的一大亮点就是在主持模式上大胆创新，打破了以往婚恋节目男女主持搭配的模式，增加了一个“情感专家”的角色，与主持人进行配合。节目刚开始设置一名情感专家，此后为两名（乐嘉和黄菡两位专家，是节目最经典的搭配）。主持人与情感专家组合搭档，在主持人与嘉宾交流对话时，情感专家可以用一种旁观者的身份对男女嘉宾进行分析，使节目呈现给大众理性的价值判断和分析，打破了以往节目千篇一律的格局。

情感专家在节目当中扮演着极为重要的角色，成为推动节目发展的第三方力量。在传统的婚恋节目当中，互动形式主要依靠男女嘉宾及单一主持人的话语交锋，而在《非诚勿扰》当中，情感嘉宾的加入使得节目互动的方向由原先的男、女、主持人三方互动转变为男、女、主持人、情感嘉宾四方交叉互动。情感嘉宾丰富的语言表达和具有专业知识的情感解读，让节目内容更加丰富，情感观念冲突更加明显。

《非诚勿扰》中情感专家的存在（一男一女），一定程度上为节目找到了第三方的情感支撑。他们仿佛是场外十分理智的父母代表看着两个孩子相亲，会在合适的时间出来给他们提供一定的情感支持、一些理性的指引、一些耐心的规劝，这些都很符合父母的形象。尤其是心理学教授黄菡的出现给节目赋予了新的意义，她从女性的角度为嘉宾提出意见，增加了节目话题的女性视角。

采访摘录

“是否真实”是很多人第一次见到我们会问的问题，其实，他们看节目有自身的感受，但是，阴谋论总是会占上风。《非诚勿扰》既是生活服务类节目，也属于棚内真人秀节目，所以真实是该节目最大的特点，这也是节目赖以生存的根本。我们每周飞往全国各地几大城市面试，六年来从不间断，为的就是获取真实的嘉宾资源。我知道有些同类节目没有面试，甚至连嘉宾资料的真实性都难以保证。所谓百密一疏，我们的工作再仔细，《非诚勿扰》在历史上也出现过嘉宾资料虚假的问题。但每次发现后，都会立即取消这个嘉宾上节目的资格，我们以最积极的态度解决问题。同时，《非诚勿扰》几乎是无打断的直播式录制，所有内容都是嘉宾、主持人现场的即兴发挥。为了真实，我们尽量在节目中“去娱乐化”，不在节目中设置过多的“综艺”环节，我们也取消了很多与相亲无关的东西。我们提供的是邂逅平台，不是包办婚姻，有很多男女嘉宾通过节目找到了另一半，这是《非诚勿扰》最值得骄傲的地方。只要我们坚持真实这个底线，观众自然会对我们有所回报。

——《非诚勿扰》《最强大脑》资深编导　肖亚堃

5. 时尚的节目包装，引领舞台设计变革

《非诚勿扰》借鉴英国电视相亲节目 *Take Me Out*，二者在节目舞台设计上风格类似。整个舞台以蓝色为主要色调，时尚前卫，一改以往相亲节目不活泼、单调的形象。《非诚勿扰》舞台设置在一个超大的演播厅内，台上 24 位女嘉宾分成两组，呈扇形分布在舞台的两侧，处于舞台核心的位置。现场观众分别围坐在舞台两侧，这种舞台配置使现场观众能够轻松地捕捉台上每一个人的表现，增强了现场参与感。节目过程中播放男嘉宾资料时，采用全景镜头俯拍整个舞台，这样，对于电视机前的观众来说，场上女嘉宾的亮灯与熄灯，男嘉宾的一举一动都尽收眼底。位于女嘉宾背后的超大屏幕，使观众在观看男嘉宾的个人资料时获得了更多的现场补充。

除此之外，节目中的音乐也是别具匠心。*Can You Feel It*、*Girl Friend*、《梁山伯与祝英台》《可惜不是你》、*Gee* 等几首歌曲早就成了《非诚勿扰》的标志性配乐。不同于其他综艺节目的音乐来自于后期制作，《非诚勿扰》的所有音乐和音效都是现场同步制作播放，能恰如其分地表达现场的气氛变化，体现出节目编排的独到用心，增强了节目的欣赏性和吸引力。

要点小结

1. 创新是婚恋类生活服务节目的发展动力，只有不断创新节目样式才能适应社会环境的发展变化，成就一档满足受众需求的优质节目。

2. 婚恋类生活服务节目应担负起弘扬真善美和传播社会主流价值观的责任。

3. 婚恋类生活服务节目面临同质化的困境。要坚持打造节目品牌，制作有文化内涵的节目，形成核心竞争力以拓宽电视受众市场。

4. 服务功能是生活服务类节目的本质，婚恋类节目在发展过程中要坚持生活服务的功能，自觉抵制庸俗化、低俗化、媚俗化倾向。

三、延伸与思考

婚恋情感是人的基本需求，也是最容易引发共鸣和普遍关注的内容。然而，在社会转型期，整个社会尤其是青年人的价值观发生了巨大变化。体现在婚恋问题上，新与旧、传统与现代、落后与时尚，种种矛盾交织交融又时时冲突，《非诚勿扰》的热播源于它准确把握了婚恋情感的社会脉动与需求，同时又能以独特新颖的交友方式和话语表达吸引关注，从而引发了新一轮婚恋节目热潮。然而面对越来越多元化的节目形态和新媒体带来的收视分流，如何在保持风格、品格的同时，不断增强节目的吸引力、竞争力，《非诚勿扰》面临持续创新的考验。

从 20 世纪 50 年代首次在美国出现以来，婚恋节目已经走过了 50 年的发展历程。在这半个世纪的时间里，各国电视人对婚恋节目进行过不同的探索，创造出大量的节目形态。现在世界各国婚恋节目的形态多达数百种。下表就列出了近期各国比较流行的婚恋类节目。

表 4-1　近期各国较流行的婚恋节目

节目名称	所属电视台	简介
《黑暗约会》(*Dating in the Dark*)	美国广播公司(ABC)	该节目以新颖的节目环节设置引起观众兴趣。节目中男女嘉宾被分别安排在不同的特殊房间里，从约会开始到结束都不会见面，当然没法用眼神或肢体动作交流，只有凭借其他的感官来确定对方是不是自己心仪的异性。节目最后公布结果的环节最吸引观众眼球，一直处在黑暗中的男女双方见到对方真面目，往往会与想象中产生一定的差距，甚至大相径庭。此时各种意外顿生，而正是这种神秘和出其不意，极大地满足了观众的好奇心，引爆了观众的收视热情，也成为该节目吸引观众的亮点。
《婚姻裁判》(*The Marriage Ref*)	美国全国广播公司(NBC)	节目邀请演艺名人、喜剧演员和体育明星作为嘉宾，为现实生活中出现的夫妻矛盾提供化解之道。节目主旨在于调和夫妻间各式各样甚至稀奇古怪的争执和矛盾。每期节目会邀请三位嘉宾组成“明星专家婚姻评审团”，所有参与节目的嘉宾都是已婚、新婚或离婚的明星大腕。首先观看真实夫妻的争执视频，找出问题所在，然后评审团进行讨论和投票，决定支持丈夫或妻子。

续表

节目名称	所属电视台	简介
《执子之手》（*Take Me Out*）	英国 ITV1 爱尔兰 TV3	*Take Me Out* 是一档由帕迪·麦吉尼斯主持的约会节目，2009 年试播并于 2010 年 1 月 2 日正式在英国的 ITV1 和爱尔兰的 TV3 播出。它的原型是澳大利亚节目 *Take Out*。2012 年福克斯公司把 *Take Me Out* 带到了美国，首播于 2012 年 6 月 7 日晚 8 点，在美国和加拿大收视人数达到了 330 万。湖南电视台于 2009 年 12 月引进并购买了其在中国地区的独家专有版权，推出本土化节目《我们约会吧》。
《我们结婚了》	韩国 MBC 电视台	2008 年韩国 MBC 电视台推出婚恋真人秀节目《我们结婚了》，该节目以“明星同居”为最大看点，首创“明星假想夫妻生活”。节目规则是由电视台挑选性格迥异的男女明星，每期四对假扮成新婚夫妇，拍摄婚纱照、举行婚礼、进入新房，与观众分享他们趣味横生的同居生活。

第三节 《生活面对面》：身边的电视生活节目

本节要点

1. 生活服务类节目要具有实用性和权威性。
2. 节目风格语态要有亲和力。
3. 学会在节目中讲述故事，并与新闻报道相联系。

北京电视台的《生活面对面》节目于 2002 年 1 月开播，是一档贴近百姓、服务观众的节目，经过几次改版，一直坚持创新，力求更加适应时代的发展变化。它与央视的《生活》《为您服务》等节目的最大区别是将视角锁定在北京地区，收视群定位在普通京城百姓上。节目定位上，《生活面对面》将新鲜快捷、权威实用作为宗旨。节目内容上，涵盖物价、质检、医疗、卫生、民政、交通等方面，既有买房装修、劳动合同、医疗保险、社会保障这样的大众话题，也有放心粮菜、求职指南、健康提示、出行参考等相应的生活资讯内容，贴近北京市民的日常生活，为百姓提供可靠实用的生活资讯。

背景链接

生活服务类节目制作周期较短、费用投入较低，逐渐成为各家电视台的首选。全国各主要电视台相继开通此类节目甚至开播专属频道，如北京电视台的生活频道、上海电视台的星尚频道、江苏电视台的靓装频道、成都电视台的美食天府频道、湖北电视台的孕育指南频道等，满足市民生活所需。

知识链接

《为您服务》是我国第一个亮相荧屏的电视生活服务类节目，1979 年在中央电视台播出。这个节目的开播也标志着我国电视服务类节目的开端。

作为首个设立主持人的电视节目,《为您服务》在当时的影响力不容小觑。主持人沈力在节目中“面对面”地直接同观众交流,内容也是极其家常、极其贴近生活的。就是这种平易近人的温暖感改变了以往电视节目居高临下的宣传姿态,令节目深入人心。

一、节目架构

《生活面对面》在北京电视台名牌栏目《七日七频道》的基础上改版而来。原版的节目主要以人物故事为主体,介入百姓生活中各种各样的困难事件,以记者出面帮助解决问题为线索,更加偏向一种民生新闻的模式。改版之后的节目则注重对百姓生活的服务和生活知识的普及。无论是改版前还是改版后,《生活面对面》从内容选择、主持人风格、场景设置等方面,都令观众感到亲切。正是这一特点,使得该节目长盛不衰。

【案例精选】

我们以 2014 年 12 月第 24 期的《生活面对面》为例,可以看到改版之后的节目在实用性和亲和力上都有明显提高。

图 4-8　《生活面对面》节目预告导视画面

该期节目的主题为“谁看到了我的密码”。从节目播出时段来看,晚上 8 点往往是忙碌了一天的人们回到家,吃完晚餐,刚刚打开电视机的时候。因此,轻松的节目样式和与自身生活相关的内容在此时对观众具有较大的吸引力。这期节目的主要内容是分析信用卡密码被盗的原因,提醒观众注意生活中的信用卡金融安全。

该期节目在节目形态上采取了主持人、专家与观众进行现场互动的形式。节目开始时，先由主持人对信用卡盗刷的新闻背景作简单介绍，通过新闻背景小片对整个信用卡盗刷案件进行回顾。有情节、故事化的新闻小短片，将主题信息传播给观众，引出该期节目所要探讨的主题。

之后，主持人向现场观众提问，观众就该问题展开讨论。主持人还请出专家嘉宾，对观众的问题进行答疑。该期节目邀请的嘉宾是北京市海淀区人民检察院的检察官，保证了问题解释的权威性。该期节目最大的亮点在于，节目组采用情景再现的方式，在节目的现场模拟刷卡购物的过程，让现场观众直观地体会到保护信用卡密码的必要性(图 4-9)。

图 4-9 观众在节目现场参与互动

图 4-10 节目现场专家讲解示范

总体看来,《生活面对面》在节目的表现方式上,以生活的热点话题为切入点,延续生活节目故事化的叙述传统,采用故事化和有亲和力的表现手段,包括场内访谈、场外调查、现场试验、情景模拟、当事人的自我展现等。节目强化悬念设计,通过放大细节、剖析重点等手段,抽丝剥茧,重新还原生活事件,让观众从不同角度发现和了解生活中的热点话题。

但是,从节目的结构层次上来看,《生活面对面》的结构比较简单,没有明确固定的环节,每期都以访谈和现场互动作为节目的主要框架。与国内外比较成熟的生活服务类节目相比,该节目的节奏比较缓慢,以主持人的语言表现作为节目发展进程的主要推动力,比较适合年龄偏大一些的电视观众。

采访摘录

我们节目组建立了选题库制度,在每期节目的记者报选题后,主编根据选题库甄别是否做过,是否有新的点可以再做。我们节目的选题操作流程大体是这样的:首先,由记者报题或主编、组长定下选题方向,编导在完成前采、搜集资料的工作后撰写脚本;之后,组长、主编层层审查并进行修改、补充和完善;最后,编导与摄像进行现场或者室外拍摄。

我们一般会把最有普遍性的、普通大众最关心的话题性选题放在头条位置,尤以食品、健康、消费、安全、法律等领域为主。节目组也会不定期地推出专题节目,采用调查、体验、实验等多种手段,突出节目内容的专业性。

总之,新鲜的资讯信息是节目的主打元素。为配合对于便民资讯信息的解读,我们会邀请相关专家嘉宾、热心观众,对资讯信息进行解读和演示,有时也会采取外拍小片的方式来还原整个事情的发展情况。

——《生活面对面》制片人　马雅玲

二、节目特点

1. 节目内容的实用性

作为和观众普通生活紧密相关的生活服务类节目,实用性是其本质属性。生活服务类节目的实用性是要服务观众生活的方方面面,节目中出现的信息要具有指导性和可操作性。

《生活面对面》节目的内容设置,大到人的前途命运,如择业、恋爱、家庭,小到柴、米、油、盐等生活细节,所有这些与生活息息相关的内容都体现了实用性,与观众的生活直接关联。实用性也是生活服务类节目区别于娱乐节目和新闻节目的最突出特点。

【案例精选】

以 2014 年 3 月的 4 期《生活面对面》节目为例，我们可以清晰地看到以实用性为导向的选题方式。

2014 年 3 月 19 日："巧用公积金　买房又理财"，介绍公积金买房、理财的知识。

2014 年 3 月 24 日："男性健康的密码"，介绍男性如何进行日常锻炼及保健。

2014 年 3 月 28 日："抵御雾霾全新思路"，介绍如何在雾霾天气中保护自己。

2014 年 3 月 31 日："新老毒品大揭秘"，介绍禁毒防毒的科普知识。

---

2. 语言风格的亲和性

由于生活服务类节目的定位立足于百姓寻常生活，节目的生活化元素本质上就是以亲切的态度、生活化的风格对待观众，让观众产生心理上的认同感。对于生活服务类节目而言，从编导到主持人，都要站在观众的角度感知生活、思考问题，不能只采取旁观者的视角。

当然，主持人对节目整体的风格把控至关重要。在一档好的生活服务类节目中，主持人往往有着亲切自然的语调、风趣幽默的表达方式，能够贴近群众，讲述老百姓自己的生活故事。例如，《为您服务》节目的主持人沈力就以通俗易懂的语言、以心换心的真诚交流，赢得了广大电视受众的喜爱。

3. 生活常识的科学解读

生活服务类节目的主旨是为观众提供资讯、指导生活、引导消费，因此必须保证节目所提供资讯的专业性和权威性。特别是节目中涉及的衣食住行，每一项内容都与电视观众的生活息息相关，会影响观众的生活方式。换言之，如果节目中出现知识上的错误，则会对观众产生负面影响，严重的还会造成生命财产损失；倘若节目中还存在常识性错误，则会误导观众，产生不良影响。

在《生活面对面》中，专家访谈是节目的一个重要环节，每期到场的访谈嘉宾都是相关领域的专业人士，对当期节目话题具有权威把关的作用。比如，2014 年 12 月第 24 期"谁看到了我的密码"就邀请了海淀区检察院检察官作为专家讲解密码防盗方法。这些专家型嘉宾所提供的生活知识，有重要的参考价值，使节目的专业性和权威性有所保障。当然，要想保障专业性和权威性，就需要在专家的遴选上严格把关，不要邀请伪专家、假专家。

4. 新闻事件的科学落点

与当下的新闻热点结合是近年来生活服务类节目的一大趋势。虽然生活服务类节目不能像新闻节目那样直接反映社会的热点事件，但是，生活服务类节目应该对近期的社会热点话题有所关注，把社会热点问题与看似平淡的日常生活结合起来，制作出具有现实意义的节目内容。在2014年3月28日的《生活面对面》中，节目组就选择“抵御雾霾全新思路”作为该期节目的主题。节目播出时，北京正处于春季雾霾最严重的时期，观众对防霾话题的关注度极高，用雾霾话题进行话题导入，有助于向市民普及空气安全知识。

要点小结

1. 实用信息的深度解读是生活服务类节目满足观众需求的必然要求。
2. 抓好新闻事件的生活落点是提升节目关注度的有效策略。
3. 多种表现手法的有机组合优化了服务功能的表达。

三、延伸与思考

基于区域观众的生活需求，生活服务类节目在地面频道的发展有着天然优势。随着经济发展，生活服务资讯超越了满足温饱的需求，上升为对生活品质的追求。然而，今天的观众有了更多获取生活资讯的渠道，上网一搜便可得知天下，更何况，随着移动社交媒体进入人们生活，大量分门别类的资讯可以比电视更快速、更广泛地推送到受众的面前。如何发挥电视视听特性及亲和力的优势，如何整合运用多种手段和跨平台传播，深化、细化生活服务，应是生活服务类节目创新所面临的现实问题。

互联网时代，生活服务类节目受到了极大的挑战。以往观众在节目中获知的生活常识，现在只需上网一搜就可以获得。电视节目中的专业知识，有时也会在网络上引起争议，从而消解了该类节目的专业性和权威性。可见，在荧幕上简单地介绍小窍门知识的时代已经过去，生活服务类电视节目应该坚持专业性和权威性，并抓住电视媒介的视听特性，以生活知识配合画面、现场试验等多种视听语言的方式传播给受众。只有这样才能适应当下媒体融合的发展进程，发挥电视媒体的优势，打造精品生活服务类节目。

生活服务是一个包罗万象的大概念、大领域，因而反映在电视节目上，其节目形态和内容表现都非常丰富，甚至可以说不拘一格。以下推荐几个新的国外生活服务类节目。

表 4-2 国外生活服务类节目推荐

节目名称	所属电视台	简介
《改头换面》(*Extreme Makeover*)	美国 ABC 电视台	早期的《改头换面》节目通常会帮人装修房屋,而现在节目已经趋向于在某一天拆掉一所旧房子,而后建起一座新房子,并且新房子比原来面积更大、设施更完善。这所新房屋是专门为这个家庭设计的,完全体现了家庭成员的兴趣爱好,尤其是为孩子或者某些需要特殊医疗设施的人考虑周全。
《超级保姆》(*Super Nanny*)	美国 NBC 电视台	《超级保姆》是一档帮助父母学会如何培养孩子的节目,专门介绍教育孩子的技巧。一个具有丰富经验的超级保姆在节目中进入各种不同的家庭,帮助父母学习如何管理家庭和孩子,解决家庭难题。有难以管教的孩子的家庭向节目组求助,节目组会派出专业的明星保姆,用一到两周的时间与其共同生活、制定规则、实施管教。
《维他命》	韩国 KBS 电视台	《维他命》是一档健康饮食类节目,节目中会邀请演艺明星作为嘉宾。节目主持人会根据每期不同的节目主题对嘉宾和观众提出饮食问题,最后由专业的保健专家给出答案,教大家如何健康饮食。
《危机逃出 NO. 1》	韩国 KBS2 电视台	该节目的目标在于向大众传授安全知识和危机状况下的生存经验。节目对生活中可能发生的各种危险以及事故进行详细介绍,旨在增强观众的安全意识。
《矛盾大对决》	日本富士电视台	《矛盾大对决》是一档对抗型节目。节目中会把生活中互相矛盾的产品或者事物在现场进行对抗。比如"无所不破的钻孔机,对上最硬的金属""脸部辨识系统,对上难以分辨的双胞胎"。各个专业领域的嘉宾学者会现场加以解释,预计对决的结果,最后"矛盾"双方会在演播室现场或室外实验室作出正面对决,分出胜负。
《宠物当家》	日本东京电视台	该节目以介绍全日本各地有趣的宠物为主要内容,每期节目都有不同的话题。节目会邀请艺人明星加入讨论并且介绍艺人自己的宠物。在特别节目单元"宠物之旅"中,外景主持人和宠物会进行全国旅行,并在旅行路上,向观众介绍遇到的各类宠物与各地景点、自然风貌。
《什么不该穿》(*What not to Wear*)	英国 BBC 电视台	该节目以改造对自己着装有烦恼的普通人为主要内容。节目的理念是:着装风格不仅是人的一种习惯,也是心理问题。所以节目中加入了心理治疗的元素。主持人会用辛辣语言对"患者"的着装进行点评,并向"患者"传授应该怎样着装的知识和体验。

第四节 《厨艺大师》:真人秀式美食节目

本节要点

1. 美食专家主持人的"招牌"突出节目的专业性。

2. 综合运用多种元素，增加节目的可视性。

3. 个性张扬的选手与紧凑的竞赛兼具吸引力。

4. 注重视觉享受，菜品的烹饪过程活色生香。

《厨艺大师》(*Master Chef*)又名《厨神当道》，是美国福克斯频道推出的规模最大、参赛阵容最庞大的厨艺竞赛类真人秀节目，也是一档全美业余厨师参与的大型选秀活动。《厨艺大师》于2010年在美国的福克斯网络台首播，其后在香港地区、新加坡、斯洛文尼亚等地播出，在台湾地区由Star World①代理播出。《厨艺大师》自2010年7月27日正式播出至今共5季53集，每集长度约42分钟，曾获艾美奖"多镜头剧集最佳艺术指导"奖。

图4-11　*Master Chef* 宣传海报

节目打造了一个晋身一流厨师的厨艺竞技场，汇集了来自全美各地的业余厨师。参赛者来自各行各业，有推销员、卡车司机、家庭主妇，甚至还有放弃高薪工作的计算机工程师，他们都对烹饪充满热情和喜爱。参赛者必须在每一期节目中做出令裁判惊艳的菜肴以脱颖而出。要击败众多竞争者当然不容易，能让担任裁判的世界顶级名厨点头更是难上加难。最后的冠军将得到25万美元的奖金，并正式走上梦想中的厨师之路。

背景链接

英国的美食节目注重文化底蕴和节目策划，代表节目有BBC电视台的《美食扑克》、Channel4的《野外美食家》和另类节目《厨房罪犯》。

美国则注重节目的气势和规模，代表节目有福克斯电视网的《地狱厨房》、美国美食频道的真人秀节目《烹饪学校的故事》和《洛克尔的旅途》。

日本美食节目喜欢整蛊、娱乐，节目制作以菜色表现的诱人度、主持人极度夸张的语言方式来勾起观众的食欲。代表节目有读卖电视台1997年开播至今的《料理东西军》。

韩国美食节目更倾向于探访和比拼，韩国菜有着自己一套独特的料理手法，美食

---

① 卫视合家欢台是星空传媒的娱乐频道，以播出美国及英国的综艺娱乐节目、剧集及颁奖礼为主。前称Star Plus，于1991年开播。2001年更名为Star World(亚洲)，并改为全英文频道。

节目在韩国电视节目中基本以娱乐为最终目的。代表节目有SBS电视台的《美味大对决》。

此外还有法国二台的《超好吃》、澳大利亚的《美食生活》等，这些节目都在所在电视台黄金时段占有较长的播出时间，受到本国观众的推崇。

一、节目架构

《厨艺大师》的节目架构由神秘箱考验、挑战赛、分组比赛、压力测试四个环节组成。强化专业性是《厨艺大师》能够独树一帜的重要原因。以上环节比拼的是选手对食材的特定处理技巧，或是厨艺大师给选手和观众做教学示范。这样的架构使节目可以较好地体现专业性和知识性。

1. 神秘箱考验

比赛一开始，参赛者的桌上会有一个木盒子，木盒内容即神秘箱考验的题目。在参赛者烹饪过程中，评审随意走动观看并了解个人料理状况。时间到后，评审会判定前三名，请这三名选手端上餐点给评审品尝。评审品尝过后选出第一名。第一名将不用参加淘汰赛，直接报送下轮比赛，更重要的是，还将获得挑选下一轮挑战赛食材的优先权，这是很大的奖励项，因为不同的选手擅长处理不同的食材，换句话说，赛上所用食材在很大程度上影响着选手的胜出几率。

2. 挑战赛

挑战赛的选手必须用上一轮比赛中第一名选手所挑选的食材做出菜品。与神秘箱考验不同的是，最后评审并不只是挑选三名选手的菜品进行品尝，而要品尝所有选手的菜品。品尝过后，评审选出两名最好的选手担任分队竞赛的队长。同时，评审还将选出最差三道菜的选手，淘汰最差的一名。

3. 分组比赛

通常会分为两组进行比赛，输的队伍必须参加压力测试。从前一次淘汰赛中选出表现最好的两名选手担任两队队长，第一名可优先选队员，再由第二名进行选择，两人交替选择直至结束。一般来说，选择结束之后就是定局，但偶尔评审会要求两队队长交换几名队员或整队全数交换。分组比赛的评审以指定的菜品为基础进行评判，而比赛结果则由节目邀请的大众美食家品尝两队菜品后投票决定，为了避免两队平手，大众美食家的人数为单数。

4. 压力测试

分组赛后，落败一方将进入淘汰赛，即压力测试。所有落败团队的成员都必须参加这一环节，即在规定时间内完成指定任务，被选出的最差选手将被淘汰。

由于测试时间短，专业难度更高，因此，压力测试被视为“最难的考试”。评委可以通过这一环节，来判断选手的应变能力与烹饪技巧是否达到了专业级厨师的标准。

【案例精选】

以下是该节目第五季第 11、12 集的节目内容，从中我们可以更深入地了解该节目的架构。

表 4-3　第五季第 11 集的节目内容(总长度 41′47″)

时长(分钟)	模式	具体内容
01″—41″	解说	前情回顾和本集重点提要： 22 位顶尖业余厨师踏上厨艺征程，经历艰难挑战后，仅剩 11 名厨师争夺十强席位以及“厨艺大师”荣誉。
42″—1′28″	同期声	3 位评审登场，11 位选手依次走进厨房。 字幕介绍参赛选手的名字和身份，穿插赛前访谈。
1′29″—3′35″	同期声	神秘箱挑战前的准备工作： 每个选手的膳台上有两个盒子，右边是家常菜品的必备食材，左边是豪华版食材。选手自行选择一个盒子进行挑战，评判标准是菜品的质量，每人 60 分钟。
3′36″—8′50″	同期声 访谈	神秘箱挑战： 主持人依次介绍选手正在烹饪的菜、用了哪些食材，由选手说明来参加比赛或选择做这道菜的原因等，与评审进行简单交流。
8′51″—16′06″	同期声 访谈	进入评判时间： 三位评审观察品尝后选出三强菜品，进而选出胜者——Leslie(莱斯利)。
16′07″—17′46″	同期声	莱斯利同三位评审一同进入神秘储藏室，为下一轮挑战赛选择食材。
17′47″—40′30″	同期声 解说	挑战赛： 烹饪结束后，评审选出三位最差菜品，从中淘汰了一位，即 Francis(弗朗西斯)。
40′31″—41′47″	访谈 解说 音乐	被淘汰选手的竞赛表现回顾以及下集预告。

表 4-4 第五季第 12 集的节目内容(总长度 41′47″)

时长(分钟)	模式	具体内容
01″—44″	解说	本集重点提要,出片头:《厨艺大师》。
45″—1′51″	解说 同期	剩余十名业余厨师踏上千橡高中球场,开启新一轮队际比赛。介绍比赛规则,十位厨师分成两队,每队五人,他们要为球迷送上餐点,球迷将投票决定获胜队伍。
1′52″—4′15″	同期	最佳菜肴完成者 Jaime(吉米)和 Courtney(考特尼)担任队长为对方选择队员。
4′16″—5′46″	同期	橄榄球队队员与参赛选手见面。
5′47″—18′46″	同期 访谈	比赛正式开始: 吉米率领的红队做火鸡汉堡配千岛酱、鱼肉玉米卷配玉米辣酱和凉拌卷心菜,但是她却反被队友支配。 蓝队队长考特尼掌舵,做鳄梨色拉酱汉堡、鱼肉玉米卷配上香菜青柠奶油酱。
18′47″—21′45″	同期	比赛结束时,球迷根据喜好进行投票,红队以一票领先获胜,蓝队则要接受压力测试。
21′46″—39′06″	同期 解说	压力测试: 队长考特尼根据比赛规则豁免了自己和 Christian(克里斯蒂娜),其他三人进入压力测试。考题是做出评委最喜欢的三道虾料理,比赛结束后只有莱斯利留下。
39′07″—41′47″	访谈 解说	被淘汰选手的回顾与告别。

节目交叉呈现参赛者的几次烹调和评委点评,避免了品尝和评论截然分开的结构导致观众注意力丧失,同时也使节目框架足够清晰。美食类电视节目不论是用记录式、教学式还是竞技式、娱乐式等来展现和制作,流程的策划必须非常清晰,要能够让观众简单明了地了解整期节目的规则。可以设置悬念,但不能过于复杂,毕竟美食类节目属于休闲节目,不适宜过于紧张费神,科学的、符合观众收视习惯的流程设置才有利于观众接受。

二、节目特点

1. 美食专家组成个性主持群

美食节目要求主持人不只是节目的组织者,还要对美食有独到的见解和权威的分析。主持人只有堪称是这一领域的"专家",才能完整地贯彻节目的宗旨,节目才能成功。《厨艺大师》有三位主持人兼美食评审:戈登·拉姆齐(Gordon Ramsay)、葛拉汉·艾略特(Graham Elliot)、乔·巴斯提亚尼奇(Joe Bastianich)。他们性格迥异却都具备实力与魅力,专业的身份让节目具有了权威性。

《厨艺大师》由三位饮食专家组成主持群,打破了传统饮食类节目单打独斗的局面，并注重打造主持人的个性化及专业权威。三位厨艺大师既是专家又是主持人，自身权威性较强，主持风格活泼幽默，容易被观众接受。三位主持人与节目的形象相一致，集评委与美食家的身份于一体，通过自身独特的主持风格形成强大的气场，帮助强化节目的形象，甚至成为节目独特的“名片”。

图 4-12　《厨艺大师》的三位主持人

电视美食节目的主持人要对烹饪知识有一定的了解，更要涉猎一定的营养学知识，才能在节目中做到言之有物。主持人还要对美食有着足够的热情，才能将自己对美食的体会和热爱传递给观众。值得一提的是，戈登·拉姆齐(图 4-12 中间)还是另外一档美食类节目《地狱厨房》的主持人，不同于在那个节目中冷面残酷的形象，在《厨艺大师》中，他总是能给选手的菜品以精准的评价和中肯的点评。

知识链接

英国美食节目类型丰富。*Chinese Food Made Easy*(《简单易做的中国菜》)是 BBC 于 2008 年 7 月 7 日正式播出的另一种类型的美食烹饪节目，目前只有一季，共 6 集。节目使用新鲜易得的食材，结合英国人的口味偏好，对传统中国菜进行了改良，教观众简单快速地做好吃的中国菜。比如第一集的咕咾肉、蛋炒饭，第二集的街头小吃，第三集的海鲜以及之后的面食、川菜等。

主持人是节目的标签。该节目由台湾女生黄静仪担任主持，她年轻有活力、笑容明媚、语言明快，主持风格自然清新又蕴含东方文化，因而大受欢迎。

2. 冲突与淘汰营造紧张氛围

一档真人秀节目如果没有淘汰机制，观众就会失去兴趣。对于《厨艺大师》而言，压力测试就是每期节目中的淘汰环节，因为每个选手都会面对用相同食材制作同一道菜肴的正面挑战。这个环节最吸引人的地方在于，它不仅是一个优胜劣汰的过程，更是真人秀中“秀”的精华，即戏剧性在最后环节的集中体现。有些选手可能一直表现不佳，但却凭借压力测试的最后一搏，幸运地以弱胜强，把自己留在比赛现场。

《厨艺大师》整个节目充满了紧张，该节目在竞赛的基础上不断增加难题，制造冲突，包括选手之间的竞争、参赛者与主厨教练之间的矛盾，以及选手、教练同美食评论家之间的冲突。这些都营造了一个看起来复杂而难以调和的节目氛围，刺激着观众的好奇心，吸引着他们的目光。整个比赛气氛非常紧张，节奏很快，很少让选手有喘息的时间。节目一轮接一轮地展示着他们的能力，包括创造能力、味觉能力、在专业厨房中的抗压能力以及意志力、在团队竞赛中的合作能力以及责任感等。比赛好像一场拉锯战，让观众切实感受到比赛的残酷和竞争的激烈。

我国东方卫视引进了《厨艺大师》的版权，试图打造中国首档美食才艺秀节目《顶级厨师》，2012 年 7 月首播。中国版的《厨艺大师》淡化了选手间的冲突，主要以选手和评委间的冲突及选手背后的故事为卖点。在具体操作中，常常利用悲情故事和煽情话语来迎合观众的审美需求，冲突与紧张的节目氛围则不十分明显。

3. 剪辑编排刻画选手性格

参赛选手们不管是为了获得最终巨额的奖金还是出于挑战自我的目的，都必须尽量淘汰对手或自己的队友，想方设法让自己留到最后。在比赛环节中，他们通常能与自己的团队成员携手作战，但是在日常生活中，尤其是决定淘汰的会议召开前，他们都表现出了个性中极为复杂的一面。比赛中，每位选手微妙的心态变化、细小的情绪波动、精准或失态的动作细节，以及选手之间的暗中较劲，都通过现场采访和摄像机镜头直观地告诉了观众。该节目通过优秀的剪辑方式，将每位参赛选手的性格特征和心态变化都清晰地呈现在荧屏上。

《厨艺大师》不是一档直播节目，所以它可以依托比赛环节，通过剪辑对选手进行特定的人物再设置。在团队赛中，队友之间产生满意或失望的情绪，都会成为左右比赛的因素，比赛过程不仅是两队之间的整体对抗，更凸显团队内部关系的协调和团队精神。这些元素，通过赛后的采访、VCR 短片及剪辑编排很好地呈现了出来。

《厨艺大师》等欧美美食类节目的节奏感都很强。每集 45 分钟的时长，要想融入大容量的内容同时又把各个环节都交代清楚，就需要加大剪辑率，大量使用快切的短镜头。同时配合非常具有竞技色彩的快节奏音乐，使整个节目显得非常流畅，适应现代观众的观看需求。

4. 美食制作过程带来视觉享受

电视美食节目的独特之处在于能够呈现美食的“色诱”之美。通过光线、色彩、运动、音效、动画等各种镜头处理方式，不仅可以清楚地呈现美食的制作过程，而且可以赋予美食在视觉、听觉上的吸引力。

厨师一般都很享受烹饪过程，但对于观众来说，从备料到配料再到下锅烹饪可能是一个冗长无趣的事情，因而从视觉上打破这种单调感和沉闷感，便是《厨艺大师》节目常用的手法。摇镜头的多次运用以及 MTV 式的蒙太奇剪辑手法，让烹饪现场变得如魔术表演般精彩。拍摄食物时，色调和光线的运用，让那些日常生活中平淡无奇的食物变得令人垂涎欲滴。《厨艺大师》充分利用这一特性，把寻常的食材，变成如艺术品般引人入胜。

图 4-13　《厨艺大师》的独特镜头视角

5. 厨师新星彰显"美国梦"

《厨艺大师》以"打造平民英雄式厨艺新星"为主题，融合了以"美国梦"为代表的核心价值理念。"成为下一个美国顶级厨师"既是参赛者的个人梦想，也是他们"美国梦"的践行过程。多个选手都将自己的获胜看作"美国梦"的一部分。比如，第四季冠军卢卡获胜时流泪称赞美国是"世界上最好的地方，实现梦想的地方"，评委对卢卡夺冠如此评论："你知道吗，这就是美国。"节目将选手的梦想之旅设定为个人职业生涯的开始，他们心中的目标，就是像三位专业评委一样，成为世界美食界的传奇人物。

节目强调选手和评委的多元身份，展现美国对文化的包容。选手来自全美各地，身份各异，族裔、国别更是五花八门。第三季冠军克里斯蒂娜、第四季冠军卢卡都是外籍移民，节目显示多元背景的选手能够在赛场中公平地实现个人梦想，推广美国多元文化观念。节目在场外还邀请了明星、消防员、冲浪运动员等大众评委，他们的出现是在各自的工作场景之中，展现了美国多种行业从业者的职业形象。

第三季冠军克里斯蒂娜无疑获得了巨大的成功，她是一个几乎完全丧失视力的女孩，通过自己的努力克服重重困难，最终实现了自己的梦想。就克里斯蒂娜的烹饪水平而言，同届的其他选手 Becky（贝基）和 Frank（弗兰克）都比她稍胜一筹。但人们希望看到的并不是强者如何运用自己的优势迈向巅峰，这样的故事毫无吸引力可言。观众需要的是强心剂，节目制作人需要的是强大的潜在利润以及品牌价值，而不是理所当然的胜利。克里斯蒂娜无论从哪一方面都是最完美的人选。

要点小结

1. 精良的视听语言有助于强化美食节目的吸引力。

2. 主持人是美食节目的“招牌”，而不仅仅只是串场人。

3. 好看的美食节目不只是在讲做菜知识，更是在讲生活故事。

三、延伸与思考

《厨艺大师》这档美食类节目融合了竞赛、淘汰、美食、团队合作等多种元素，明星评委主持充满魅力，平民选手奇招百出。除了吸引眼球的精致菜式、刺激又花样百出的比赛规则，不惜工本的场面道具也是让人大呼过瘾。从加州的冲浪胜地到市中心的摩天大楼楼顶，从开阔的现代大农场到优雅的米其林餐厅，菜式风格也是跨洲过洋，菜式之外真实的人性过招更加满足观众胃口。节目每集的剪接充满悬念、高潮交叠，各位选手台前的表现和台后的访谈都淋漓尽致地展现鲜活独特的个性。浓厚的戏剧化表现手法让叙事更加紧凑，特定情景和矛盾冲突的利用与制造几乎无处不在，悬念的设置让平淡的烹饪节目变得妙趣横生。因而《厨艺大师》有很强的可看性。

事实上，美食节目所传递的不仅仅是知识和信息，还有对生活的态度。而美食真人秀节目更是在厨艺展示与竞技中，还原了我们的生活，所以看美食真人秀，其实是在看生活。

以下三档美食节目都各有特点，读者可以观看和研究。

表 4-5　国外三档美食节目推荐

名称	类型	国家	节目介绍	节目特点
《天生大厨》	美食竞技类	德国	德国 VOX 频道推出的一档竞技节目。参加者现场被分成两队，依次进入由庞大的演播室改造的厨房中，现场进行厨艺比拼，并展开厨艺方面的知识竞赛，打分定输赢。	设计精确、场景豪华、气氛热烈、互动频繁，节目氛围如同场上的灶火一样狂炽。
《美食扑克》	美食游戏类	英国	4 名厨师参加，每人被发到 2 张代表主料的扑克牌，再从 5 张代表辅料的牌中选择 2 张。厨师根据材料选择做什么菜，向 7 位美食家讲述做法，由美食家投票决定由哪两位厨师制作菜肴，然后由 7 位美食家品尝菜肴，给出分数，三轮决出冠军。	节目元素丰富，扑克游戏给美食带来的博彩意味和不确定性成为节目的最大看点，三轮比赛的不同主题变化也使整个比赛更加丰富多样。
《魔鬼厨房》	美食真人秀类	美国	围绕戈登·拉姆齐的培训展开，12 个自愿报名的厨艺爱好者在他的指导下完成不同的烹饪任务，并根据完成任务的情况逐步淘汰。在经过令人不堪忍受的 PK 过程之后，节目产生获胜者，获得餐馆经营权。	人格化的表现手法带来了新的看点。节目呈现日常生活中的尴尬、困窘、苦难与欣喜，展示人物丰富的内心世界、处事智慧和性格。

第五章　综艺类节目

第一节　溯源与发展

我国电视综艺娱乐节目发展至今，主要经历了四个阶段：晚会式综艺节目阶段、从“观赏型”走向“娱乐型”阶段、选秀阶段、全面引进版权的“真人秀时代”阶段。四个阶段并非交替进行，而是以某一时期观众较为偏爱的节目类型为依据。每当新的节目类型出现后，综艺娱乐节目就会推陈出新，随之而来的是各家电视台的模仿和复制。总体来看，综艺娱乐节目的制作理念和方式不断革新，不断满足观众日益增长的文化需求。

一、晚会式综艺节目的黄金时期：20 世纪 80 年代到 20 世纪 90 年代初

20 世纪 80 年代到 20 世纪 90 年代初期，省级电视台还没有卫星频道。我国的电视节目数量较少，类型也较为单一。中央电视台凭借平台优势，引领着我国综艺节目的发展潮流。1990 年 3 月，中央电视台推出了《文艺天地》，后更名为《综艺大观》，这是一档电视文艺晚会形式的栏目。之后，《东西南北中》《曲苑杂坛》《艺苑风景线》等综艺栏目相继出现。后来，这几个栏目都成为深受观众喜爱的经典。

背景链接

《综艺大观》于 1990 年 3 月开播，隔周于黄金时间进行现场直播。14 年的时间里，《综艺大观》的收视率曾达到最顶峰又最终在 2004 年 10 月 8 日功成身退。节目强调“综艺性、娱乐性、观赏性”，涵盖“开心一刻”“请你参加”“天南海北”“音乐星空”等多个节目版块，演出的内容也丰富多样，包括相声小品、曲艺歌舞等类型，适合各层次、各年龄段的家庭观看。

二、综艺节目从“观赏型”走向“娱乐型”：1990 年代到 2000 年代初

1993 年，东方电视台《快乐大转盘》开播。一方面，因为东方电视台等地方台无法像中央电视台一样投入大量的人力、财力打造晚会类的综艺节目；另一方面，文艺演出的单一形式长期充斥屏幕，电视观众对此已经产生审美疲劳，《综艺大观》等节目又难以在晚会节目内容上作出进一步的突破以满足观众的收视需求。

此时《快乐大转盘》这种轻松活泼、搞笑有趣的节目很快引起了观众的注意，让人耳目一新的参与方式引发了收视高潮。遗憾的是，《快乐大转盘》没能上星播出，因此影响力仅仅局限在上海及其周边地区。但是它的出现打破了综艺晚会一统天下的格局，为 1997 年以后以《快乐大本营》为代表的综艺娱乐节目的盛行开创了先河。

1997 年，湖南电视台正式成为上星频道，同年 7 月推出了一档综艺节目《快乐大本营》，在我国刮起了一股“快乐旋风”。随后，央视二套推出益智类节目《幸运 52》和《开心辞典》，打破了娱乐类节目和知识竞赛的界限，达到了寓教于乐的目的。此类节目试图在答题过程中充分调动观众热情，较好地实现平民参与，丰厚的奖品也对观众形成了巨大的吸引力。

这些益智节目实现了电视与观众的有效沟通，成为新的收视宠儿，也大大丰富了我国综艺娱乐节目类型。尝到甜头的中央电视台很快对综艺频道进行了一次大刀阔斧的改革，《综艺大观》等老牌节目彻底被淘汰。

背景链接

《开心辞典》是中央电视台经济频道 2000 年全面改版时结合本频道特点，于 7 月 7 日推出的新型益智类节目。节目推出“家庭梦想”和“平民智力英雄”等核心概念，打造了一档适合全家人共同观看的益智类节目。节目中平民选手在节目现场通过智力答题来实现“家庭梦想”，集益智、趣味、竞赛于一体，给观众带来了耳目一新的节目体验。

三、综艺节目进入“选秀时代”：21 世纪的第一个十年

2003 年，湖南电视台娱乐频道推出了《超级男声》。与以往歌手大赛不同的是，观众代替专业评委，决定选手去留。通过短信投票产生的支持率决定了选手命运，这对于我国综艺节目的发展来说，具有突破性意义，即观众成为节目的重要组成部分。2004 年，《超级女声》开播。凭借着“想唱就唱”这一彰显自我个性的口号和草根选秀广泛的群众基础，《超级女声》播出后收视率节节飙升。收视数据显示，2005 年《超级女声》总决赛收视率达到 11.653%，市场份额高达 29.54%；进入决赛后每场短信互动

参与人数已经超过 100 万人次，观众投票总数高达 400 万。节目也打造出以李宇春、周笔畅、张靓颖为代表的平民偶像。以《超级女声》为标志，我国综艺节目进入了“选秀时代”。此后，东方卫视推出了《我型我秀》《加油好男儿》，中央电视台推出了《梦想中国》，也都取得了不错的收视成绩。

然而《超级女声》的成功也带来了模仿跟风的问题。一时间，各式各样的选秀节目充斥着电视荧屏。2007 年 9 月 21 日，广电总局规定从当年 10 月 1 日起，省级卫视黄金时段禁止播出选秀节目，并且不能直播，不能由观众投票。

2007 年之后的一两年，我国电视综艺节目沉寂了一段时间，但是这个时期的综艺节目已经呈现出一定程度的多样性。市场上有以《快乐大本营》为代表的老牌综艺节目、以《金牌魔术团》为代表的魔术类节目、以《我爱记歌词》为代表的平民 K 歌节目、以《勇往直前》为代表的游戏类节目。

最为重要的是，这个时候活跃在荧屏上的综艺节目开始从内容和形式上模仿借鉴国外成功的综艺娱乐节目，这为之后的版权引进、国内外节目合作奠定了基础。例如，《我爱记歌词》的规则和形式就和美国的电视节目《合唱小蜜蜂》并无太大差别，同样采用“我唱上句，你接下句”的方式，这档节目仅仅在美国播出三个月后就被迅速移植到国内。在众多模仿国外的电视节目中，有的节目因成功本土化受到比国外原版更多的好评，有的在国外很受欢迎的节目在国内被模仿后却因水土不服而收视惨淡。

背景链接

《超级女声》

2004 年起，湖南卫视在全国范围内展开了大众歌手选秀比赛。节目接受任何热爱唱歌的成年女性报名参加海选，并在分赛区进行复赛，根据海选结果在长沙举行年度选拔。节目提出“想唱就唱”的精神理念，鼓励选手和评委的个性化表达，并颠覆了以往歌唱比赛中的一些传统规则，着力于歌手间的人气竞争，使《超级女声》呈现出娱乐、时尚、自由的节目风格。

在比赛的晋级评选中，节目将专家评委投票、大众评委投票、短信投票、PK、复活等多种评比方式杂糅运用，增加了节目的场内外互动，提升了场外电视观众的参与感。节目成功地推出了一批新生代偶像，受到了观众们的热捧。

四、全面引进版权的“真人秀时代”：2010 年至今

在各个电视台享受着模仿所带来的低成本、高回报的时候，版权纠纷开始成为一个重要问题。2010 年，东方卫视《中国达人秀》的版权引进，改变了中国电视节目的制作模式，成为国内第一个购买海外版权所制作的节目。节目通过给予普通人表演的机会，体现对每个平凡梦想的尊重和鼓励，成为省级卫视中具有国际影响力的综艺节目。

《中国达人秀》通过购买海外版权，在制作水准上很好地和原版节目保持了一致，让我国观众体验到世界顶级的视听感受，进一步提高了我国观众对于电视节目制作质量的要求。目前，以模仿为主的低成本电视节目已经难以满足国内观众的需求。

背景链接

《中国达人秀》

其貌不扬的中年大妈苏珊，用一首天籁般的《我曾有梦》征服了所有观众，扭转了自己的人生。这是英国平民选秀节目《英国达人秀》非常令人难忘的时刻。2010 年，上海东方卫视从英国引进了该节目，并制作完成了《中国达人秀》。“断臂钢琴家”刘伟、“孔雀哥哥”姜仁瑞、“鸭脖夫妇”周彦峰和许娜、“袖珍天籁童声”朱洁等选手的表演加上催人泪下的故事，给观众留下了深刻的印象。尽管《中国达人秀》因为长期主打励志情感，被观众质疑是上海版的《感动中国》，但仍然凭借着新鲜的节目观感，在收视中一举夺魁，取得了较好的节目效果。

在竞争日趋白热化的情况下，部分“高投入、高风险、高回报”的海外模式节目在中国市场上的成功，刺激了各卫视竞相购买境外节目版权。比如，《中国好声音》出自荷兰原创节目 *The Voice*，《百变大咖秀》的原模式是西班牙的 *Your Face Sounds Familiar*，《梦立方》的原模式是英国的 *The Cube*，《星跳水立方》的原模式是美国 *Stars in Danger: The High Dive* 等。一时间，欧美真人秀节目模式活跃于中国电视屏幕上。短短几年间，在庞大的中国电视市场上，优质的欧美新节目模式很快供不应求。

当各大卫视还在比拼寻找欧美节目模式时，湖南卫视已悄悄把目光投向韩国。在几番尝试后，《爸爸去哪儿》的意外走红，迅速带动了中国屏幕上又一轮的“韩流”热潮。此前“韩流”主要是对韩国电视剧的追捧，而现在则变成了对韩国原创模式综艺真人秀的模仿。除了《爸爸去哪儿》，《我是歌手》《奔跑吧兄弟》《花样爷爷》《花儿与少年》《我们相爱吧》等节目均仿自韩国。不过，与以往不同的是，在这一阶段，海外引进模式节目，由全盘照搬、本土化改造开始延伸出中外合作研发的模式，《奔跑吧兄弟》《勇敢的心》《如果爱》等均是中韩联合研发的产物。

随着可引进模式的日趋减少、国内社会化制作力量的崛起，以及国家对引进节目的结构性调控，我国本土原创节目在 2014 年前后进入了新阶段。《中国汉字听写大会》《成语英雄》《笑傲江湖》《国色天香》《士兵突击》《我是演说家》等这些本土原创节目有力地推动了我国电视综艺节目的创新。

第二节 《中国汉字听写大会》:本土化的知识竞赛节目

本节要点

1. 在综艺节目中传承传统文化。
2. 综艺娱乐节目的差异化竞争和教育功能的体现。
3. 基于本土文化的节目也需要不断推陈出新。

《中国汉字听写大会》是一档2013年开播的知识竞赛类综艺节目,由中央电视台综合频道和科教频道播出,中央电视台和国家语言文字工作委员会联合创办。该节目将汉字学习中常见的考察方式——听写搬上舞台,邀请国内语言文化专家担任裁判和解说,央视著名播音员轮番担任读词主考官,从32支参赛代表队中,决出一名年度汉字听写冠军。节目播出后,一改往日文化类节目曲高和寡、无人问津的局面,在综艺节目中脱颖而出,吸引了受众的关注。节目通过游戏传播知识、传承汉字文化。节目热播后,甚至催生出“汉字热”的文化现象。

图5-1 《中国汉字听写大会》从2013年起使用的节目标志

背景链接

《汉字英雄》是河南卫视播出的一档以汉字考察为主要内容的知识竞赛类节目,与《中国汉字听写大会》几乎同时开播,两档节目均获得了很好的收视并引发广泛议论。在《中国好声音》《我是歌手》《全能星战》《爸爸去哪儿》等娱乐节目竞争呈现白热化局面时,这两档文化类节目找到了被忽视的市场需求,以差异化姿态进入了综艺节目竞争市场。

《汉字英雄》由选手竞赛和“汉字先生”点评两部分组成。选手比拼识字量和知识储备,嘉宾席上的“汉字先生”负责给观众讲解这些汉字的造字背景和文化意义。竞赛的舞台经过特殊的设计,被命名为“汉字十三宫”。选手答题时需要从起点开始完成听音写字或者看形写字的比拼,如果答题正确,就向前一步,如果答题错误就向左或向右一格。选手移出十三宫时即为答题失败。经过初赛、复赛和决赛,节目最终评选出《汉字英雄》的年度状元、榜眼和探花。

图 5-2 以“汉字十三宫”为背景的《汉字英雄》节目标志

背景链接

“Spelling Bee”意为拼写大赛，是一种以考察词汇拼写为基础的游戏，在英语世界有着 300 年以上的历史。20 世纪初，美国的教育者发现拼写大赛能够以寓教于乐的方式帮助青少年学习语言知识，遂在校园中大为推广。从 1925 年起，美国开始为北美地区的青少年举办国家性的拼写大赛，这个传统也延续至今。

拼写大赛的参赛者必须在 8 年级以下，也就是大约 13、14 岁以下的学生。参赛者通过班级、学校、地区的层层选拔，最终代表自己所在的州参加位于华盛顿的国家拼写大赛，每年的参赛者只有 180 人。比赛过程中，评委会随机抽取单词并要求参赛选手拼写。选手有时间思考并可以要求评委重复该单词或给出该单词的意思，既可以要求评委给出单词词根，也可以要求评委用该单词造句。拼字游戏最刺激的地方就在于每个参赛选手在比赛过程中不能出现任何一个拼写错误，否则马上会被淘汰出局。经过层层筛选，最终评比出全国的拼写冠军。80 多年来，一代代美国学生积极参加这一拼写大赛，活动也逐渐发展成为全民关注的带有民族性质和国家精神的活动。

《中国汉字听写大会》形态设计的研发者关正文谈道：“为孩子们举办汉字听写竞赛活动的想法正源自于美国的全国拼字比赛，我们的汉字那么美，传承又那么重要，我们也应该有这样的活动。”

一、节目架构

《中国汉字听写大会》比赛采用三级赛制，即初赛、复赛和决赛，参赛选手为 14 岁左右的青少年。以第二季节目为例，初赛在各个省、自治区、直辖市，以中学为单位进行选拔，最终挑选出来自不同地区的 36 支参赛队伍。节目第一轮进行 9 场复赛，每场复赛在 4 支队伍中进行，复赛中成绩最好的一支队伍直接进入总决赛。另外 8 支队伍需要分别进行两场半决赛，产生两支队伍进入总决赛。所有未进入总决赛的 33 支代表队中表现最佳的一名选手将进行一场最佳个人晋级赛，争夺最后 5 个进入决赛的名额。在由 20 位选手进行的最终总决赛中，胜出者获得该届听写大会的冠军。

图 5-3　《中国汉字听写大会》选手等候席

【案例精选】

我们以 2014 年复赛第一场的节目为例，探究《中国汉字听写大会》的节目架构。

表 5-1　《中国汉字听写大会》2014 年复赛第一场节目内容

1	开场：主持人先介绍两名点评嘉宾，介绍主考官、裁判长及两名裁判。	注：每一位参赛选手在复赛和半决赛中均以团队为组织单位参加竞赛。个人的竞赛成绩可能给团队其他队友带来进入下一轮的机会，也可能为自己赢得进入附加赛的机会。各队抽签决定方阵排序。方阵排序就是各队上场顺序。方阵内本队座次排序由各代表队领队在赛前提交，单场竞赛过程中不得更改。各队按固定的上场顺序轮番派一名选手登场。复赛、半决赛中每个单场比赛均有四支代表队参加。
2	小片依次介绍四支从所在省份脱颖而出的队伍：代表福建参赛的厦门双十中学代表队；代表浙江参赛的嘉兴一中实验学校代表队；代表天津参赛的蓟县渔阳中学代表队；代表贵州参赛的贵阳一中新世界国际学校代表队。每支队伍的五名选手入场坐在等候席上。	

续表

<table>
<tr><td>3</td><td>四支队伍按照固定顺序依次派出选手答题。选手前往答题台，在面板上按照主考官给出的读音和解释写下词语或成语。</td><td rowspan="3">注：比赛中当先手队最后一名队员书写失败时，该选手将在现场特别指定位置候场。后手队剩余队员需要至少有一人完成本轮比赛的正确书写，先手队失败队员本场比赛才能结束。如果所有后手队剩余队员均未能正确书写，则先手队参加最后一轮竞赛的选手将回到场上，该轮所有的参赛者依然留在比赛中，重开新一轮比赛。</td></tr>
<tr><td>4</td><td>裁判按照选手书写的内容判定是否正确。选手回答正确则可以回到等候席，回答错误则被淘汰离席。所有选手依次答题，一支队伍的五名选手均被淘汰则该队伍被淘汰。直到选出优胜队伍，则该队伍的五名选手，均成功晋级半决赛。</td></tr>
<tr><td>5</td><td>最终，计雨彤同学在比赛末段孤军奋战四轮，连续书写正确“陂塘”“科头跣足”“葳蕤”“蕞尔”，最终以一己之力将浙江队带入了2014年中国汉字听写大会半决赛。</td></tr>
</table>

图 5-4 《中国汉字听写大会》选手答题中

二、节目特点

1. 承载本土文化的知识竞赛节目

《中国汉字听写大会》以传承汉字文化为宗旨，单期节目平均考察 70 余个字词，考察范围涉及医学、生物、自然、历史、文学、哲学等方面。竞赛中选手不仅需要对常见易错字词及生僻词有较好的掌握，还需要对我国丰富的历史典籍、浩如烟海的古典诗文、凝练达意的成语、生动有趣的俗语都有所了解。在面对十分生僻的词语时，参赛者往往需要根据词语解释，将知识储备与汉字的造字规则结合起来，才能书写正确。

实际上，与当下流行的真人秀类综艺节目相同的是，《中国汉字听写大会》也是采取了个人秀与竞赛相结合的形式。然而，它们的节目内容完全不同，该节目以本土汉字文化为载体，节目选手是普通的中学生，节目偏重知识性而不是娱乐性。

在观看节目时，考官出题后，许多观众会和选手一同答题，并与选手的书写结果进行对比，然后听嘉宾的讲解和裁判的判断，最后得出正确答案。这一过程让观众有着很强的参与感，这也使该节目成为一个家庭内各年龄段收视群体可以共同观看的节目。因此，该节目的受众定位并不局限于青少年，而是扩大到有青少年的家庭以及任何对汉字文化感兴趣的受众。该节目在知识竞赛中带领观众领略汉字之美，能够使观众得到有益的教育。正因其所展现出的教育意义，该档节目在暑期成为许多家长及学生的收视选择。

【案例精选】

表 5-2 是 2013 年《中国汉字听写大会》年度总决赛中所考察的部分词语及选手的书写情况。可以看出，在节目编排中，每队选手均从常见易错字词开始比拼，同时低难度字词全程均匀分布，观众能够参与互动。而高难度字词的考察融入了古汉语经典，以此来吸引观众，带领观众一同领略源远流长的中国文化。

表 5-2 2013 年《中国汉字听写大会》年度总决赛中所考察的部分词语及选手的书写情况

顺序	词语	汉语拼音	选手书写情况	顺序	词语	汉语拼音	选手书写情况
1	赵匡胤	Zhào Kuāng Yìn	√	12	峨冠博带	é guān bó dài	√
2	幢幢	chuáng chuáng	√	13	瞋目切齿	chēn mù qiè chǐ	√
3	帆樯	fān qiáng	√	14	鸡枞菌	jī cōng jūn	√
4	周穷恤匮/赒穷恤匮	zhōu qióng xù kuì	×	15	伊犁河	Yī Lí Hé	√
5	跬步不离	kuǐ bù bù lí	√	16	秕糠	bǐ kāng	√
6	罹罪	lí zuì	√	17	锋镝	fēng dí	√
7	蹊跷	qī qiao	√	18	珉玉	mín yù	√
8	轩轾	xuān zhì	√	19	及笄	jí jī	√
9	啁啾	zhōu jiū	√	20	婉娈	wǎn luán	√
10	仵作	wǔ zuò	√	21	佯嗔	yáng chēn	×
11	充赡	chōng shàn	√				

【案例精选】

节目中主持人和嘉宾的实时点评增加了节目的可看性，他们通过讲解字词背后的意义，叙述生动的历史故事，解说充满智慧的古人观点，丰富了节目的文化内涵。

样题举例：

主考官：《史记·项羽本纪》中有这样一段话："沛公不胜杯杓(sháo)，不能辞。"这段话的意思是：沛公喝酒太多，已经醉了，不能来辞行。请写出"不胜杯杓"的"杯杓"一词，它的意思是：饮酒用的器皿，借指饮酒。

嘉宾解说：这是一个非常精彩的历史故事。刘邦借故溜走了，才有了后来的大汉王朝。

图 5-5 《中国汉字听写大会》比赛现场画面

2. 打造全民参与的电视活动

2014 年，《中国汉字听写大会》在 1700 个城市的近 3 万所中学中开展了 4700 余场选拔活动，参与初级赛事的学生人数超过 1200 万，最终选拔出 36 所中学代表各省、自治区、直辖市参加复赛。而以地域为区分的组队方式形成了区域间的文化竞争，吸引了不同地域观众的关注，从而将节目变成了一场全民参与的文化赛事。

图 5-6 《中国汉字听写大会》在浙江省云和县古坊小学的选拔赛现场

节目充分运用场外现场，将选手答题区、考官裁判区、主持嘉宾区、亲友观看区、成年观众答题体验区和观众席几个现场交替剪辑，同时将初赛视频、选手小片和赛后采访也穿插其中。这样的方式，增加了节目的可视性和戏剧性，填补了选手答题时的空白时间，更有效地扩展了演播室空间，营造出全民参与的景象。

节目中，成年观众体验团有 100 名成年观众与选手同步答题，他们的书写准确率对于观众来说具有一定的参考价值。观众能够根据他们的表现，对照了解自己的汉字书写情况。事实上，节目中成年观众的书写正确率并不高，如“癞蛤蟆”这一常见词汇的书写正确率仅为 30%，对于一些生僻词，成年观众书写团的书写正确率更低。因而有媒体发表文章称《挑战〈汉字听写大会〉90%的人患有“失写症”》①。正是通过一场认真书写汉字的竞赛，引发了观众对于键盘输入逐步代替手写后对汉字书写能力的重视与反思。

【案例精选】

下表是 2014 年第 1 期节目，成年观众书写团部分书写情况。

表 5-3 《中国汉字听写大会》2014 年第 1 期成年观众书写团部分书写情况

词语	正确率
沆瀣一气	10%
兔起鹘落	2%
鳌虾	10%
神祇	1%
鼻垩挥斤	0%
籼米	12%

图 5-7 《中国汉字听写大会》成年观众书写团

① 《挑战〈汉字听写大会〉 90%的人患有“失写症”》，刊载于新华网，2013 年 8 月 20 日。

3. 促进文化传播的线上互动

该节目的另一特色是在互联网上开展线上活动，一方面扩大了节目的知名度和影响力，一方面则探索了台网互动模式，尝试在互联网上建构了社会议题。2014 年，《中国汉字听写大会》联合搜狗输入法发起“全民焐热冰封汉字”公益活动，以电视节目带动了全民在互联网上参与文化传播。随着节目的热播，《中国汉字听写大会》线上线下的互动也引发了对中华文化传承话题的热议，公众对于汉字文化的关注，体现了电视节目所具有的社会功能。

图 5-8 在搜狗输入法中参与“全民焐热冰封汉字”活动输入词汇“葳蕤”的效果

要点小结

1. 综艺节目的研发和制作，既需要找寻市场的多元化需求，又可以在本土文化上大做文章。

2. 为观众提供有益知识、传播传统文化彰显了电视节目的社会功能。

3. 在综艺节目同质化竞争中，基于本土文化的节目也需要不断推陈出新，寻求独特性。

三、延伸与思考

《中国汉字听写大会》和《汉字英雄》能够在竞争白热化的综艺节目中成功突围，依靠的是内容和形式的创新性和异质性。在这两档节目播出后的短短两年内，各大卫视相继推出了《中华好诗词》《中国好故事》《唐诗风云会》《中国谜语大会》《中国成语大会》等数十档同类节目。随着同类节目的纷至沓来，观众又逐渐开始对文化节目失去新鲜感。第二季开播后，《汉字英雄》的收视率较第一季大幅下降，关注度大不如前。文化类节目如何继续推陈出新，保持在同类节目中的独特性，避免一拥而上、一哄而散的局面，是电视人需要继续探索的问题。

知识链接

《百家讲坛》是一档讲座式电视节目，由中央电视台科教频道(CCTV-10)于2001年7月9日推出。节目以专家学者"一桌、一人、一口"的演讲为主要形式，将专业的学术知识在进行通俗化处理后向公众传播，普及了中国传统文化与历史。该节目选材广泛，涉及文化、生物、医学、经济、军事等方面。推出了《论语心得》《中国故事之〈屈原〉〈岳飞〉〈苏轼〉》《揭秘红楼梦》《品三国》等系列讲座，在观众中取得了非常好的口碑。节目更捧红了一批文化名人，在他们的带动下，《百家讲坛》一时家喻户晓，影响力如日中天。

然而近年来《百家讲坛》的收视率却一再下滑。一方面是因为节目的取材范围逐渐狭窄，对于话题的评述落入窠臼；另一方面是因为节目缺乏与时俱进的精神，转型做得不够彻底，从而在同类型节目的竞争中逐步失去了优势。

节目推荐：《中国汉字听写大会》播出后，数档同类型节目相继在地方卫视播出。读者可以对近几年同类型节目进行观看和比较，加深对本节知识的理解。

表5-4　与《中国汉字听写大会》同类的传承中华文化的节目

节目	所属电视台及播出时间	简介
《汉字英雄》	河南电视台 2013年7月	《汉字英雄》是由马东主持，于丹、高晓松、张颐武作为评审的一档以汉字为载体，传承中华文化的节目。节目深入挖掘青少年选手的日常生活故事，凸显选手个性，节目形态上呈现独特性与多元化的特点。在益智游戏竞技的外表下，该节目更关注青少年对汉字知识与文化传统的认知，以及对青少年内心世界的触探。
《中华好诗词》	河北电视台 2013年10月	节目从全国遴选出100位诗词记忆达人作为选手，集合6位有文化素养的明星艺人作为守关者。通过抢答、对战、终极挑战等一系列紧张而又充满乐趣的环节，决出单场冠军。
《中华好故事》	浙江电视台 2014年8月1日	该节目以中华传统故事为主要内容，用知识竞赛、故事演绎、名人出题、知名校友助阵等多种方式普及中华传统故事的相关知识。
《唐诗风云会》	陕西电视台 2015年3月1日	《唐诗风云会》以唐诗为载体，以知识竞答为主体，辅助紧张刺激的规则设置，考查华夏文化知识。节目主持人同时担任主考官，与身怀绝技的唐诗悍将展开终极PK，为观众带来一场场精彩的风云对决。三位夺人眼球、满腹经纶、幽默风趣的嘉宾明星化身"翰林学士"，与选手一起诵唐诗、听唐史、忆唐人，煮酒论剑、吟诗作对。
《中国谜语大会》	中央电视台 2014年2月11日	"猜谜语、出谜语"这种文化活动在中国源远流长，它不仅是一种娱乐活动，还蕴含着很深的文化内涵。猜谜拥有广泛的群众基础。为弘扬中华优秀传统文化、丰富群众文化生活、为给2014年元宵节增添欢乐喜庆的节日气氛，中央电视台科教频道联合中国民间文艺家协会、中华灯谜学术委员会于2014年2月11日举办了首届大型电视益智竞技节目《中国谜语大会》。
《中国成语大会》	中央电视台 2014年4月18日	成语堪称中华文化的"活化石"，是值得大力推广的中华民族宝贵的文化遗产。与《中国汉字听写大会》相比，《中国成语大会》在保留相似竞赛形式的基础上，融入了更多独特多元的创新构思，并力邀毕淑敏、蒙曼、郦波等多位重量级文化名人担任评判嘉宾，希望能够细致地展现中国成语独有的语境之美。

第三节 《奔跑吧兄弟》:版权引进与本土创新结合的成功尝试

本节要点

1. 户外真人秀节目的剧本化创作理念与实践。
2. 游戏竞技类节目如何吸引观众。
3. 版权引进节目的本土化改造。

《奔跑吧兄弟》是一档由浙江卫视与韩国 SBS 电视台联合制作的明星户外竞技真人秀节目,于 2014 年 10 月正式上线浙江卫视,每周五晚黄金档播出。每期节目由七位固定明星主持搭配若干节目嘉宾,在户外分组参与游戏竞赛,争夺单期冠军。节目开播以来,蝉联每周五晚的收视冠军,并荣膺“大学生最喜欢的十大综艺节目评选”第一名,取得了良好的收视和口碑。《人民日报》评论称,该节目不仅满足了观众的娱乐需求,更在“润物细无声”中传递了正能量,展现了敬业与励志的精神,表现了人性温情美好、积极向上的一面,引导着人们感悟生活的真谛。[①]

在节目的制作中,《奔跑吧兄弟》对韩国原版节目 *Running Man* 进行了全面的学习与本土化改造,使其更符合我国观众的收视需求。

图 5-9 《奔跑吧兄弟》第二季剧照

背景链接

韩国综艺节目 *Running Man*,2010 年 7 月 11 日作为周末娱乐节目《星期天真好》的一个单元播出,节目单集约 90 分钟,于每周日 18 点播出,每期由七位固定成员及不同嘉宾参演。凭借丰富的内容、新颖的形式、独具特色的主持,节目连续几年获得 SBS

① 《人民日报评〈奔跑吧兄弟〉:发现生活真谛》,刊载于人民网,2014 年 12 月 7 日。

图 5-10　韩国综艺节目 *Running Man* 剧照

最高人气节目等奖项。

节目最初的设定是围绕韩国的地标性建筑物开展游戏，将主持人和嘉宾锁在建筑物内，要求他们经过几轮游戏顺利逃出建筑物，最后输掉比赛的成员将会接受惩罚。后期经过改版，游戏规则更改为先在不同场所完成两到三个任务，单轮获胜者可以获得最终环节的有利信息，并在最终环节通过不同的规则设置来决定胜负。其中最为经典的决胜方式是“撕名牌大战”，节目主持和嘉宾需要凭借脑力和体力，将粘贴在对手身后的名牌撕去，最终保有名牌的队伍获胜。该环节的对抗性和冲突性极强，并逐渐发展成为节目的代表性环节。

作为我国视频网站中点击量最高的海外节目之一，*Running Man* 受到了国内多家电视台的关注。为了选定最合适的合作对象，韩国 SBS 电视台派出团队来到中国对多家电视台进行考察，最终确定了与浙江卫视合作。

采访摘录

任何一个现象级节目的诞生绝对不是一夜爆红，而是瓜熟蒂落、水到渠成。我们现在看到的成熟的韩式综艺制作体系，也是经历过一个向日本综艺“取经”的过程。人都是在模仿中学习的，模仿是一个学习的过程，是原创路上必经的一站。我们去年以一种“空杯”的姿态去和韩国顶尖团队进行贴身学习，其目的不是为了照搬他们的节目内容，而是学习他们专业化的分工协作体系和操作方法，也就是说，我们希望通过学习找到一些可以指导未来实践的规律，其终极目的是希望能够在未来打造出完全原创并且百分之百中国基因的现象级节目。

——《奔跑吧兄弟》总统筹　周冬梅

一、节目架构

《奔跑吧兄弟》第一季节目于 2014 年第四季度播出，第二季节目于 2015 年第二季度播出，第二季节目于2015年第四季度播出，三季共计39期节目。该节目以“小游戏赢提示＋撕名牌决胜负”为基本模式，主持人和嘉宾共同进行三到四轮的游戏，每一个小游戏结束后参与者都将凭借表现获得不同程度的提示，为最终环节的对抗带来帮助。节目的最终环节一般为保留项目“撕名牌”。该环节中主持人和嘉宾身着统一的服装，衣服背面均粘贴着带有他们名字的名牌，该名牌象征参与者的生命。每期节目会围绕着“撕名牌”设计不同的活动规则，这一环节往往是每期节目的主要看点。一般情况下，在比赛中一旦身后的名牌被撕下，该参与者就被淘汰出局，而最终仍然保留名牌的人或所在的团队即为单期节目的获胜者。

【案例精选】

我们以2014年12月19日的节目内容为例，看看该节目的基本架构。

表5-5 《奔跑吧兄弟》第一季第11期(2014年12月19日)的节目内容，主题“三校争霸赛”

参与者	七名主持人和两名嘉宾
主要内容	正逢电影《匆匆那年》上映，节目组将游戏地点定在了富有青春气息的大学校园。七名主持人和两名嘉宾共九人分三组分别饰演D大学学生、L大学学生和A大学学生，他们作为三个大学的代表，展开了一场青春动感的三校争霸赛。
主要环节	【情境设定】 D大学学生在学校实验室里讨论研究问题；A大学学生正通过辩论的方式和同学争夺出席三校争霸赛的机会；L大学学生正在篮球场上打篮球。最终，三个学校的代表共同汇聚在L大学篮球场，进行一场争霸赛。 【第一个游戏——找人】 D大学队的任务是前往中国地质大学寻找做一字马时两脚间的距离超过170厘米的20个长发飘飘的人，并和他们一起做与导演手势所示相反方向的动作，照一张合影。 A大学队的任务是前往武汉大学寻找20个能够快速念一段绕口令的人，并和他们一起照一张露出粉色丝带和牙齿的合影。 L大学队的任务是前往武汉大学寻找20个能够通过面部扭动就可以吃到放在脸上的饼干的人，成功后和他们一起照一张所有人都双脚离地的合影。 三个任务结束，用时最短的L大学队得到奖励，能够在最终的攻守双方交替“撕名牌”环节增加30秒攻击时间。用时最长的D大学队则在最终“撕名牌”环节失去30秒的攻击时间。 【第二个游戏——跑步】 三个队的同学一起在体育馆的操场上参加第二个任务。每队同学共同跑八百米，按照最后到达的一个人计算总时长。最终A大学队用时最短，取得胜利，获得攻守双方交替“撕名牌”环节30秒的攻击时间，用时最长的D大学队再次失去30秒的攻击时间。 【第三个任务——撕名牌战＋铃铛追击战】 通过前两关，A大学队和L大学队获得5分30秒的攻击时间，D大学队获得4分钟的攻击时间，三个队依次转换攻防顺序撕名牌。最终L大学队凭借李晨的优异表现取得了最终胜利。

“小任务加终极任务”的模式有时候也会根据实际情况调整，比如在第一季第12期《新年运动会》特辑中，第一个版块就调整为撕名牌，随后进行了三个小任务，各队用完成任务赚金币的方式来赢取最终的大奖。

二、节目特点

1. 灵活运用叙事元素进行编剧，风格化处理嘉宾形象

作为一档非晋级类真人秀节目，《奔跑吧兄弟》的单集节目发展过程是节目的主要看点。为了加快节奏，增强故事的可看性，节目将人物、情节、视角、技巧、模式等叙事元素灵活运用，实现了统一又多变的节目效果。

节目以各类争夺赛为主要叙事对象，遵循了当今世界最为流行的好莱坞编剧策略，即以三幕剧的基本形式设计总体剧情。节目的第一阶段介绍情景和人物，明确当期的故事冲突。在第二阶段中，节目组会通过游戏设计控制竞赛形式，并在第二阶段的最后将冲突引向人物之间的终极对决。在第三阶段中，节目会为观众展现终极冲突的过程和结果，为单期节目画上句号。三幕剧式的编剧结构使节目的故事发展更为顺畅。但有时节目会加入间谍、复仇等元素，颠倒三个阶段的叙事，追求出人意料的节目效果。

图 5-11　《奔跑吧兄弟》节目剧照画面

节目组往往会对明星的性格进行简单化、差异化和标签化的处理，以便电视观众能够在观看节目时迅速捕捉到明星的特点。《奔跑吧兄弟》中七位明星主持就呈现出十分突出的“憨厚、搞笑、阳光”等明星形象和“背叛者、能力者、懦弱者、智慧者”等戏剧性形象。一方面，标签化塑造的扁形人物给观众留下了深刻的印象，增强了观众的黏性。单期节目中，不论明星是否会成长为更丰富的圆形人物，对观众来说都具有可看性。另一方面，这些人物形象之间存在天然的冲突或者互补关系，如“智慧者和能力者的互补、背叛者和能力者的对抗、背叛者和智慧者的对抗”等关系在单集节目中的建立或打破，都能给节目叙事带来戏剧性效果。节目还大量运用了倒叙、回放等叙事技巧，

“超能力名牌”等反转情节的使用也增加了节目的悬念，调动了观众的好奇心。

图 5-12　主持人的人物特点使男生背女生的游戏环节发生了反转

知识链接

在《奔跑吧兄弟》节目制作过程中，浙江卫视向韩国同行学习，首次增设了编剧岗位。编剧主要负责在节目中以文字表述的形式完成节目的整体设计，包括单期节目的题材选择、表现手法及方式创意等。在一期节目的制作中，编剧会设计节目主题，并围绕这个主题去寻找大量的资料，如影视剧资料、相关的民间故事、风土人情等，使节目主题的设计更加丰满，为游戏的设计提供思路。

同时编剧也非常善于观察明星的性格，将其中的特质提炼出来，并在节目的制作过程中，让这些性格得到展示。在节目拍摄中，编剧会安静地观察场上的情况，如果有什么灵感，就会和导演沟通，同时也会参与整个后期的制作，确保编剧的思路可以准确地呈现在节目之中。

2. 成功引入剧情化设置，提高真人秀的趣味性

节目开播初期，《奔跑吧兄弟》就尝试在节目中进行剧情化设置。随着节目的发展，更是大量融入了故事元素和角色扮演，剧情化的设置成为节目发展的推动力。这种方式既能够帮助明星在节目中很快找到自己的定位，又可以把一些中国传统的、地域性的文化融入其中，增强节目的带入感。

与韩国版 *Running Man* 主打年轻的收视群体不同，对于浙江卫视而言，“如何让一个以年轻人受众为主的节目样式拓展成大众都喜闻乐见的节目样态”是非常现实的压力。为了打通全年龄层的收视群，节目组进行了大量的调查和分析，结果显示，对节

目进行剧情化的设定，会非常吸引对大片和剧情颇为熟悉的中年观众。①

单期节目中，嘉宾和主持人进入虚拟的故事背景，进行人物角色的扮演。多轮游戏均围绕该期的故事背景和角色关系展开，增强了节目的叙事性。通过建立虚拟背景，节目可以融入“爱情、冒险、科幻”等多种戏剧类型，丰富了节目的呈现内容。

【案例精选】

以下是《奔跑吧兄弟》剧情设置中的一些故事背景：

(1)“东厂大战锦衣卫”：明朝皇宫玉玺失窃，皇上震怒，特命东厂与锦衣卫共同寻找失窃玉玺。

(2)“拯救巨婴大作战”：儿童节到来，很多成年人因为犯错被变为巨大的婴儿，他们需要找到变回成年人的办法。

(3)“超体元素保卫战”：沉睡了百年的 R 组织特工，为了守护能够换来永久和平的“超体武器”，需要和黑暗势力作斗争。

图 5-13　《奔跑吧兄弟》之“拯救巨婴大作战”节目画面

以 2014 年 10 月 17 日第一季的节目为例，该期的节目主题为“寻找前世情侣”，通过表 5-6 可以看到游戏是如何围绕该期节目的故事背景与人物设定展开的。

表 5-6　《奔跑吧兄弟》第一季第二期(2014 年 10 月 17 日)的节目内容，主题为“寻找前世情侣”

人物设定	所有嘉宾和主持人(共 10 人)男女搭配组成 5 支队伍，分别扮演“白娘子和许仙”“尔康和紫薇”等爱情故事中的恋人。
故事背景设定	“爱情之水”因为世界的污浊而变得浑浊，让人们无法找到属于他们的前世爱情记忆。5 对前世的恋人将出发去寻找一瓶能够洁净“爱情之水”的神水，完成任务的情侣就能够看到属于他们的前世爱情。

① 《专访跑男总制片人：揭跑男大片背后的“大片”》，见 http://yule.sohu.com/20150604/n414420004.shtml。

续表

环节设计	游戏规则	每对恋人的手中都有系着不同颜色彩带的水瓶，其中一瓶为神水。每当一个游戏结束后，恋人们就可以按照名次拿到相应的提示来缩小神水的范围，并与他人交换水瓶。最终在“撕名牌”环节获胜的队伍拥有最终交换权，经过多次交换后最后拿到神水的队伍获胜。
	节目内容	1. 男生女生一起寻找物品，找到相应的物品则通关。 2. 男生在盖着草帽的众多水缸里寻找自己的恋人，把她背出田野在岸边共吃一根饼干，饼干剩余的长度小于一厘米且用时最短者获胜。 3. 男生将穿越水池里的重重障碍争夺桃心，并且送给他的恋人，完成者获胜。 4. “撕名牌”环节，男生需要保护自己的恋人，如果女生淘汰则该组被淘汰，反之男生被淘汰，女生还可以单兵作战。名牌被撕者被送往监狱，最终幸存者获胜，并获得水瓶的最终交换权。 5. “撕名牌”环节获胜者最后一次交换水瓶，每对情侣依次将自己水瓶的水倒入“爱情之水”检验是否为神水，最终拿到神水者获胜。

图 5-14 《奔跑吧兄弟》之“寻找前世情侣”节目画面

该期节目中，所有的游戏都围绕“寻找前世恋人”的剧情设定展开。按照节目分组，每对男女嘉宾都扮演亲密的“恋人”，而游戏的设置则是为了考验这些恋人们的默契程度，默契度又会影响游戏甚至单期节目的结果。这些剧情化的设置贯穿节目始终，给节目带来较强的整体感，增强了节目的趣味性和可看性。

3. 融入传统文化元素，以“主题化”进行本土改造

为了满足我国不同年龄群体的收视要求，《奔跑吧兄弟》对韩国原版节目进行了大胆的本土化改造：一方面逐步摸索我国观众的收视心理，放大了节目的解压作用，同时按照我国观众的收视习惯对节目的编排进行了调整；另一方面，在节目中融入我国的本土文化，获得观众的认同感。

《奔跑吧兄弟》于每周五晚间播出，为了给工作了一周的观众解压，节目提供的比

赛内容以娱乐为主。在节目内容的选择上，游戏地点常选在长城、西湖等我国观众容易产生亲近感的古迹。《白蛇传》《还珠格格》《圣斗士》等国民的集体记忆都曾出现在节目中，广场舞和推人游戏等经典游戏也运用在了节目中，这些场景和内容的选择在悄然之中拉近了节目和观众的距离。

采访摘录

外来节目的本土化改造是一个节目在中国可以更好发展的必经之路，在《奔跑吧兄弟》的拍摄实践中，我们目前采取的策略是剧情化改造策略。

我认为主题化的剧情设置，是一个节目可以走得长远的基础。单纯玩游戏的竞技节目就算游戏设置得再精妙，观众也很容易看厌。中国的电视观众，都是看故事长大的，不管是章回小说还是传统戏曲，都非常讲究讲故事的手法，起承转合、曲径通幽，细节的铺陈、悬念的设置，都有很多的奥妙。受绵延几千年的传统文化的影响，我们的观众特别喜欢看具有很强故事性的节目，喜欢富有悬念的剧情。

剧情化对于节目而言另一个很重要的作用在于，可以把很多本土的东西植入节目中，譬如节目中“穿越世纪的爱恋”“东厂大战锦衣卫”“西域通商记”“火锅底料争夺战”等桥段，采用的就是把我国各地的风土人情和传统文化结合起来架构故事的手法。同时，因为“跑男”的七位明星主持都是专业演员，这样剧情化的主题设计和角色定位非常有利于他们理解节目组的意图并且在节目中充分展开想象，发挥各自所长。

因此，剧情化综艺的路径选择，一是给明星以很大的发挥空间；二是符合中国观众的喜好；三是可以把中国的传统文化以及各地的风土人情融入其中。而当这三点融入得当的时候，观众在观看节目的时候就很容易产生带入感，从而产生情感共鸣。《跑男》(《奔跑吧兄弟》的简称)虽说是一档游戏竞技类真人秀节目，但是我们认为，游戏只是载体，故事和情感才是内核，也正因为这样，博大精深的中华优秀传统文化才是可以促使节目走得更远的灵感源泉。基于以上考虑，在接下来的节目中，我们将会进一步加大“主题化”“剧情化”的设计。

——《奔跑吧兄弟》总统筹　周冬梅

要点小结

1. 真人秀节目中引入编剧，灵活运用多种叙述元素，让节目过程不再枯燥，变得妙趣横生。

2. 引进版权节目提升了综艺娱乐节目的制作理念和水准，引进版权不是简单的移植，而是要结合本土文化进行合适的本土化改造，才可能获得成功。

3. 真人秀节目要想获得全年龄段收视群体的青睐，需要研究观众的收视需求，剧情化和主题化的节目设置能够提高节目收视人群的覆盖率。

4. 户外明星真人秀节目要倡导一种健康的生活方式。

三、延伸与思考

《奔跑吧兄弟》经过巧妙的节目设置、对现场的有力调度和对后期海量素材的高效整理和剪辑，弥补了真人秀节目中自然叙事苍白无力的缺点，成为当下我国户外真人秀节目的典范。随着各家卫视陆续推出多部韩式真人秀节目，我国电视娱乐业加强了与韩国同行的合作，从前期的策划编剧、中期的调度拍摄到后期的包装剪辑，真人秀实现了从制作方式到节目理念的升级。

与此同时，由于国内电视台在短时间内大规模地引进和模仿韩国优质电视节目，国内的电视荧幕上出现了同质化竞争，一些节目在本土化的过程中遭遇失败。事实上，我国电视节目只有在谋求收视率的同时积极探索本土化改造的方法，才可能获得成功。如何探索行之有效的制作方法，如何自主研发制作出喜闻乐见的节目，将是各家电视台面临的挑战。

《奔跑吧兄弟》播出同时期，我国多家电视台也制作并播出了多部源自韩国的户外明星真人秀节目，内容包括旅游、亲子、交友等，读者可以观看并作对比。

表 5-7 引自韩国的户外明星真人秀节目

节目名称	所属电视台及首播时间	简介
《爸爸去哪儿》	湖南卫视 2013 年 10 月	在中国的家庭分工中，母亲往往承担着照顾子女起居的任务。而《爸爸去哪儿》这样一档亲子类真人秀节目则设定 5 位明星父亲需要独自照顾 3—7 岁的子女的生活起居，与孩子共同体验 72 小时的户外生活，并和孩子共同完成节目组设置的一系列任务。节目中的几位天真萌娃和帅气奶爸因其不同的个性和表现受到了观众的喜爱。《爸爸去哪儿》第一季成为当年中国最具话题性的节目。
《人生第一次》	浙江卫视 2013 年 7 月	《人生第一次》是一档低龄儿童的户外生活挑战真人秀节目。小朋友们在户外环境下第一次独立完成生活小任务（如帮妈妈买东西、送东西），记录他们面对复杂人际与环境时，第一次融入社会的真实反应。
《我们相爱吧》	江苏卫视 2015 年 4 月	节目脱胎于韩国 MBC 著名节目《我们结婚了》，6 位明星由节目组进行配对，组成假想情侣，展开一段明星恋爱生活。
《花样爷爷》	东方卫视 2014 年 6 月	在一位年轻挑夫的带领下，平均年龄超过 76 岁的明星爷爷将一同在陌生的地方开启一段段经费有限、旅途遥远的趣味旅行。

第四节 《我是演说家》：具备综艺元素的语言类节目

本节要点

1. 语言类节目在当下中国观众中仍拥有市场，这也是综艺娱乐节目的另一发展空间。

2. 语言类节目要与时俱进改变语态，建立一种“对话”的形式。

3. 语言类节目引入新媒体元素进行表达。

《我是演说家》是北京卫视推出的原创语言竞技真人秀节目，于 2014 年 10 月 4 日首播，2015 年 1 月 24 日第一季节目结束。《我是演说家》第一季由鲁豫、乐嘉、刘嘉玲和张卫健四位明星担任导师，节目话题既关照了社会现实热点又较为注重社会正能量的弘扬，使不同阶层的不同观点都能被倾听。根据央视索福瑞全国 34 城的收视率统计，《我是演说家》保持着破 1 的收视率，这表明语言类综艺节目在竞争日趋激烈的综艺市场中依然占有一席之地。

图 5-15　《我是演说家》推广海报

背景链接

在第一季《我是演说家》的四位导师之中，乐嘉与鲁豫曾是安徽卫视《超级演说家》的两朝元老，类似节目的经验使其面对选手时老练沉稳。新加入的两位导师刘嘉玲和张卫健则为节目注入了新鲜血液，尤其对于导师刘嘉玲而言，这是她的综艺首秀，其在接受媒体采访时也坦陈自己被《我是演说家》的品牌影响力、制播平台实力以及节目本身的内涵和价值所打动，将会以百分之百的诚恳行使评委与导师的权力。

人物链接

梁植，其蒙古族全名为奇渥温・孛儿只斤・阿果，在《我是演说家》第一季中夺得冠军。在比赛过程中，梁植发表了包括“我的偶像”“回家”“语言的力量”等讲演。在讲演中，梁植注重细节的刻画，其导师乐嘉指出梁植演说中最打动人的地方是细节。

一、节目架构

第一季《我是演说家》共播出 16 期，节目时长从 1 小时 23 分钟至 1 小时 43 分钟不等。节目分为海选、战队 PK、擂台赛和总决赛四个阶段。节目赛制相对复杂，并且采取 3＋X 的导师模式（赛制介绍如表 5-8 所示），一定程度上增加了节目的趣味性。

表 5-8 **《我国演说家》赛制介绍**

比赛阶段	演说题目	赛制简介
海选	自选题目	每个人根据自选题目展开演说，演说时间为5分钟，每场会设置一名X导师，拥有“黄金按钮”和“X键”两大权力。X导师可以随时按下“黄金按钮”，拥有同其他三位导师同样的被选手反选的权利，但此项权利每场只能使用一次。X导师也可以出于某种考虑按下“X键”，中止某位选手的演说，选手即宣告失败，如果X导师并未行使此项权利，其他三位导师也没有选择该选手，在选手演说结束后，该名选手自动归至X导师队列。
战队PK	网友投票决定	每场会有一名X导师，负责守擂，其他三位导师依次派出一位学员攻擂，每位X导师每晚可在有利于己方选手的情况下进行一次情景加赛。
擂台赛	自由命题	四位导师按照二阶段晋级人数选派队员出场。四场直通小组赛，战胜对手，获得六强席位；两场严峻对决小组赛，四名成员需要经过两轮比赛才能获得六强席位。每位导师(在前四组对抗)有一次复活机会，复活选手参加复活小组赛，争夺一个席位。 胜率和支持率由全场观众和观战导师6%的支持率来确定。
总决赛	固定话题	选手按支持率由低到高依次出场，现场观众和50位媒体评委决定其去留。

【案例精选】

我们以收视率最高的2014年11月22日第一季第八期节目为例，看看该节目的基本架构。

表 5-9 **《我是演说家》第一季第八期**(2014 **年** 11 **月** 22 **日**)**节目内容**

时间	节目环节	节目内容
0′00″—3′29″	精彩内容提要	回顾往期节目，介绍本期的精彩看点
3′30″—12′35″	导师开讲	乐嘉进行题为“钻石法则”的演说
13′19″—14′04″	选手小片	介绍选手章绍伟的基本信息
14′05″—14′54″	选手现场介绍	选手章绍伟介绍自己并与导师进行现场互动
15′55″—17′30″	选手演说	选手章绍伟发表题为“声讨伪志愿者”的演说： 救狗志愿者是否有凑热闹心理
17′31″—20′54″	导师点评	导师灭灯，指出章绍伟演讲中的不足： 话题选择犹如踩钢丝，成功与失败同在
20′55″—21′54″	选手现场介绍	选手林妍介绍个人信息
21′55″—22′25″	选手小片	介绍选手林妍参与节目的目的
22′26″—23′44″	选手现场互动	选手林妍与导师进行互动
23′45″—30′00″	选手演说	选手林妍进行题为“我和我的导盲犬”的演说： 盲人七月身孕，为导盲犬而来 讲述公交遭拒林妍情绪激动，导盲犬惊起护主 父亲突然离世，林妍封闭自己

续表

时间	节目环节	节目内容
30′01″—37′30″	导师点评、互动	乐嘉蒙眼体验导盲犬 林妍的妈妈、老公登场，介绍导盲犬雪莉
37′40″—38′32″	选手现场介绍	选手郭伟阳介绍个人信息
38′33″—39′26″	选手小片	介绍郭伟阳参赛目的
39′27″—45′15″	选手演说	郭伟阳进行题为“退役演说”的演说： 回顾21年心酸体操生涯 超级替补用青春书写荣耀 全场起立鼓掌，四位导师爆灯起立齐流泪
45′16″—52′41″	导师点评、互动	奥运冠军的意外决定让乐嘉惊喜变失落 教练父亲来信，笔墨间流露关爱与教导
52′42″—53′41″	选手现场介绍	选手万金玉介绍个人信息
53′42″—56′12″	选手演说	万金玉进行题为“老女孩的疯狂后半生”的演说： 老女孩跨国网恋，闪婚引惊叹 携瑞典老公，乘帆横渡太平洋
56′13″—58′34″	导师点评、互动	刘嘉玲爱冒险，羡慕选手航海经历 万金玉老公帅气亮相，乐嘉首用英语提问
58′35″—58′55″	选手小片	介绍选手李丽娟的基本信息及参赛目的
59′47″—66′30″	选手演说	选手李丽娟进行题为“我不是一个好妈妈”的演说： 儿子被父贩卖，母亲救儿留阴影 两个“儿子”同时手术，艰难抉择埋祸根
66′31″—70′49″	导师点评、互动	刘嘉玲帮忙，儿子现场承认爱妈妈
70′50″—71′36″	选手小片	介绍选手黄执中的基本信息以及参与节目的目的
71′37″—74′59″	选手演说	选手黄执中进行题为“辩论无处不在”的演说： 宝岛辩魂现场掀起“冷头脑”风暴
75′00″—79′28″	导师点评	乐嘉列出演讲四类人，讲道理论点 乐嘉出锦囊，告知如何打败对手
79′29″—80′34″	选手小片	刘嘉玲战队组建完成，介绍战队成员
80′35″—81′14″	选手小片	介绍选手罗劲松的基本信息
81′15″—83′24″	选手演说	罗劲松进行演说
83′25″—83′49″	导师点评	鲁豫说明按灯原因
83′50″—84′49″	选手小片	鲁豫战队组建完成，介绍战队成员
84′50″—85′24″	选手小片	介绍杨轩诗慧基本信息、参加比赛的目的
85′25″—86′56″	选手现场介绍、互动	“慧姑娘”略显紧张，导师支招摸光头 大美妞嗲声因张卫健笑场

续表

时间	节目环节	节目内容
86′57″—91′24″	选手演说	杨轩诗慧进行题为“女人的皮囊最重要”的演说： “慧姑娘”笑中带泪自嘲过往 8个月减50斤，女胖子逆袭
91′25″—94′16″	导师点评、互动	张卫健说明按灯原因
94′17″—95′35″	选手小片	张卫健战队组建完成，介绍战队成员
96′14″—99′55″	选手演说及点评	甄跃鹏、陈凯、王琴演说片段，以及乐嘉点评
99′56″—101′07″	选手小片	乐嘉战队组建完成，介绍战队成员
101′08″—103′49″	下期提要	介绍下期

二、节目特点

1. 回归演讲的本质，开拓综艺节目的空间

演说家，指的是善于面向听众阐述自己的观点，并获得听众认同的人。从这个层面上来说，演说家不是一份职业，而是一种身份，是拥有说话能力和说话影响力的个体。自古以来，这一身份常常与君主和领袖相关联。富兰克林·罗斯福、温斯顿·丘吉尔、马丁·路德·金、阿道夫·希特勒等，有的名垂青史，有的遗臭万年，但他们有一个共同特点，都是卓越的演说家，他们运用语言的力量，影响、改变了这个世界。

采访摘录

中国的荧屏不应该都被歌舞类节目充斥着，我们要用责任感为观众打开一扇窗，让他们有更多选择，而语言类节目就是其中的一扇。我们也着力去用观众喜闻乐见的内容引领更有价值的东西。

——《我是演说家》总导演　曹志熊

大众媒体使得普通大众有了更多向公众演说的机会，《我是演说家》节目看到了大众媒体的这一特点，让普通人讲述自己的经历、观点，展现智慧。《我是演说家》导演曹志熊认为，演说应当讲求两个要素：一是演讲要有表达欲；二是演讲要有目的性。有了表达的欲望，可以口若悬河、滔滔不绝，因为这样可以表达自己；有了目的性，演讲应当有理有据、逻辑清晰，因为这是为了说服别人。

如果“说服他人”是演说的目的，那么“演”和“说”就是达到目的的手段。“演”指的是表达的手段，比如台风、手势、道具等辅助手段，从而获得有效表达。但有观点认为其中的“演”指的是表演，因此夸大了表演成分，容易产生喧宾夺主的效果。同样是语言类综艺节目，山东卫视《精彩中国说》就夸大了表演的成分。该节目干脆将“演”的概

念用小品的形式来表达，于是出现了一个人在前方说，而一群人在后方演的“演”说。实际上，采取多样手段进行内容和观点的传达无可厚非，但是生硬地将表演带入口语表达中，使观众缺少了情境的带入感。正是缺少身临其境的情感共鸣，让一些表演变成了“闹剧”。

采访摘录

《我是演说家》团队最忌讳“分享”一词，因为分享是无目的的。它让观众掌握了主动权，“信不信由你”。在这个舞台上，演说应该像公众演讲、拉选票那样竭力表达，说服别人。把主动权掌握在自己手里，这样的演讲才是有力量、有魅力、有吸引力的。

——《我是演说家》总导演　曹志熊

【案例精选】

第一季首位登场的杨博就是爱表演的选手，他几乎每一句话都配有动作（图 5-16）。这些动作和内容有一定的关联，并且都很夸张。比如当他说到“这个年头是工资跑不赢物价的时代”时，做出了奔跑的姿势；说到“省钱省下了幸福感”时，用双臂画出了一个桃心。整个演讲情绪很轻松活泼，套用了许多卡通片中的人物动作。但对观众而言，杨博活脱脱地从演说家变成了“单口舞台剧的演员”（第一季乐嘉导师评价）。肢体语言过多一方面会分散听众的注意力，喧宾夺主；另一方面，口头语言为了配合肢体语言的表达导致论述不集中、不具体，从而产生本末倒置的结果。最终杨博没有赢得导师的青睐。导师张卫健认为其表演成分太多，在杨博临退场前张卫健对其“以少为多”的赠言显得意味深长。

图 5-16　《我是演说家》选手杨博发表演说

相反，同样在第一季出现的选手董丽娜则注重语言的表达。作为一名盲人语言艺术工作者，穿着旗袍的她笔直地站在舞台上，一手拿着话筒，一手紧紧地贴在身上，几乎没有动作(图 5-17)。她讲述了自己作为盲人一步一步走上播音员道路的故事,流畅的讲述就像一股不停流淌的清泉,一句"我可以接受命运不公正的安排,但不能接受自己还没奋斗就过早地被宣判,不要把梦想逼上绝路,要相信你的潜能比你想象中的更强大"感动了在场的观众,也让三位导师全部为她亮灯。

图 5-17 《我是演说家》选手董丽娜发表演说

可见"演"只是"说"的辅助手段,演说的内容优劣,决定着其精彩程度。"说"的内容分为两种,一种是故事型,一种是观点型。故事型就是将一件事的起因、经过、结果一一道来,用整个事件撑起演讲的内容。故事大多是演说者自己的亲身经历,既有说服力也很感染人。听完董丽娜的故事后,导师刘嘉玲当场赞美董丽娜伟大,感觉自己很渺小,她说:"谢谢你让我感受了你的经历。"语言的力量也在于此,它能够凭借单一的声音媒介将听众带入具体情景中,共同体验个人故事。

然而故事毕竟是个人的,不具有普适性,往往个人经历有限,故事只能带来一时的波澜,难以持久地带给观众新的冲击。观点则既是个体的也是群体的,每一个观点背后代表着一群人的声音。因为相同背景的人会有相似的思维,也会有类似的想法,因此一个人的观点就具有代表性。这个观点可能是精英阶层的困惑,也可能是中产阶级的苦恼,甚至是被大家忽略的社会共有现象,说出来让人耳目一新。

比如选手李帅在题为"残疾人不为励志而生"的演说中有这样一个观点:残疾人不应该成为一座雕塑,提醒其他人去珍惜自己的幸福;也不应该成为励志的弱者,让他人有意同情怜悯,残疾人只需要平等的对待。在演讲中,李帅的主语多为"我们""他们",可以看出他代表着一个群体,述说他们的境遇和心声。他说出来的是观点,而非单纯讲述自己的遭遇和故事。这样有代表性的选手,往往能够说出某个群体更深入的诉求。

采访摘录

个人的经历总是有限的，故事说一遍就穷尽了，但依靠观点前行的人可以走得更远。

——《我是演说家》导演 曹志熊

《我是演说家》中除了展示语言能够沟通交流、改变人生之外，还体现出语言类节目对当下盛行的歌舞节目的抗拒和挑战。该节目在众多综艺娱乐节目中，带给观众更多选择，实际上也是在当下同质化严重的节目竞争中另辟蹊径。

2. 从精英到草根的参与者，建立语言类节目的对话形式

对话是一种传播语态，也是一种传播观念。在语言类节目中，对话这种语态指的是观众能够参与到节目中，双方交流的身份对等，沟通顺畅。传统的语言类节目，发声的大多是主持人、评论员和明星。《我是演说家》则想要打造对话的平台，为普通人提供一个机会，讲出自己的心声。它改变了以往主持人、大明星"我说你们听"的语言节目制作观念。许多普通人得到了发声的机会，而这恰恰是对话的基础。在参赛的演说者中，有六岁的孩子（图 5-18），也有年过半百的老人，有探险旅行家，也有律师、摄影师，还有身体有缺陷的人。他们讲述自己的经历、感悟和观点，带给观众多视角的感受。

图 5-18 《我是演说家》选手李欣睿发表演说

大众传播的语态一直在不断变化中。在最早的人物访谈节目《鲁豫有约》中，主持人和明星相谈甚欢，但是对于观众而言，只能作为节目的旁观者。之后，《壹周立波秀》等节目，作为一种新的语言节目类型登上荧屏，主持人语言风趣幽默，针砭时弊，让观众在笑声中思考问题。在这类节目中，主持人能够直接对观众"说话"，这使得交流有了对象感。即便如此，这样的交流仍不能算作"对话"，因为周立波和普通观众的身份

不对等。作为主持人，周立波将信息传播出去，并不需要得到观众及时的、明确的反馈。

相比之下，“你说我们听”浓缩了《我是演说家》这档节目的不同之处——普通的演说者、明星导师和观众之间建立了对话的机制。一方面，草根演说家来到节目中，目的是希望自己的演讲能够产生影响，希望演讲的话题能得到他人的反馈，观众要对选手进行投票，这也成为反馈的一部分；另一方面，明星导师不再是舞台上的焦点，他们更多的是辅助选手阐明观点，当导师赞成时，他们的补充会使得选手的观点更加明确，而当导师质疑时，选手将得到重新解释的机会。

【案例精选】

先锋艺术家王嫣云，曾以苏紫紫的身份在网络上引发争议。她在《我是演说家》的舞台上讲述了自己的故事和心路历程。她讲出了自己的彷徨、困惑，得到了导师的忠告和建议。她说：“在这个舞台上，我说了许多我非常想说的话，有时候我在发泄，有时候我在讲道理，有时候我在做自己，更多的时候我把想和世界谈的所有东西都说出来。”

该节目第一季亚军获得者陈秋实在决赛中以希特勒为反例，论述了让每个人说话的重要性：“语言从来都是一把双刃剑，语言的力量如果掌握在魔鬼的手中，一定会发挥出邪恶的力量，如果想让语言发挥正义的力量，有且只有一种方法，就是让语言的力量相互制衡。让聪明的人说话，也得让愚蠢的人说话。让高贵的人说话，也得让平庸的人说话。只有这样才能让真理越辩越明，让谣言不攻自破。要让语言发挥正义的力量，去坚持伏尔泰先生送给我们的格言：‘虽然我不同意你所说的话，但我誓死捍卫你说话的权利。’”

3. 探索综艺节目的全媒体互动

媒介环境的变化改变着电视节目的生产方式。随着移动互联网技术的发展，人们观看电视节目的物理空间不再囿于客厅，越来越多的电视节目也将新媒体元素加入节目的制作和营销中。然而不少节目往往将内容直接平移到新媒体平台之上，缺乏真正意义上的优势互补。《我是演说家》则在传统媒体与新媒体融合方面作出了一些探索。

首先，《我是演说家》将电视播出平台与新媒体内容进行融合。借助北京卫视，《我是演说家》获得了较高的受众关注度。同时，该节目的环节设置与新媒体相融合，这一融合鲜明地体现在战队 PK 环节对于选题的确定上。网民可以通过互联网决定选手的演说命题，并且在节目播出后，网友可以对选手的演说话题进行线上线下的再次讨论，形成传播过程的次中心。比如在患有罕见病的 6 岁女孩登台之后，有很多热心网友跟节目组联系，希望能够给予她一些帮助。

其次,《我是演说家》将线性的演说切割成碎片化视频,在互联网上播出。《我是演说家》作为一档演说类节目,线性的演说方式使观点能够得到完整的传达,不受碎片化的互联网传播特性的影响。但这也造成了节目无法与观众之间形成互动的弊端,无疑与节目"说出自己的态度,讲出自己的观点"的制作初衷相违背。因此在形式上,《我是演说家》往往截取选手个人的片段在网上播出,适应了互联网环境下的收视习惯,例如陈秋实的《大东北》在爱奇艺上的点播量突破了70万次。

最后,节目在播出过程中与网友进行微博的实时互动,取得了良好的效果。据美兰德公司对2014年11月省级卫视综艺栏目微博提及量的监测数据显示,《我是演说家》的提及量高达15万余次。[①]《我是演说家》中关于导盲犬的演说、呼吁社会关注车祸的演说、将追梦进行到底的视障人士董丽娜的演说等,都引发了较大的微话题讨论。

要点小结

1. 作为语言表达的一种方式,演说通过观点和故事并配合一定的技巧影响听众。语言类节目在当下中国观众中仍拥有市场,这也是综艺娱乐节目的另一发展空间。

2. 互联网时代,普通百姓拥有了更多说话的平台和机会,语言类节目要与时俱进,改变语态,建立一种"对话"的形式。

3. 传统综艺节目与新媒体的深度融合已是大势所趋。

三、延伸与思考

作为一档原创语言竞技真人秀节目,《我是演说家》在综艺节目类型中努力寻求属于语言类节目的表达空间,在主流电视媒体上为普通大众提供了表达观点的平台。节目秉持着"你说我们听"的理念,将话语权交还给普通大众,鼓励选手通过合适的观点、语言以及辅助手段来说服观众,而非单纯地分享个人故事。恰恰是这些观点,吐露出演说者背后所代表的阶层和群体的所思所想,而《我是演说家》也成为人们借助语言的力量沟通交流、凝聚共识的舞台。

近年来,有一些语言类节目获得了观众的青睐,他们都旨在传播知识、提供娱乐、发挥大众媒体的社会功能。通过表5-10,读者可以了解近年来演讲作为电视表现手法在形态和语态上的变化。

---

① 北京美兰德媒体传播策略咨询有限公司:《2014年11月在播综艺栏目网络传播监测数据TOP20》,《当代电视》2015年第1期。

表 5-10 近年来以演讲为表现手法的电视节目

节目	所属电视台	简介
TED	TED 非营利机构	TED 实质上是环球会议,以"用思想的力量来改变世界"为宗旨。其名字是技术(Technology)、娱乐(Entertainment)和设计(Design)的首字母缩写。最初为一次性的活动,由查德·沃曼和哈里·马克思在 1984 年共同发起。每年 3 月,大会在美国召集科学、哲学、商业、音乐以及宗教等领域的杰出人物分享思考和探索。自 2006 年 6 月始,TED 演讲视频被陆续上传至网络。
《百家讲坛》	中央电视台 科教频道(CCTV-10)	《百家讲坛》于 2001 年播出,以"建构时代常识,享受智慧人生"为宗旨。栏目题材涉及面广,包罗军事、政治、生物等多个领域,并着力传播中国历史文化。其中易中天讲《三国》、于丹讲《论语》、刘心武讲《红楼梦》都受到观众的喜爱。
《开讲啦》	中央电视台 综合频道(CCTV-1) 唯众传媒	《开讲啦》是中国首档青年电视公开课。每期节目邀请一位演讲嘉宾,讲述他们的生活感悟和体会,同时与来自各大高校的十位新锐青年展开对话,讨论青年的人生问题和中国的社会问题,为青年人提供了一种认识社会、了解世界的渠道。
《超级演说家》	安徽卫视 能量影视传播	《超级演说家》是 2013 年播出的中国首档原创语言竞技真人秀节目,以"挑选中国最会说话的人"为节目内容。第一季评委由陈鲁豫、李咏、林志颖、乐嘉担任。

第五节 《快乐大本营》:经久不衰的综艺王牌

本节要点

1. 主持人"明星化"构建节目品牌价值。
2. 借助频道优势整合媒体资源。
3. 节目形态如何创新。

《快乐大本营》是湖南电视台于 1997 年 7 月 11 日开办的一档综艺娱乐节目,目前固定在每周六晚黄金时段播出。近 20 年来这档节目历经多次改版,收视率却常年领先,其纯粹的娱乐风格和流行元素广受年轻观众喜爱。2005 年,《快乐大本营》被《新周刊》评为"15 年来中国最有影响力的电视节目"之一;2008 年,获得"亚洲电视大奖最佳综艺节目奖";2009 年,获得由中国世界纪录协会颁发的"中国收视率最高的电视综艺娱乐节目奖"。

背景链接

在《快乐大本营》开播前,中国内地的电视节目基本以新闻和影视剧为主,电视的娱乐功能较弱。央视《正大综艺》《综艺大观》《曲苑杂坛》等节目的播出和其获得的反

图 5-19　《快乐大本营》节目 LOGO

响，显示出人们对电视娱乐的需求正在不断增加。

《快乐大本营》的诞生并不顺利，筹备过程长达一年。1996 年，湖南经视推出一档游戏节目《幸运 3721》，奠定了综艺拼盘节目的基础。

之后的十几年里，《快乐大本营》历经多次改版，却在众多同类型节目中依然保持着较高的收视率和广泛的影响力，成为湖南卫视的品牌节目之一。

图 5-20　《快乐大本营》不同时期的主持人阵容

一、节目架构

《快乐大本营》历经多次改版，如今的节目架构已与最初的节目形态相去甚远。尽管形式在变，但以游戏为核心，辅以访谈和其他娱乐形式的主题并没有变。《快乐大本营》早期的形式更像是综艺晚会，游戏成分较少。节目开播几个月后才开始逐渐摆脱晚会的形式，以游戏与现场互动为主。如今的节目主题一般分为三种类型：

一是大牌明星，围绕一位大牌明星制作整期节目；

二是明星组合，结合某影视剧或节目的宣传档期制作节目，或在敲定主题后组合不同明星制造亮点；

三是节假日专题，以重点节假日或重大娱乐事件为主题。

【案例精选】

以 2015 年 5 月 2 日的节目为例，看看该节目的基本架构。节目嘉宾：黄晓明，杨幂，杨颖，马苏，何穗等。

表 5-11　《快乐大本营》2015 年 5 月 2 日的节目内容

时间段	内容
00′00″—01′35″	开场秀：快乐家族登场
01′35″—02′36″	主持人上场，简短介绍，引出本期嘉宾
02′36″—03′27″	舞蹈《美妙的约会》，杨幂、黄晓明登场
03′27″—04′51″	主持人欢迎嘉宾，介绍电影，引出视频
04′51″—06′51″	视频《两分钟带你看完〈何以笙箫默〉》
06′51″—08′30″	访谈，嘉宾跳舞《青春纪念册》，请出其他三位女嘉宾
08′30″—09′00″	杨颖、马苏、何穗登场，表演舞蹈《女神的诱惑》
09′00″—11′10″	主持人介绍嘉宾，介绍何穗时引出“维密秀”话题
11′10″—20′03″	维密天使翅膀秀《马栏山的秘密》
20′03″—33′19″	游戏“高空大拷问”第一环节，参与者：黄晓明，杨颖
33′19″—40′50″	游戏“高空大拷问”第二环节，参与者：何炅，谢娜
40′50″—41′15″	视频，展现何炅谢娜的友谊
41′15″—42′55″	宣布何炅生日，全场为何炅过生日
42′55″—62′20″	“我想静静”任务挑战游戏
62′20″—76′24″	游戏“扁带摔跤”
76′24″—78′22″	下期预告
78′22″—79′34″	结束语

二、节目特点

1.“明星＋游戏”的节目设计，娱乐和互动贯穿节目始终

《快乐大本营》开播初期，以“明星＋游戏”的模式掀起了收视热潮，这种做法延续了很长时间，至今依然有很强的收视带动作用。随后，节目组开始邀请民间高手、普通大众登上舞台，更加注重娱乐的大众化与平民化。

《快乐大本营》在国内综艺类节目中最早将明星生活化。所谓“明星生活化”就是将粉丝眼中高不可攀的明星还原到日常生活中的普通人状态，他们虽然有明星的光环，但是可以被别人调侃，也可以调侃别人，就像生活中的朋友一样呈现出喜怒哀乐。通过参与节目中的各种游戏，明星一改高高在上的公众形象，拉近了与观众的距离，明星的个性和特色得以充分展现。

正因为游戏是明星参与互动的最重要环节，如何保持游戏的有趣、新鲜且容易出彩，对于一档老牌节目来说，尤其不易。《快乐大本营》一直注重游戏的原创性，在借鉴他人长处的同时根据自身情况大胆改造。比如，“火线冲击”是一个延续至今的经典游戏，制片人与编导在国外节目中第一次看到时，就被其具备的挑战性和惊险性所打动。但是在落实过程中发现喷火装置需要工业电压，而且不安全。于是制片人率领团队研制出仅需两节电池、能够与头盔同步蹦出火花的装置，在提升节目可看性的同时保证了安全。①

图 5-21 长盛不衰的经典游戏——“火线冲击”

除了经典的游戏之外，《快乐大本营》在十几年的节目中广泛征集民间的游戏形式，改造成了许多新游戏，不仅增加了新鲜感和趣味性，也使得一些游戏在全国范围内流行开来。例如，“谁是卧底”是《快乐大本营》中很受欢迎的游戏，而游戏创意来自于民间流行的聚会桌游“捉鬼”，这是一种比拼语言表达能力、想象力和知识面的游戏。嘉宾需要根据自己抽到的词语和其他人对词语的描述，在不清楚敌友状态的情

① 梅文慧、何春耕：《综艺大本营——〈快乐大本营〉娱乐模式》，中国传媒大学出版社 2007 年版，第 141 页。

况下，投票选出可疑的人进行淘汰。这款游戏集益智、幽默、想象力于一体，嘉宾在游戏过程中的“跑票”和“跟票”等率真举动以及智慧与推理能力的闪光瞬间，让这款游戏受到了许多观众的喜爱，成为不少年轻人聚会时的游戏项目。

编导团队最早在聚会时发现了“捉鬼”游戏的吸引力，但是如何将这个来自聚会桌游的创意在电视上呈现，需要仔细的研究。比如引入 LED 屏幕来告诉观众每个嘉宾的词语，将一群人围坐一桌的形式改为一字排开的站位等(如图 5-22 所示)。最终，呈现在电视屏幕上的“谁是卧底”取得了良好的观看效果。

图 5-22　考验智慧与想象力的益智游戏——“谁是卧底”

《快乐大本营》的游戏设计经历了从“明星”到“全民参与”的过程，不变的是注重互动、善于从生活中发现灵感的制作模式。

采访摘录

“谁是卧底”的诞生：这个游戏是编导在酒吧看到并从中提取灵感，经过改编和电视化之后完成的。导演组针对电视播出的特点做了很多研发工作，比如，哪些是适合屏幕呈现的，怎样才能充分体现嘉宾的个性。最终“谁是卧底”受到观众喜爱，成为《快乐大本营》经常出现的游戏。

新游戏“我想静静”同样是由生活观察所得。编导团队在与日本富士电视台的一次沟通会上，获得了灵感和启发，即在安静的氛围中观察明星的一举一动。第一期推出的是《百变杨幂复出首秀 晓明 baby 花样秀恩爱》，收视率创 2015 年新高，全国网台收视份额破 9。

原创性很重要，而原创离不开观察和收集生活细节，要学会从生活中发现灵感。

——《快乐大本营》制片人　罗昕

2. 坚持创新适应年轻受众的需求，季播主题化保持竞争优势

开播迄今，《快乐大本营》已走过了将近 20 年的历程，几乎是全国最老又最年轻的综艺节目。所谓“老”，是因为节目播出了近 20 年，正所谓“年年岁岁花相似，岁岁年年人不同”，老品牌容易产生审美疲劳、选材困顿的问题；所谓“年轻”，根据央视索福瑞全国 23 城收视率调查分析，《快乐大本营》的主要收视群体为 14－28 岁的年轻人，“年轻”意味着活力、新锐，更何况《快乐大本营》的成功因素及其多年来所塑造的形象均在于“年轻”“活力”。老品牌如何做到“岁岁年年人不同”考验着《快乐大本营》节目组的创新力。除了主打时下最热的偶像明星牌外，《快乐大本营》还创造性地提出了主题性综艺的理念，把原本独立的周播变成了连贯的有主题的季播。正如栏目制片人罗昕所说，“用这样的模式串联每一期节目，比如‘女神季’‘男神季’‘啊啊啊啊科学试验站’等，每一季都有新的亮点，让节目时刻保持新鲜感和竞争力”。

此外，节目组还基于观众群体的需求变化，与时俱进，增加新版块、新亮点。例如，2012 年推出全新版块“啊啊啊啊科学试验站”，用有趣的实验，验证科学原理和常识，带给观众不一样的科学趣味与快乐；2013 年，《快乐大本营》新增“天才笨笨碰”版块。在不变的“全民快乐”理念下，追求持续创新，这是《快乐大本营》的活力源泉。

3. 明星主持群有很高的识别度，构建节目品牌价值

《快乐大本营》的主持团队在十几年间不断变化，但逐渐形成一个具有很高识别度的主持团体（群体），成为这档节目独特的竞争优势和品牌价值。

现在的主持团队称为“快乐家族”，包括五位主持人：何炅、维嘉、谢娜、海涛和吴昕。五位主持人性格各异，特色鲜明，在节目中发挥着不同的作用。例如，何炅是主持群的核心，负责掌控与嘉宾互动的尺度，以及整个节目的节奏；维嘉负责与女嘉宾互动，而且专门负责抓现场细节，制造娱乐效果；谢娜则以“粗枝大叶”“争风吃醋”的形象出现，时时制造敏感话题；海涛的“胖身材”“小眼睛”，则与英俊、靓丽的明星嘉宾形成反差，常常成为笑料的引爆点；吴昕则以温柔的乖乖女形象出现，讲解规则，调解场上过于喧闹的气氛。

图 5-23　《快乐大本营》“女神季”系列节目

《快乐大本营》"主持群"有很高的辨识度。他们的主持风格受到年轻观众的追捧，许多"金句"成为网络流行语。例如，"很怀升(fashion)"来自谢娜的一句自夸，却在年轻人中颇为流行。"你可以去使(死)""我在舞林是有一定地位的""现场有很多我的坡迷"等都成为网络流行语。

综艺节目的主持人要明星化，利用明星效应可以获得更好的传播效果。[①] 明星化的"主持群"成为节目重要的品牌价值，也是《快乐大本营》能够保持长久生命力的主要原因之一。主持人明星化，不仅让节目收益，同样也让主持人收获颇丰，形成良性循环。比如，何炅除了主持，还经常跨界出专辑、出演电影电视剧；谢娜与歌手张杰的恋情一直是节目热衷炒起的话题。

图 5-24 《快乐大本营》主持群——"快乐家族"

4. 节目充分产业化运作，整合电视台娱乐资源

湖南卫视被称作"电视湘军"，在其异军突起的过程中，《快乐大本营》发挥了重要作用。反过来，湖南广电优势平台资源的形成，也为《快乐大本营》后期的发展注入了强劲动力。

在 2005 年举办的为《快乐大本营》寻找新主持人的《闪亮新主播》主持人选拔活动中，节目组成功借鉴了《超级女声》的海选模式，扩大了其号召力和影响力。这次重大改版和主持人调整，也为《快乐大本营》带来了新鲜血液和高收视率。

湖南广电及所属娱乐公司凭借着其在娱乐圈的影响力，为《快乐大本营》不断输送

① 梅文慧、何春耕：《综艺大本营——〈快乐大本营〉娱乐模式》，中国传媒大学出版社 2007 年版，第 90 页。

人才，一代代“超女”“快男”选秀明星登上《快乐大本营》的舞台，《爸爸去哪儿》《花儿与少年》《一年级》等湖南卫视出品的真人秀节目的主创团队和明星嘉宾，也做客《快乐大本营》，实现节目间的资源共享，发挥联动优势。

一些明星、影视剧组希望借助《快乐大本营》的平台达到商业宣传的目的，而《快乐大本营》也需要在节目中邀请明星嘉宾，于是双方在合作中寻找一种恰当的方式，平衡了商业目的与综艺节目的品质。作为年轻人喜欢的娱乐节目，热播影视剧明星在节目中登场，本身也满足了观众的好奇心与需求。与此同时，很高地引入娱乐圈的新鲜话题与时尚气息也抵消掉了不少商业宣传色彩。

图 5-25　湖南卫视真人秀嘉宾做客《快乐大本营》

要点小结

1. 作为一档经久不衰的王牌综艺娱乐节目，《快乐大本营》在保持自身特色与风格的同时，始终注重创新，节目形式不断变化。

2. “明星＋游戏”是这档节目的核心元素。该节目不仅将游戏作为一以贯之的节目内容，而且将游戏从“明星游戏”延伸到“全民参与”，提高了受众的参与度。

3. 节目打造的明星化主持群，亦是节目的一大创新之处。明星化主持群为节目的品牌构建发挥了重要作用。

4. 节目充分发挥频道的资源优势和影响力，善于整合综艺娱乐资源，进行产业化运作。

三、延伸与思考

作为一档长盛不衰的本土综艺王牌节目，《快乐大本营》历经多次改版，不断创新节目形态和游戏设置，在激烈的市场竞争中形成了独有的品牌。

明星、游戏、主持群等这些元素在综艺节目中并不少见，但是，如何找到差异化发展之路，特别是如何获得持久发展的动力，是综艺节目面临的挑战。《快乐大本营》的成功告诉我们，原创的力量始终来源于生活，要学会从生活中寻找灵感，从不懈的追求中获得动力。

表 5-12 是国内外一些王牌综艺节目，读者可进行比较。

表 5-12 国内外王牌综艺节目

节目	所属电视台	简介
《周六夜现场》(*Saturday Night Live*)	美国全国广播公司(NBC)	《周六夜现场》开播于 1975 年,是一档于每周六晚 11 点 30 分播出的电视直播综艺节目。节目不设固定主持人,每期会邀请明星做客,与固定的演员班底一起做游戏。这个以周末娱乐为主旨的杂烩式电视节目结合了喜剧短片、脱口秀、音乐表演等多种表现形式,驰骋美国电视荧屏 40 年。节目最大的特点在于通过角色扮演的短剧针砭时弊,不管是政治时事还是娱乐新闻,黑色幽默总能让观众捧腹大笑、身心愉悦。
Happy Together	韩国 KBS2 台	*Happy Together* 是一档以明星聊天为主的搞笑节目,每周四晚上播出。节目由著名搞笑艺人刘在石等 5 人主持,邀请娱乐圈和文化圈的名人偶像做客交流。*Happy Together* 最大的特点是把演播室安排在桑拿房中,明星和主持人都身着桑拿服,在这种放松的环境中畅聊八卦和生活,充满轻松和欢乐。
《康熙来了》	台湾中天综合台	2004 年播出,由小 S 徐熙娣和蔡康永主持,周一到周五晚上 10 点播出,时长 1 小时(含广告)。节目以采访娱乐圈明星为主,气氛轻松愉快,笑点频频。《康熙来了》在播出的 10 多年中,其话题经常引发网友热议,尤其是小 S 在节目中的直言快语和大胆率真的作风受到两岸观众的追捧和好评。2015 年,该节目停播。

第六章　融合互动类节目

第一节　溯源与发展

互联网的产生和发展改变了传播环境，深刻地改变着人们的阅读习惯和生活方式，传统以电视媒体为主导的视频传播模式正面临着诸多挑战。近年来网络视频发展迅猛，根据中国互联网络信息中心(CNNIC)2014 年第 34 次中国互联网络发展状况统计报告，截至 2014 年 6 月，中国网络视频用户规模达 4.39 亿，网络视频用户使用率为 69.4%，相比网络视频发展之初的 2005 年，同比增长 40.4%。当前，网络视频发展正在经历从 PC 端到移动端，由单屏到多屏，由转播、重播电视节目到网络自制节目的转变。

传统电视节目借助互联网传播平台，进行节目推广、营销和制作的多平台传播形式，已经成为电视媒体发展的重要方向。我们将这类具有媒体融合特征的电视节目称为融合互动类电视节目，当然这只是为了便于分类所做的模糊界定。既然是融合互动，显然具有传统媒体和新媒体的特征，囊括诸多节目形态的特征。实际上，真正的融合互动类电视节目并不是简单的终端平移，只有抓住互联网的超链接文本特性和传播关系变化的特点，才可能成为真正的融合互动类节目。历经十余年，我国几大视频网站趋于成熟，UGC、PGC、OGC 等生产方式发展迅速，具有媒介融合特征的节目主要包括两类：一是网络脱口秀节目，一是网络自制剧。

一、网络脱口秀节目

以往，传统媒体将播放过的节目直接上传至互联网，供网民观看或者下载。这种简单的平移，显然不符合网络的传播特征和规律，互联网只是电视节目的另一个播出平台。2002 年，千龙网推出直播互动访谈节目，成为最早的网络语言节目，互联网视频开始借鉴电视节目的一些特点。随后一系列电视访谈、脱口秀节目也在网络平台播出，但这仅是电视节目内容的平移，并非真正的互联网脱口秀节目。

知识链接

国际网络视频平台搭建阶段(1994—2005年)

1994年出现网络浏览器，大量音、视频基于流媒体技术的支持出现在互联网上。2004年，随着P2P技术的开发，传统的电视节目被复制共享到互联网上。2005年2月15日，美国YouTube网站问世。它提出了“Broadcast Yourself”(表现你自己)的口号，flash影像编码技术使用户能够轻松上传影片，为用户生产视频内容提供了技术基础。

技术变革是媒体形态改变的驱动力。在这10余年间，中国视频网站经历了从无到有、从小到大、从弱到强的转变。但平台搭建初期，并未诞生具有影响力的网络节目。

2006年10月，YouTube被谷歌以16.5亿美元的天价收购，视频网站迎来巨大的发展契机，此后，中国视频网站也呈爆炸式生长。这期间，视频网站着重探索类似于YouTube的视频分享模式。网络视频行业高速发展、网络视频用户迅猛增加、网络视频的产业链不断完善。2007年1月，搜狐网站率先推出《大鹏嘚吧嘚》，这是中国互联网第一档个人脱口秀节目，主持人大鹏出身草根，节目形式简单易操作，网络脱口秀节目正式进入受众的视野。这一时期网络脱口秀的主持人大多为草根，关注娱乐内容，主要采用网络信息整合梳理的方式，配以即时点评进行信息和观点的传播。这是网络脱口秀发展的第一阶段。

网络脱口秀发展的第二阶段，开始注重视频内容的品质和文化，节目也开始走专业制作包装的路线。2012年3月，优酷网开播《晓说》，以周播的形式上线，每集20分钟。该节目由歌手、公众人物高晓松主持，宣称打造视频化的“高晓松专栏文章”。2012年12月，优酷网开播罗振宇主持的《罗辑思维》，该节目为周播，每集45分钟，宣称“有种、有趣、有料”，以读书的形式，传播一些常识。

进入2014年，网络脱口秀有了新的发展。爱奇艺投资上亿打造的《奇葩说》，一改互联网小成本制作的模式。该节目将一个人的脱口秀转变成多人辩论式的脱口秀，开启网络脱口秀的“群口时代”。德林社推出《德林爆语》，宣称打造“最短最爆最有趣”的三分钟麻辣财经脱口秀。网络脱口秀开始走上更短、更专业、分众化程度更高的道路。这一时期的网络脱口秀，资金投入、节目形式、时间长度、分众化程度等方面都出现了比较明显的变化。

二、网络自制剧

早在2008年，优酷网便开始了自制剧的探索，推出办公室生活喜剧《嘻哈四重奏》。它以夸张幽默的手法，表现当代白领一族在工作中独特的处事原则和乐观的生活态度，成为中国第一个观看量达1亿次的网络自制剧。

到2010年，我国的网络视频行业已基本形成传统媒体的网络平台、门户网站及商业视频网站分据市场的竞争版图。与此同时，2010年出台的“反盗版禁令”使得海外影视作品难以直接登录视频网站，而国内电视剧的网络播出版权价格也在大幅上涨。各大网络视频公司为了摆脱版权购买争夺战，树立竞争优势，纷纷投入自制剧的研发中。

背景链接

2010年我国网络视频行业的竞争格局

传统媒体开办的网络平台作为后起力量，虽拥有一定的政策优势、传统媒体的内容和广告资源，但其生存压力小、用户意识薄弱、创新动力不足，并未快速成长起来。

门户网站依托其平台资源和用户优势向网络视频领域进军。搜狐、新浪、网易、凤凰网等均推出或强化视频频道，而以“新门户”著称的搜索引擎——百度也开始涉足视频业务。

商业视频网站最具活力、占据市场份额最高、发展模式多样，但生存压力也最大。尤其是伴随着国家对网络盗版、网络侵权行为的管理，以及对互联网低俗之风的专项整顿，商业视频网站内容向着正规化、正版化方向发展。

2010年5月，土豆网推出“橙色盒子”计划，锁定18～30岁的都市青年，以都市生活、文艺娱乐为主要诉求点，旨在为网民量身制作更重视互动、更具多元传播特性的网络剧。土豆网斥资600万元，打造了第一部网剧《欢迎爱光临》。这部由视频网站自主打造的作品，标志着网络自制剧成功实现了电视制作与新媒介制作的嫁接，也掀起了一场网站自制剧的高潮。同时，土豆网还将版权卖到了11个国家和地区，境外版权最高单集达3万多美金，利润丰厚。这部网剧的成功，开启了网站自主投拍网剧的新阶段。

同年，优酷网推出《11度青春》系列短片，主题是“80后的青春”，压轴作品是由“筷子兄弟”自导自演的电影《老男孩》。该系列中的皮三作品《泡芙小姐的金鱼缸》被制作成《泡芙小姐》系列动画短片。它讲述了都市年轻人的情感故事和爱情观，风靡一时。酷6网提出了“Made in Ku6”的新媒体整合战略。新浪网请来香港著名的“鬼才导演”彭浩翔启动了“4＋1”电影计划。搜狐网则打出“搜狐制造”的大旗。

2012年10月，搜狐视频出品的《屌丝男士》首播，它不同于传统电视剧，而是以

“短、乐、快”制胜，带有浓郁的网络文化特征，节奏快、信息量大、时长不超过 25 分钟。2013 年，由优酷和万合天宜合作出品的《万万没想到》大获成功。此后，网络自制剧进入一个新的制作周期，开始逐渐成为视频网站整体品牌营销的重要战略方向。

三、融合互动类节目的展望

2014 年以来，各大视频网站投入巨资，邀请大明星、名主持加盟，大力制作自制剧。高投资、高赞助、高人气逐渐成为网络视频节目的发展趋势。另一个重要的变化是，观众的收视渠道从单纯的 PC 端向手机、PAD 等多屏终端转移。根据 CNNIC2014 年第 34 次《中国互联网络发展状况统计报告》，截至 2014 年 6 月，在我国网民的规模达 6.32 亿，手机网民规模达 5.27 亿，我国网民上网设备中，手机使用率达 83.4%，首次超越传统 PC 整体使用率(80.9%)，手机已成为第一大上网终端。为顺应移动终端普及、移动收视受众激增的趋势，结合移动端收视在时长、收视环境和流量等方面的特点，自制剧单集时长越来越短。

大数据时代已经到来，网络平台加强对用户数据的收集和分析，使得节目的受众定位愈加精准，服务也更加到位。科技的进步和网络节目的投资增加，也让节目使用虚拟演播室成为可能，这可以最大限度地满足观众的视听感官诉求。可以预见，台网联动、双屏互动将越来越频繁，诸如 *The Singer Takes It All*、*Rising Star* 等节目的创新，会持续带动不同媒介平台的融合。值得一提的是，当网络视频节目的点击率飙升、影响力增大时，诸如《侣行》这样的网络自制节目，开始“反哺”传统电视媒体，在传统电视平台上播出。不同媒介之间的融合互动类节目是值得关注和研究的。

第二节　《奇葩说》：专业化的网络脱口秀

本节要点

1. 网络脱口秀培养意见领袖，鼓励受众进行独立思考。

2. 大投资、专业化是该类节目的特色，突破了以往小成本、小制作的网络节目生产模式。

3. 将脱口秀的“个人秀”变成“多人秀”和“竞争秀”。

4. 运用互联网思维强化互动交流，丰富的表现元素为画面内容增值。

《奇葩说》被认为是中国互联网播出的首档说话达人秀节目，也可以看作是竞技类脱口秀节目。节目由高晓松和蔡康永担任团长，旨在寻找华语世界中观点独特、口才出众的“最会说话的人”。该节目于 2014 年 11 月 29 日在爱奇艺独家播出。截至

2014 年 12 月 17 日，百度指数为 12 万，节目中讨论的内容频频问鼎微博话题榜，微博讨论量高达 4.1 亿。① 节目人气选手的微博粉丝数达数十万，其微博引发上千条评论。节目倡导“为自己发声”“勇于表达真实自我”的宗旨，并且追求竞技元素——“谁更愿意听你说话?”有评论认为，《奇葩说》通过大明星、大投入、大制作，真正打造出一部互联网现象级的超级综艺，打破互联网综艺和电视综艺规格的界限。②

人物链接

蔡康永，被誉为“最会说话的人”，主持《康熙来了》火爆各地，屡获金钟奖，5 度主持台湾金马奖，在华语地区具有超高的知名度，擅长用谦逊态度包装犀利问题，兼具专业性与娱乐性。

一、节目架构

《奇葩说》分为四个部分。第一阶段是海选阶段，每一位选手自备一个话题，阐述观点，三位导师和选手聊天、辩论。第二阶段是淘汰赛，由 6 名晋级选手分别组成正、反方进行辩论，每次将会在输的一方淘汰 1 名选手，最终选出 5 名优胜者进入下一环节。第三阶段是积分赛，前 5 名优秀辩手组成团队与外请来的辩手团队继续辩论，选手由观众打分，导师有加分或减分的权利。第四阶段是决赛阶段，选手针对同一论点分三次交替发言、阐述观点，在观点阐述之后，选手需回答导师的疑问。这一环节虽没有选手激烈的辩论，但是观点陈述大多逻辑严密、层次清晰，体现出选手的语言魅力和实力。

以第二阶段的游戏规则为例，一期节目的整体框架分为四个部分。节目首先通过小品或者视频短片的形式引出话题。之后，简单展示两组的备赛讨论情形，并让高晓松、蔡康永两位导师作为领队，分别率领一方开始辩论。选手分为两排，第一排为主辩选手，第二排为协助议员。辩论首先由第一排的选手轮流发言，之后进入自由辩论环节，由两排辩手自由陈述观点，最终双方领队作总结发言，陈述本方观点。比赛前，观众会进行初始投票，在比赛过程中观众可以随时改变立场，而最终胜负由初始投票和最终投票的跑票数量③决定。输的一方队伍中，将会由投票来淘汰一名选手。

---

① 《〈奇葩说〉播放破 3000 万 爱奇艺打造现象级综艺》，载自新华网，2014 年 12 月 18 日。

② 《〈奇葩说〉盛大开机 开创网络综艺亿级大制作时代》，载自新华网，2014 年 10 月 20 日。

③ 跑票数量，又称“跳票率”，是《奇葩说》节目中衡量选手辩论说服力的量化测量数据。在节目开始前，现场观众会根据相应辩题选择自己赞成的观点，在这个过程中，观众可以根据选手的发言，随时更改自己的立场。在辩论话题结束后，“法官”会再次统计大家对于该辩题的立场，两个数据的差额即为跑票数量。届时，法官根据跑票数量定夺辩论胜负。

依托网络传播平台，40分钟的节目亮点不断。高晓松曾在节目中说："发言出现5秒钟以上让人走神是致命的。"尽管他针对的是选手的言辞，但实际上整个节目也遵循着这个原则。而相对于电视脱口秀节目，该节目的节奏更快、更为紧凑，时长也没有严格的限制。

图 6-1 《奇葩说》宣传海报

【案例精选】

接下来，我们以点击率较高的一期(18进12第二场)为例，看看具体的节目架构，该期辩题是"应不应该看伴侣的手机"。

表 6-1 《奇葩说》18进12第二场节目内容

序号	内容	具体内容
1	开头片花	
2	广告	赞助商
3	公布辩题	小品演绎辩题：应不应该看伴侣的手机
4	统计观众初始状态	正方：反方＝33：67
5	团长选择立场	蔡康永选择应该看，高晓松选择不应该看。
6	正方反方轮流发言	反方纪泽希：不应该看伴侣手机，在乎对方就应该让对方有尊严。
		正方范湉湉：应该看伴侣手机，因为可以帮助解决对方难以启齿的问题，不要压抑自己的天性。
		反方刘煊赫：不应该看伴侣手机，因为每个人心中都有一个空间是不能侵犯的。
		正方马薇薇：应该看伴侣手机，因为作为伴侣应该共享一切。
		反方艾力：不应该看对方手机，因为爱是信任，偷看对方手机解决不了问题，只会让事情变糟糕。
7	自由辩论发言	范湉湉与艾力对辩：以付出爱情来获取安全感。 马薇薇：男人的责任感在于做了而不让人发现。

续表

序号	内容	具体内容
8	二排议员发言	肖骁：通过偷看对方手机了解对方的个性。 导师点评：不能将问题道德化。
		姜思达：不要看对方的手机，以免看到惨不忍睹的自拍。
		魏铭：假如对方善于掩饰，那么会让伴侣产生错觉，
		马薇薇：假如通过手机办错事能够掩饰一辈子不让对方发现，也是一种责任感。
9	团长总结陈词	正方蔡康永：应该看伴侣手机，因为相互干涉对方生活带来的紧张感可以保持相互关心的紧密关系。
		反方高晓松：不应该看伴侣手机。很多人不让父母看自己手机，那么毫无血缘关系的伴侣凭什么可以看？
		蔡康永：不应该用孝道绑架大家，因为父母不能选择，伴侣可以选择。因此伴侣在选择被爱后有了权利。
10	观众投票	正方：反方＝42：58，正方胜出。
11	团长、女神总结	高团长：输得心服口服。
		蔡团长：初次上场的人应该把握极少的机会发挥攻击力。
		女神：不用讲太多。
12	失败方淘汰一位选手	如果票数对等，由议长作出选择。
13	广告	美特斯邦威广告
14	公布淘汰名单	一人一票，由议长马东选择，最终淘汰刘煊赫。
15	采访	高晓松：喜欢充满热情而不是诡辩的辩论。

二、节目特点

总体来讲，《奇葩说》改变了以往以单一主持人为脱口秀卖点的节目形式，加入了竞技元素，增加了趣味性。尽管是“以说为主”的节目，但是该节目加入多种画面表现手段，避免画面内容的单一性，成功地吸引了观众。

1.“奇葩”的内涵：互联网时代的新锐意见领袖

奇葩，原本常用来比喻珍贵奇特的花卉或非常出众的事物。如今“奇葩”衍生成为网络热词，解释为某人某物个性十足，世间罕至。与原本美好出众的事物不同，“奇葩”有了调侃和讽刺意味，多指向一些正常人思维以外的让人难以理解的行为。

采访摘录

《奇葩说》这个名字有“网感”（互联网的感觉），虽然它有争议，但它的本意是好的。

它直观地体现了选手的特点:能 BIBI,不是神经病,是理想。

——《奇葩说》制片人　牟頔

《奇葩说》节目试图为“奇葩”正名,将其塑造为用机智、幽默、观点和人格魅力征服观众的新锐意见领袖。在节目筛选过程中,选手们会被要求同陌生人聊天,同对手针锋相对,以寡敌众,舌战群雄,甚至挑战高晓松和蔡康永等主持人与嘉宾的权威。节目组借此寻找有独特观点、表述真实、与众不同,但讨人喜欢的人。

知识链接

网络热词

网络热词是伴随着互联网的发展而兴起的一种语言形式,包括中英文字母、标点、符号、拼音、图标(图片)和文字等多种组合。这种组合,往往在特定的网络媒介传播中表达特殊的意义。目前,网络热词已越来越多地融入人们的日常生活中。

互联网改变了人们的传受身份,降低了公众的发言门槛。然而,当人人都可以成为信息的传播者时,势必导致网络信息膨胀,这些过度膨胀的信息带来信息过载,甚至阻碍人们独立思考。面对浅阅读和人云亦云的网络环境,人们需要独特的观点和声音。寻找新锐意见领袖,鼓励批判地和有选择地接受信息,正是互联网节目《奇葩说》的最大亮点。《奇葩说》宣扬独立而真实地表达内心,正迎合了互联网时代人们的需求。

在大众传播模式中,意见领袖的重要作用是说服他人,意见领袖具有影响他人认知甚至态度的能力。在《奇葩说》的环节设置中,“跳票率”量化体现了意见领袖的说服效果,即选手的发言是否改变现场观众的立场。《奇葩说》的看点正是选手们说服观众的过程,所谓“任性”“看心情”的评判标准,也是基于选手们的发言是否能真正说服观众。

知识链接

意见领袖

意见领袖是指在人际传播或大众传播中经常为他人提供信息,同时对他人施加影响的“活跃分子”。他们在大众传播效果的形成过程中起着重要的中介或过滤的作用,由他们将信息扩散给受众,形成信息传递的两级传播。意见领袖具有影响他人认识与态度的能力,他们介入大众传播,加快了传播速度并扩大了影响。

相比于传统的电视脱口秀节目,互联网脱口秀节目更为强调个性化的观点、语言的质量及选手的爆发力。以前,电视上的脱口秀节目内容往往取材于互联网,然而互联网节目则对观点和语言的原创性提出了更高的要求。假如节目只是“炒冷饭”,那么肯定难以抓住观众。同样，互联网传播中的意见领袖被要求具有更多的特质，比如既能抓住观众注意力，又能够有理有据地表达观点；既要“语不惊人死不休”，又要引导大家理性思考等等。

图 6-2 《奇葩说》的节目画面——选手间的辩论

2. 重专业化：投资规模与生产模式的创新

在投资和制作上，《奇葩说》有两大特点：一是由来自央视的最年轻的导演阵容，导演组平均年龄仅为 24 岁；二是不同于大量低成本和小制作的互联网节目，《奇葩说》投资上亿，明星云集，阵容强大。相对于低成本、小制作、草根性的原生网络节目而言，《奇葩说》从投资制作规模、节目环节设置和节目内容形态都显得更为专业化，体现出不同于普通互联网节目的特点。

近年来，由于互联网具有强大交互功能和相对自由的表达空间，许多自媒体运作的网络节目纷纷上线。然而，这些节目大多在制作资金上捉襟见肘，评委嘉宾鱼龙混杂，品味相对低下，一些节目可以说是粗制滥造。相比之下，《奇葩说》打破了“小成本、小制作”的网络节目生产模式。上亿的投资规模使其有能力在网络平台上打造一款现象级的综艺节目，为节目邀请名人嘉宾、招募选手、推广发行等提供了支持。

该节目的环节设置上也体现出专业性。传统的网络脱口秀，其实是主持人的个人秀或是邀请嘉宾联袂表演的“二人转”。《奇葩说》加入了竞争元素，借鉴了严肃的辩论赛的形式，辩论模式也贯穿节目始终。这使网络脱口秀从“个人秀”变成了“多人秀”，从“段子秀”变成了“观点秀”。

采访摘录

《奇葩说》的制作团队大多是 90 后，这支年轻的团队曾制作央视一套著名的喜剧综艺节目——《喜乐街》。导演组平均年龄仅 24 岁，制作过的项目却已招商过亿，其中就有央视最年轻的总导演牟頔。

牟頔曾因团队风格与央视调性不符而烦恼过。“我没有能力瞬间让央视的受众更年轻一些，那我就只能改变自己，有时候很痛苦，大家语境都不一样”，牟頔谈到，“我希望我们团队成员有专业的摄制技能和活跃的思维，而非因循守旧，恪守经验。”

“多人秀”的本质是矛盾与竞争。在传统综艺节目中，选手与选手、选手与评委的争执产生矛盾，引发观众的兴趣，但是这样的争执具有偶然性，需要事件激发，有时甚至是刻意制造事件才能增强节目的戏剧张力。《奇葩说》则为矛盾设定了天然的场景——辩论。在辩论中，双方争夺的是话语空间，必然会产生矛盾。由于争夺最终会产生胜负，而观众则在这对矛盾中产生了期待。这是《奇葩说》节目的一大亮点。

“多人秀”强调语言的灵活运用和观点的灵活表达。语言不只是承载和表达思想的工具，其本身也是一种思想形式。在多人脱口秀中，由于发言人的说话对象不仅是观众而且是彼此，话语权在不同辩手之间转换，因此每个人只能抓住有限机会，短、平、快地表述观点，精心组织表达形式，充分展现自己的观点。在观点的交锋中，多人密集的表达，比一个人喋喋不休更有表现力，也更容易产生“妙语连珠”的效果。

节目所邀请的嘉宾也体现出其专业性。互联网思维强调用户生产内容（UGC），《奇葩说》则邀请了蔡康永和高晓松两位专业人士加盟，使得该节目朝专业化生产内容（PGC）迈进了一步。专业级的嘉宾在之前的互联网节目中并不多见，因为传统观念认为互联网是草根造星的地方。另外一个重要原因是互联网节目大多是小成本制作，资金拮据，难以邀请重量级的明星加入。明星除了能产生名人效应外，他还是某一领域的专家，因此能够提供有用的、有价值的、专业的观点。例如，在八强争霸赛中，针对“贾玲该不该‘死’”的辩题，被誉为“最会说话”的蔡康永第一次违反规则临场换阵，但他体现出专业人士对话语拿捏的水准，很好地对该辩题进行了引导。

图 6-3　团长蔡康永在“贾玲该不该‘死’”的辩题上改变立场

【案例精选】

在八强争霸赛第二场中，节目辩论的题目是：假设一个在大海上航行的场景，现场的所有人都在船上，假如杀死贾玲“女神”，能够救现场的所有人，那么应不应该杀死贾玲？现场观众在两个观点之间游走，最终正方（认为应该杀死贾玲）超过半数。在最后团长总结陈词的时候，蔡康永第一次“叛逃”，从原来的支持杀贾玲的立场，换到了另一立场。他说出了这样一段话：

“我叛逃的原因在于，原以为大家处于抽象的状况，凭借理想和情怀作决定的时候，应该选‘不该杀’的人居多，但是当选择‘该杀’的人居多的时候，我自己吓坏了，立刻决定这不是辩论，这是在向大家传递关键价值观，并不惜牺牲作为团长的立场。按下按钮是作为，不按是不作为。人应该守住的底线应该是不作为，有所不为。胜负不重要，如果我们真的放在那艘船上，会抱怨上帝捉弄我们，幸好没有那么困难的时刻。好的辩论题目是真的会把我们放到极为两难的位置，请允许我改变立场，因为我要传递重要的信息。”

最终观众们投票，支持“不处死贾玲”占压倒性胜利。三位导师分别针对这一辩题发表了评价。

高晓松：“我们是扮演小丑的，但大节不辱，到了关键时刻，一定要坚守住自己最基本的道德底线。”

马东：“这是一个世界难题，没有对错。我们在现场找到了一个通过这个节目表达我们内心应该向往什么，我们内心应该鼓励什么，应该让年轻人知道和体会什么的契机。”

蔡康永：“我的倒戈只能说明一件事情：为辩论而辩论是一件事，可是传递我们真心信仰的价值比在辩论场上得到胜利更重要。”

作为一档网络节目，《奇葩说》最大限度地遵循网络传播规律，它秉承“要有价值观，但不贩卖价值观”的节目制作理念。一方面，节目充分呈现正反方的观点，使选手在场上尽情辩论和交流，而观众则可以从中选择接受自认为有理、有据、有用的信息。节目组鼓励多元观点的表达，也鼓励观众宽容对待每一个观点，这也是节目最后不会告诉观众确定结论的原因。另一方面，《奇葩说》会对涉及道德层面的论题进行适当的引导，因为这会在一定程度上影响观众的价值观。倘若最终“为了拯救大多数人的生命而杀死贾玲”的辩方获得更多支持，这无疑会呈现一种残忍而功利的价值观，即为了自己的利益牺牲他人是可以接受的，而这恰恰与珍视个人价值的人类文明精神相悖。蔡康永的“叛逃”体现出专业人士对话题的把控，展现出其人文精神与社会责任感。

采访摘录

《奇葩说》虽然称自己是“严肃的辩论节目”，但我们的主要目标不是辩论。我们借用辩论的形态,讨论当下年轻人的价值判断。这不是非黑即白的讨论。有人说真理越辩越明,但在《奇葩说》中你会发现真理是辩不明的,因为最终你很难说出谁一定是对的。而《奇葩说》的目的恰恰不是辩出正和反、是和非,而是在辩论的场合下进行价值观的沟通,让观众明白生活不是非黑即白的。

如果不是牵扯到道德层面等必须引导的话题,我们是不会进行强制引导的。大多数情况下,我们只是把观点摊到桌面上,观众可以各取所需。一句话说,《奇葩说》是有价值观的节目,但我们不贩卖价值观。

——《奇葩说》制片人　牟頔

3. 大信息量:多样视觉呈现手段

互联网时代,网络以其信息量大、交互性强的特点重塑着人们对信息质量的诉求,改变着人们的媒体使用方式。《奇葩说》作为网络节目充分适应了互联网的特点,一方面通过分屏来丰富画面呈现方式,另一方面采取多种手段将互动性充分表现出来。

为什么要采取分屏来丰富画面呈现方式?

首先,这种手段可以强调重要信息。因为在传统的镜头语言中,只有全景或远景才能使镜头包容下更多人物,这个时候,人物在镜头中显得比较小,不能看清面部表情。而分屏则可以将多个人物的中景拼在一个屏幕中,截取有用信息,筛掉无关画面,从而提升屏幕内容的信息量。值得一提的是,这个手段源自电影,最初的目的是重新建构时间和空间。

知识链接

分屏

分屏也称作银幕切割,是指观众所接受的一个屏幕被区分成多个区域,每一个区域是不同的镜头画面,这样的表达方式给观众以全新的视觉体验。实际上,分屏手法最早应用于电影,它伴随着后现代主义艺术和新媒介艺术而诞生,在胶片时代打破了传统的线性结构剪辑手段。

其次,作为谈话节目,节目的呈现空间局限在演播室,人们更多依靠无形的口头语言传播信息。因此,单从镜头内容来看节目会显得单调乏味。分屏从视觉上打破了一块屏幕的单调感,多个画面的移动、闪现可以调整视觉节奏。分屏作为镜头画面的呈现方式体现了剪辑包装的智慧,是后期对单调镜头内容的修饰和补充。观众可以自行选择想要关注的画面内容,释放注意力的选择权。

字幕动画也成为视觉新要素,诸如《快乐大本营》《爸爸去哪儿》等综艺节目、真人秀节目对字幕的使用已比较成熟。在脱口秀等语言类节目中,字幕动画的作用不可被取代,因为以说话为主的节目文本性很强,这给字幕留下了"大施拳脚"的空间。从功

图 6-4　《奇葩说》采用分屏的视觉手段

能上来说，字幕可以对画面和声音信息加以强调和梳理。字幕颜色和字幕旁的漫画图像为脱口秀增加了趣味性和喜剧元素。节目中人物生气或激动时，用火焰、裂痕等字幕特技，可以外化个人情绪。字幕也可以阐释编导意图，是编导和观众直接交流的体现。

4. 强社交性：灵活运用互联网思维

互联网思维的本质是用户传受关系的变化。人人都是网络信息的生产者和传播者，这为观众参与节目生产，在视频产品上直接互动提供可能，也为制作团队了解用户喜好提供了依据。基于互联网每个人都可以发声的特征，节目组的每期选题都是汇集群体智慧的产物。早在 2002 年，千龙网的直播谈话类节目已经开始有意识地根据受众反馈进行下一期节目选题的确定。《奇葩说》的话题则更是与网络热点话题密不可分，诸如“看脸有罪吗”“相亲就该 AA 制”“消灭份子钱”等多个话题都曾位列微博话题榜前茅，搜索量超过 55 万。

在语言类节目中，好的话题意味着节目成功了一半。《奇葩说》节目组让观众投票选择讨论话题，相当于邀请观众加入节目生产过程中来。通过百度贴吧、知乎、新浪微问等热门社区的数据后台，节目组挑选出网友关心的、热议的、有争议的、有趣味的话题，拿到节目中让选手讨论。这些话题不同于辩论节目常常出现的形而上的思辨话题，而大多是最平常、最亲近的生活类话题，与每一位目标受众建立起了真实的情感和生活联系。

讨论受众关心的选题，大家自然乐于收看，一些犀利的观点也引发了网民讨论的热情，话题进而在社交平台上进行了多次传播。源于网民又反馈于网民的选题，形成了巧妙的传播圈和良好的线上互动，这也是《奇葩说》的辩题多次登上微博热门话题榜首的原因。

观众除了可以参与节目生产环节外，还可以通过弹幕在节目产品上继续创作。弹幕，就是将社交元素同步于节目播放之时的互动工具，发源于日本新型视频分享网站，并逐渐在青年群体中传播开来。从形式上看，弹幕就是“字幕像子弹一样飞”。

知识链接

弹幕

弹幕指直接显现在视频上的评论，以滚动、停留甚至更多的动作特效方式出现在视频上，是观看视频的人发送的简短评论。很多视频网站提供发送弹幕的功能，如 acfun、bilibili、dilili、tucao 等。

传播技术改变了传播环境，也改变着人们信息获取的方式和习惯。弹幕模仿了观看传统媒体时人们可以即时发言的收视状态，它超越了空间限制，满足多用户在同一时间交谈的需求，具有共时性的特点，构建出虚拟的集体观影氛围。相比于完整封闭的作品，文本是意义生产的空间。因此在脱口秀节目中对视频即时的二度加工可以引发更广阔的讨论。不过需要指出，弹幕的使用也需要慎重，因为它在一定程度上影响了节目的视觉美观和受众的观看体验。

图 6-5　《奇葩说》节目上的弹幕

要点小结

1. 事实上，网络脱口秀培养了一批新锐意见领袖，鼓励大众进行独立思考。与此同时，语言质量也至关重要，如何说、说什么是提高信息的抵达率、说服观众的关键。在原创语言节目不足的情形下，商业化趣味模式可以作为补充手段，但若依赖以噱头博眼球的方式则会降低节目的品质。

2.《奇葩说》突破了以往小成本、小制作的网络节目生产模式，投资规模上亿，在节目设置上也将脱口秀的“个人秀”变成“多人秀”“竞争秀”，体现出节目的专业性。与此同时，节目邀请明星嘉宾参与，他们在把握节目整体风格和价值取向上起到积极引导的作用。

3. 视频分屏打破了叙述节奏，字幕动画成为视觉新要素，这些手段作为节目视觉元素的补充，弥补了谈话节目画面不够丰富的缺陷。

4. 互联网的本质在于用户参与，包括多平台征集话题、集纳群体智慧、采纳观众投票的话题等，这些方式更易于在社交网络上形成新的舆论热点。弹幕的出现模拟了集体观影的氛围，使社交活动与节目同时进行。

三、延伸与思考

《奇葩说》最大的特点在于其专业化，突破了互联网节目小成本、草根制作的模式，它将“单口秀”变成了“多人秀”，将“段子秀”变成“观点秀”，以热点话题为蓝本，为大众搭建了表达观点和自由辩论的平台。与此同时，《奇葩说》秉承“要有价值观，但不贩卖价值观”的理念，尊重网络传播的规律，也适时地在重要话题上引导年轻人的价值观，体现出节目的责任感和专业水准。此外，《奇葩说》充分运用了分屏、字幕动画、弹幕等技术手段，增加了语言类节目的趣味性和可视性。

在传统的节目形态中，《一虎一席谈》也采用了辩论的形式，对当下国际、国内社会焦点进行探讨。与《奇葩说》不同的是，这档在传统电视媒体中播出的节目，从时长到风格都有严格的限制。同时该节目没有赛制，仅是嘉宾们针对某个话题进行观点的辩论与分享。

表 6-2　《奇葩说》与《一虎一席谈》的对比

	《奇葩说》	《一虎一席谈》
节目时长	不定	50 分钟
节目话题	社会生活类	国际、国内社会焦点
播出时间	周六、周日晚	周六晚 20:00
主持人	马东	胡一虎
节目人物	导师、女神、参赛选手	相关专家、现场观众
播出平台	爱奇艺	凤凰卫视中文台
节目流程	有明晰的赛制，在主持人的引导下，选手依次发言、辩论，最终观众投票判定胜负，导师淘汰失败方选手。	在主持人的推动下，嘉宾们陈述观点。当观点不同时，嘉宾们会相互反驳。最后由在座观众发言。

除了《奇葩说》，网络脱口秀节目还有许多优秀作品，现列表如下，读者可以观看与研究。

表 6-3 网络脱口秀节目推荐

节目	出品方	简介
《大鹏嘚吧嘚》	搜狐视频	《大鹏嘚吧嘚》于 2007 年播出，时长 25 分钟。它是中国第一档有较大影响力的网络脱口秀节目。主持人大鹏作为草根明星，以智慧幽默和独特的“鹏氏”语法调侃生活趣事。
《麻辣书生》	自媒体(2011 年河北新闻广播邀请落地)	《麻辣书生》于 2009 年播出，时长 15 分钟。主持人林白是中国传媒大学在校学生，他言语犀利，针砭时弊，嬉笑怒骂，独有风格，尤其擅长制作抓人眼球的标题。他的节目录制场所就是自己的宿舍，充分说明了互联网节目“小成本”制作的特征。
《晓说》	优酷网	《晓说》于 2012 年播出，时长 20 分钟。主持人高晓松每期谈论一个热门话题，注重言语的逻辑和思想的深度，着重打造视频化的“高晓松专栏文章”。该节目体现出互联网脱口秀正逐步走向知识性、专业化。
《德林爆语》	德林社	《德林爆语》于 2014 年播出，时长 3 分钟。作为财经类脱口秀，其主讲人李德林是中国资本市场“20 周年最具影响力财经传媒人”奖获得者。节目精短生动，用现实生活中的例子类比抽象的财经知识，通俗易懂。节目追求“独特、风趣、有爆点”，体现出当下网络脱口秀的专业性和精简性。

第三节 《万万没想到》：创新型网络自制剧

本节要点

1. 互联网传播中“碎片化”也可以拼合完整性，自制剧适应移动终端的发展和多屏时代的来临。

2. 采用互联网思维叙事，以非主流的方式展现主流价值观。

3. 边拍边播，多平台矩阵化传播方式，打造品牌效应，延伸产业链。

《万万没想到》是万合天宜与优酷共同出品的网络自制周播迷你剧，该剧用夸张幽默的方式讲述了主人公“王大锤”一系列穿越古今的搞笑故事。剧情短小精悍、节奏明快流畅、内容丰富，该节目取材于古今中外的经典素材，用吐槽和自嘲的方式，对现实问题进行解构式的艺术加工。每集故事相互独立，人物设定不断变换，用戏谑的话语讲述小人物的生活遭遇。《万万没想到》所代表的网络自制剧，是当下一种流行的融合互动式电视节目。

截至 2015 年 1 月，《万万没想到》的第一季和第二季在优酷的总播放量均达到 7 亿次以上，平均每集播放量达到 4 千万次以上。2014 年 5 月 14 日，《万万没想到》在第五届中国国际新媒体短片节金鹏奖颁奖晚会上，获得“最佳网络短片”“最佳系列短片”的奖项，出品方优酷成为唯一获奖的视频网站。

严格意义上讲，《万万没想到》并不在本书的案例分析范围内，但作为一部具有创新意义的网络自制剧，它的成功值得分析。其自身的诸多特点彰显出互联网最突出的特点，如碎片化、短小精悍、节奏快、信息量大等；其深谙互联网文化的主创团队，将互联网思维自然运用到剧本创作和画面叙事中；其新型的广告营销方式和后期产业链的打造，也为网络自制剧探索了良性盈利的生存模式。

背景链接

网络迷你剧

迷你剧的概念源于国外，与情景剧类似，指在有限的集数中讲述一系列独立故事的电视剧。剧集长度通常为16—24集，是介于电视剧与电影之间的一种形式。国外的迷你剧每集时长较长，制作精良，一般在电视台播出。如美国的《兄弟连》(2001年)、《西部风云史》(2005年)，英国的《神探夏洛克》(2010年)、《黑镜子》(2011年)。

中国的迷你剧主要基于互联网发展起来，大多具有投资较少、规模较小、拍摄空间较单一的特点，适于在手机、平板电脑等移动终端观看，力图充分占用人们的碎片时间。网络迷你剧每集时长多为15分钟左右，定时播出。中国最早的网络迷你剧多为优酷出品，如《乙方甲方》《泡芙小姐》等。

《万万没想到》是国内具有代表性的网络迷你剧集，它在以往网络迷你剧的基础上作了调整，使其更迎合移动终端和移动收视受众的需求，单集时长更短，每集5—10分钟。

一、节目架构

表6-4　《万万没想到》第一季和第二季的节目内容

		第一季	第二季
基本信息	首播时间	2013年8月6日	2014年7月1日
	总集数	共15集	共16集
	每集时长	每集6分钟	每集10分钟
每集结构	片头	片头动画及片头曲《万万没想到，啦啦啦啦啦》。	1. 真人助唱片头曲：某明星或主创团队在某地做宣传时所合唱的片头曲。 2. 片头动画及片头曲《万万没想到，啦啦啦啦啦》。
	广告语	不是为了做广告，而是利用广告语的形式反讽社会热点。一句话精炼戏谑且一针见血，配音风格轻松明快，一般每集出现1个广告，随即进入正片。	既做广告，又反讽社会热点。如果本集有赞助商赞助，在广告语部分，则先放赞助商广告(一般1至3个)，再放内容型广告(1个)。两部分广告语保持风格统一，戏谑反讽。
	正片内容	故事相对独立，每集由一个长故事或者两个短故事构成。选题紧跟社会热点，融入网络元素，解构经典桥段并用戏谑的方式重组，将对社会的反讽蕴藏在笑点中。	
	结尾花絮	时长较短，会出3到5个拍摄时NG的小片段。	时长增加，经过构思和设计，成为被演绎出来带有包袱的小片段，有些融入广告。

【案例精选】

我们分别以第一季和第二季的第一集为例，进行对比分析，看看该节目的架构。

1. 第一季第一集：

片头部分：片头时长只有 8 秒钟，片头曲为流传甚广的《万万没想到，啦啦啦啦啦》。

图 6-6 《万万没想到》片头画面(第一季)

广告语部分：这期节目明显在讽刺韩国扭曲历史，多次剽窃中国传统文化并占为己有的行径。在本集播出前，韩国向联合国教科文组织申报江陵端午节为“人类口头和非物质遗产代表作”，宣称孔子、西施是韩国人，将中医改为韩医申报世界遗产，宣称韩国是豆浆的发源地等行为遭到中国人民的强烈谴责。广告语紧随热点，用“我们要去远方看看，还有什么是我们的。”一句戏谑该事件。

图 6-7 《万万没想到》“广告”画面(第一季)

正片内容：本集用 1 个 4 分钟的故事撑起来，讲述王大锤作为一个低成本武侠剧的演员，一路在吐槽中打败了三个坏人并最终救出公主的故事。片中将金庸武侠剧中的武功招式恶搞并运用其中，有意用看起来很粗糙的特效来体现剧组的低成本，全剧只出现两个演员，一个是演员白客扮演的王大锤，另一个是同时饰演三个坏人和最后公主的"叫兽易小星"。值得一提的是，这集播出后，有两句台词红遍网络，成为《万万没想到》的标志性语言："我的生涯一片无悔"和"我想起那天下午夕阳下的奔跑，那是我逝去的青春"。

图 6-8　《万万没想到》正片画面(第一季)

结尾花絮：节目采用常见的左画面、右字幕的形式。花絮片段的选取也和内容相呼应。如在本集中主题是低成本武侠剧，在花絮中也还原了拍摄最初的"艰苦环境"。

图 6-9　《万万没想到》结尾花絮(第一季)

2. 第二季第一集：

片头部分：这一集在片头动画前，加了一段创作团队在中国政法大学做宣传时，带领在场全体学生合唱片头曲的片段。此时的片头长度为 14 秒。第二季的其他集中，还有明星助唱片头曲，如阿信、冯绍峰、邓超、刘亦菲等。

图 6-10 《万万没想到》片头画面(第二季)

广告语部分：从第二季开始，这部分植入了商业广告，但商业广告依然保留了原来戏谑、调侃的风格。本集中依次出现的广告内容如下：第一个是赞助商广告，第二个是对社会热点的反讽"广告"。

图 6-11 《万万没想到》商业广告(第二季)

正片内容：本集借鉴了西游记的故事框架和人物原型，但核心却是对现代职场人物关系的影射和隐喻。

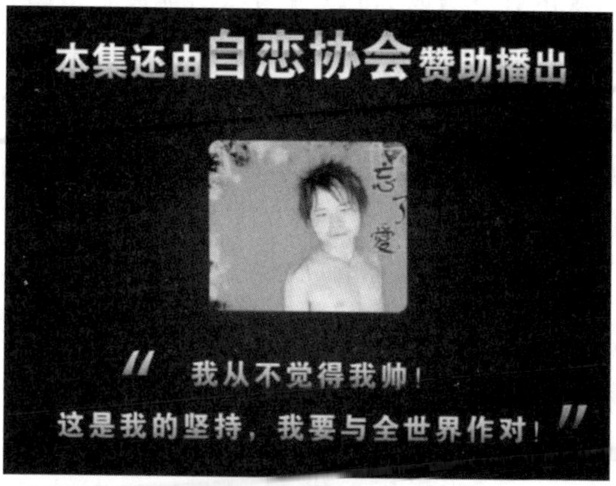

图 6-12　《万万没想到》的"广告"画面(第二季)

图 6-13　《万万没想到》正片画面(第二季)

结尾花絮：这一集的花絮有两段，第一段是普通拍摄花絮，第二段是经过了编排和演绎的花絮。

二、节目特点

1. 内容生产：碎片化的网络叙事

作为一个网络自制剧的成功案例，《万万没想到》最大的特点正是灵活运用互联网思维。具体来说，体现在三个方面：以"碎片化"成就完整性，运用网络思维叙事，用"戏仿"的方式生产原创内容。

首先，该节目以"碎片化"成就完整性。在剧情安排上，每集由一个故事或者多个故事组成，题材包含武侠、历史、职场、玄幻等，可以满足不同观众的口味。在叙事方式上，《万万没想到》采用非线性叙事，不强调事件间的因果关系，也不强调事件的时间顺序，这种碎片化和跳跃式的处理方式，可以更为灵活地设置故事情节点。在结构连接上，集与集之间、每集中被切割的短故事之间彼此独立，观众即使没看到先前的剧情，也不影响后续的观看效果。5—10 分钟的时长设定短小精悍，可以最高效地满足移动时代人们在碎片化时间的娱乐需求。尽管《万万没想到》多处运用了碎片化处理方式，但叙事风格统一，总体叙事脉络清晰，从而保证了“大故事”的完整性。

其次，该节目善于运用网络思维叙事。作为一部在互联网中生存的网络自制剧，融入网络元素、使用网络语言、运用网络思维必不可少。使用网络元素和网络语言并不必然代表网络思维，但运用网络思维就一定会将网络元素和网络语言与创作融会贯通。而网络思维在《万万没想到》中最值得一提的是“正能量的传播”。《万万没想到》虽然直击社会痛点，喜欢吐槽与恶搞，处处充满讽刺与自嘲，但在这些看似消极的外衣下，包裹的是乐观坚强的价值理念。主创团队深谙网络一代的年轻群体习惯自嘲与调侃的表达方式，喜欢稍微“重口”和看似“低俗”的笑点，于是自制剧也用这种方式来与受众对话。这种方式就像在用玩世不恭的口气来探讨“国家大事”，在“不正经”下藏着“正经”，这也反映出青年一代，特别是 90 后群体的特征。

《万万没想到》用王大锤的嘴说出观众想吐槽的话；用王大锤的倒霉宽慰观众心理，因为往往当大家看到比自己还倒霉的人时，就不会觉得自己的境遇那么难以接受了；用王大锤身上乐观、坚强、善良等性格传递给观众积极的心态：面对挫折要笑一笑。节目用这些非主流的方式展现了主流价值观。

此外，网络思维也体现在人物的心理刻画和标志性语言的树立上。在心理刻画方面，《万万没想到》借鉴了“物化”手法，即借用相应的物质手段，向观众作间接说明与叙述。通过动画、画外音、字幕叠加等技术，展现主人的幻觉、闪念、回忆等心理内容，配之以快切的剪辑，增强了剧集的张力与内涵。王大锤的内心独白台词比说出来的台词更多，配之以疯狂的语速，更能突显其天马行空的思想，增加喜剧效果。《万万没想到》创作团队在台词上的设计不遗余力，许多标志性语句不停重复，不仅成为了这部剧的标志，也成了网络流行语，在网民脑海中留下了深刻印象。如“我叫王大锤，万万没想到……”“我的人生一片无悔”“不久之后我就会升职加薪，当上总经理，出任 CEO，迎娶白富美，走向人生巅峰，想想还有点小激动”等等。

背景链接

《万万没想到》对网络热点能够快速跟进。如第一季中出现蓝翔、杀马特、土豪、坑爹、女汉子等网络元素。在“土豪，我们做朋友吧”流行时，剧集在广告部分便有：“本集由中国土豪协会赞助播出，我们不想和你做朋友，谢谢哦。”剧集不仅及时跟进网络热点，而且衍生了很多网络流行语。例如，“我的生涯一片无悔”“我只想安静地做个美男子”“想想还有点儿小激动呢”等。

最后，该节目善于用“戏仿”的方式生产原创内容。《万万没想到》大量运用“戏仿”元素，在原本的故事框架内实现再创造。重新演绎经典或流行的桥段，可以让观众更快地被带入情境；经典桥段的解构与重组，打破大众的惯性思维，让人出乎意料，更进一步抓住了观众的眼球；用经典故事的情节隐喻现实，使创作者价值观的表达更深刻。例如第一季第二集节目戏仿了《三国演义》中“刘备摔阿斗”的典故；第二季第一集戏仿了《西游记》“孙悟空被压在五指山”的情节；第十集则通过戏仿选秀类节目中选手为求晋级大打悲情牌的场景，达到嘲讽的效果。

背景链接

《万万没想到》的剪辑节奏明快跳跃，后期配音搞笑无厘头，节奏紧凑，具有很强的趣味性和观赏性。跳跃的剪辑和快节奏参考了法国超短情景喜剧 *Bref*，无厘头的后期配音则借鉴了日本著名动漫《搞笑漫画日和》“吐槽”的表演方式。

Bref 的中文名为《总而言之》，是 2011 年播出的法国迷你喜剧。“Bref”在法语中是总而言之的意思，此剧以一个单身失业男青年为主角，讲述他生活中平凡的小事，但这些小事却能淋漓尽致地呈现人物内心、反映热点现象，让人产生强烈共鸣。比如“我又荒废在网上了”“我把什么都推给明天”等，让不少观众纷纷“中枪”。剧中每一集围绕一个主题展开，深刻挖掘宅男内心，快切丰富的画面和快速大量的台词搭配内心独白，在一分半钟时间里得到淋漓尽致的呈现，信息量大，节奏快，笑点密集，让人应接不暇。

《搞笑漫画日和》是一部没有条理的爆笑漫画，2005 年被搬上荧屏。其漫画、动画 DVD 等在日本具有相当高的人气，动画目前已经出了四季。“日和”搞笑的方式主要是通过人物语气突然转变，运用诡异的形容手法，搭配极快的说话速度和对名人、名作的滑稽戏仿。

2. 节目风格：戏谑式挖掘社会热点

《万万没想到》对时下社会热点话题的把握精准到位，并且将其迅速运用到剧本的创作中，这种灵活性是传统电视剧无可比拟的。这种方式既迎合了互联网“快速迭代”的特点，保持观众的新鲜感，又不失对社会问题作出一定的思考。节目在怪诞娱乐的外衣下保留了一定的深度，不光引人发笑，还引人深思。

背景链接

《万万没想到》对社会热点话题的抨击与调侃随处可见。以第二季第七集为例，王大锤本想向女神告白，卖火柴的小女孩却如影随形地推销火柴。为了博得女神欢心，王大锤卖肾重金买下火柴，然而直至最后，与女神在一起的幻想只能在点燃火柴的幻影中实现。这集的多处情节都影射了畸形的社会现实：火柴代表现实中华而不实的东西；卖火柴的小女孩代表看似弱小实则强买强卖的群体；王大锤卖肾影射现实社会中为了虚荣不惜出卖自己的行为。

一般来讲,不管是影片还是电视剧,吸引观众无非依靠“明星大腕”“大投资大制作”“有影响力的剧本”等元素。然而,《万万没想到》作为一部草根原创网络剧,尽管没有这些先天优势,却能大获成功,依靠的是节目与观众的“共鸣”。其他电视剧讲的是“别人”的故事,而它讲的就是“你”的故事,就是千千万万个普通平凡人物的故事:没有主角光环、不是帅哥美女、遇不上那么多贵人、运气也不怎么好。《万万没想到》恰恰为观众提供了这样一个机会,去体会看似荒谬却真实的生活,去宣泄内心情感,以此表达对现实生活的不满、对美好未来的憧憬以及对梦想的渴望。王大锤种种意想不到的经历契合年轻网友搞笑、自嘲、乐观和锲而不舍的精神,让这些普通年轻人产生强烈的共鸣和情感认同。

3. 传受关系:及时互动与灵活反馈

《万万没想到》的受众定位精准。首先,节目定位于年轻男性,“核心观众群是 20 到 25 岁,我们以这个为立脚点,借助这个核心用户群去辐射 15 到 20 岁,25 到 30 岁的人群就得需要我们相应推出新的作品……《万万没想到》算是重口味喜剧,受众定位偏男性。”[①]其次,节目定位在移动终端视频用户。随着媒介发展进入多终端时代,即电视、电脑、平板电脑和手机共存,网络视频也成为当下互联网应用的最大热点之一。基于此,《万万没想到》将网络视频用户,特别是手机视频用户确定为目标收视人群。最后,节目定位在中、重度网络人群,这是为避免与其他互联网喜剧的同质化竞争。《万万没想到》笑点密集,内容多取材于网络流行语或是微博段子,紧贴网络文化。因此容易使观众产生亲近感,吸引受众的注意力,培养受众的忠诚度。

《万万没想到》采取边拍摄边播出的方式,在剧本创作和拍摄过程中更强调受众的互动体验。在剧集播出的过程中,主创人员通过微博、微信等平台听取观众的反馈意见,及时将最新的社会和网络热点融入内容中,增强了全剧的吸引力。同时,边拍边播的方式也使得节目制作成本低、周期短、灵活多变。一方面因为每集时长短,降低了节目制作成本,缩短了制作周期。另一方面因为主创人员是网络红人,不是影视明星,费用不高,剧中场景、道具、特效也没有耗费巨资。

背景链接

随着网络媒体的产业链升级,视频网站开始拓展与视频相关的各种各样的服务。2014 年,爱奇艺在全球范围内率先建立起首个基于搜索和视频数据理解人类行为的视频大脑——爱奇艺大脑,用大数据指导内容的生产、制作、运营、消费,并创造性地提出了“iJOY 悦享营销”客户服务价值观和方法。

---

① 黑马(网名):《“叫兽”易小星自述:〈万万没想到〉那 5.8 亿的点击量》,载自“站长之家”网站,2014 年 06 月 12 日。

4. 传播方式：多平台矩阵化

在电视剧行业竞争激烈、网络平台买剧压力过重的背景下，网络自制剧的出现无疑开辟了一块新天地，各大视频网站敏锐地看到了网络自制市场的前景，纷纷进军自制剧领域。数据显示，利用移动端观看《万万没想到》的比例为 49.8%，基本与 PC 端持平。作为《万万没想到》的出品方之一，优酷网成功利用网络迷你剧战略抢占了移动网络平台市场。在《万万没想到》之前，优酷就推出了《嘻哈四重奏》和《泡芙小姐》系列，对网友观看播放数据进行深入分析后，推出了更具互联网特色的《万万没想到》。此外，优酷针对自制剧开发方案推出青年导演扶植计划，挖掘有潜力的新人导演重点培养，从资金、技术、平台和包装宣传等各方面给予支持和帮助。

尤其值得一提的是，《万万没想到》组建了一个"视频网站 ＋ 微信 ＋ 微博"的多平台矩阵化的传播模式，利用"口碑营销"扩大受众群。《万万没想到》由优酷网出品，首播平台是优酷网。网友不仅可以在优酷网在线观看视频，还可以将视频分享到微博、微信等其他社交媒体。同时，粉丝可以关注"万万没想到""万和天宜"和"叫兽易小星"的微信或其他公共账号。这些微信公共账号主要以互动为主，内容包括节目预告、节目视频、后期花絮、媒体报道等，让粉丝能够了解剧集的最新动态，拉近了粉丝与节目的距离。此外，网民在微博上可以找到《万万没想到》主创们的身影，如白客、孔连顺、小爱、子墨、至尊玉等。官方微博还会推介剧集的相关动态，并与一些高关注度的微博有着良好的互动关系，剧集的各种动态都能被转发，提高了自制剧的关注度和知名度。

5. 营销模式：创新型广告

《万万没想到》真正的收入来自广告赞助和后期形成的产业链运营。在打造节目品牌的同时，通过强强联合的方式从网络媒体走向电视荧幕，探索网络平台与电视台合作的诸多可能。

背景链接

由《万万没想到》衍生出的音乐铃声及表情包等产品被广泛流传，音乐铃声下载由移动收费，淘宝商家利用商机进行自制表情包售卖。

第一季播完之后，优酷与万合天宜立刻推出原班人马贺岁迷你剧《报告老板》。湖南卫视与该剧创作团队合作推出贺岁特别篇《万万没想到之小兵过年》，以周播的形式在湖南卫视《一生一世合家欢》栏目和优酷网同步播出。

此外，《万万没想到》还接到了四川卫视、凤凰卫视、上海卫视等多家省级卫视的播放合作请求，这在网络剧中是十分难得的。

与以往影视剧中"遮遮掩掩"的植入广告不同，《万万没想到》创造性地使用了"片头赞助＋剧中植入＋花絮强推"的"硬植"营销方式。这一方式使得广告的风格与节目风格统一，甚至已成为了节目的有机组成部分，引起了受众的注意。

要点小结

1. 视频网站将目光投向网络自制剧，《万万没想到》的成功揭示出自制剧的生命力。随着移动终端的发展和多屏时代的来临，迷你剧可能成为自制剧的重要形式。

2. 网络自制剧短小精悍，采用碎片化结构，节奏快，信息量大，风格戏谑搞笑，用互联网思维叙事。节目题材紧跟社会话题，直击社会痛点。

3. 节目制作上，成本低、受众定位精准、采用边拍边播的方式。节目采用多平台矩阵化传播方式，打造品牌效应，发展产业链，创新广告营销方式。

三、延伸与思考

《万万没想到》是网络自制剧中一个较为成功的案例，近年来网络自制剧的发展迅速。2013 年至 2015 年短短两年间，网络自制剧类型得到丰富、数量得到增长、质量得到提升。类型上，除了网络迷你剧，也增加了悬疑(《盗墓笔记》2015)、玄幻仙侠(《花千骨》2015)、青春言情(《匆匆那年》2014)等多种类型；数量上，2014 年网络自制剧数量超过了之前数年累积数量的总和，全年的网络自制剧集数达 1700 集以上。2015 年网络自制剧得到进一步发展，一方面随着各大视频网站对网络自制剧的不断重视，投资越来越大，制作越来越精良；另一方面，随着前人成功经验的不断积累，网络自制剧的叙事、制作、运营模式逐渐自成体系。

《万万没想到》在内容、剪辑、配音、风格等方面，都借鉴了国内外很多网络视频的优点。如上文中提到的，跳跃的剪辑和快节奏参考了法国超短情景喜剧 *Bref*，无厘头的后期配音则借鉴了日本著名动漫《搞笑漫画日和》"吐槽"的表演方式。对比国内外其他知名网络自制剧，如《屌丝男士》《纸牌屋》等，可以看出成功网络自制剧的一些共性与差异。表 6-5 为读者推荐几部优秀的自制剧集，读者可以从横向和纵向两方面，加深对网络自制剧的了解。

表 6-5　国内外优秀自制剧推荐

名称	出品国家	首播日期
《总而言之》(*Bref*)	法国	2011 年 09 月
《搞笑漫画日和》	日本	2000 年 01 月(连载)
《泡芙小姐》	中国	2010 年 04 月
《屌丝男士》	中国	2012 年 10 月
《兄弟连》	美国	2001 年 09 月
《神探夏洛克》	英国	2010 年 07 月
《纸牌屋》	美国	2013 年 02 月

第四节　《侣行》:真人秀气质的网络纪录片

本节要点

1. 挑战与真情是真人秀的精髓。
2. 采用纪录片的影像纪实语言。
3. 台网融合互动的尝试:网络节目反哺电视节目。

《侣行》(*On The Road*)是由优酷网联手"极限情侣"(张昕宇、梁红)打造的首档网络自制户外真人秀节目。2013年6月13日,首期节目在优酷上线后24小时内即突破了200万播放量。[①] 短短三个月的时间,播放量突破1亿次,集均达611万次。[②] 2013年底,《侣行》第二季上线,相比于第一季的15集,第二季的制作更为庞大,总共有50集,主要讲述这对主人公驾驶帆船前往南极结婚这段浪漫又艰险的航行。2014年3月24日和31日,《侣行》剧场版在央视一套首播。

作为一档网络自制户外真人秀节目,《侣行》以旅行为题材,展示出冒险的勇气和携手同行的真情,通过纪实的影像语言和适应互联网传播的营销模式,成为一档成功的融合互动类节目。

背景链接

2014年4月,《新周刊》发布2013年"中国视频榜"。这是中国视频行业的重要观察报告。经过权威媒体及专业评委严格推评,优酷自制互联网首档户外真人秀《侣行》荣获该榜单"年度视频节目"。

该节目的获奖理由这样写道:"历时一年半,航行34000海里,探访24个国家,作为首档互联网真人秀节目,它记录了一对情侣说走就走的旅行,带1亿网民经历了一个有着战乱、荒凉与危险的真实世界。它是一个传奇故事,也是一部生命教科书,在物欲时代展示了生活的真正价值与生命的另一种可能。"

一、节目架构

《侣行》第一季15集,第二季50集。每集时长在15—20分钟,适合互联网传播。从第二季开始,优酷网开始对节目进行全程策划。

---

① 《〈侣行〉播放量破2000万 再创网络自制节目新标杆》,载自新华网,2013年7月18日。

② 《"浪漫到极点" 〈侣行〉直击中国人第一场南极婚礼》,载自新华网,2014年2月26日。

表 6-6 《侣行》两季节目内容对比

项目	第一季	第二季
首播时间	2013 年 6 月 13 日	2013 年 11 月 28 日
总集数	15 集	50 集
每集时长	约 15 分钟	约 20 分钟
整季结构	以地点为线索串联起整季节目，各地点之间的关系是并列的	以去南极结婚为线索串联起整季节目，各地点的关系有了承接性
旅程之外的故事	增加了“侣行”的意义，讲述了人物的背景	增加了婚礼直播和复旦分享会，加强与观众的互动

从第一季的用户自制到第二季优酷介入策划，节目整体结构发生了变化。在第一季中，四个探险地点是并列的排布，前后没有因果联系，但每一个地点都用 2—3 集从不同角度介绍当地风情以及团队经历。这种编排方式使得不同影片相互补充、互为背景，构成了节目的整体性和层次感。

第二季的《侣行》则讲述了一个大故事，具有更强的目标性和整体感。正如官方解释所说，“一对小情侣，四个小伙伴，驾驶一艘帆船，历时一年半，航行 34000 海里，探访 24 个国家，完成在南极结婚的誓言”。去南极结婚的目标构成了整个节目的由头，加强了各个地点的连贯性，体现了策划者的整体意识。同时在优酷的策划下，《侣行》在人力、资源、技术方面得到帮助，使节目的形式更为多样，比如在第二季中加入了南极结婚的现场直播和复旦交流会的环节，这是凭借公众自制的力量难以办到的。此外第二季的故事内容明显增长，信息量也更加丰富。

【案例精选】

从前几期的内容看第一季的编排方式：

第 1 期：恐怖之都 · 索马里——寻访黑鹰

第 2 期：恐怖之都 · 索马里——难民之家

第 3 期：恐怖之都 · 索马里——枪口下的笑脸

第 4 期：世界寒极 · 奥伊米亚康——来到最冷的地方

第 5 期：世界寒极 · 奥伊米亚康——做一天的寒极人

第 6 期：世界寒极 · 奥伊米亚康——最冷的露营，最暖的求婚

《侣行》的整体风格是节奏快和信息量大，基本上在 1～2 分钟内完成一个故事的讲述。网络视频节目的快节奏叙事与网民的收视需求相关。网民主动观看网络节目，具有较强的目的性，这与传统电视的收视状态有所区别。在互联网节目出现信息低谷的时候，网民更倾向于开启新的页面，毕竟网络资源更为丰富。

互联网的超链接功能指的是网民能够点击网页上的关键词进入另一个页面获取相关信息。这种内容的链接影响了网民对信息的接受习惯，补充的、迁移的、衍生的、

图 6-14　《侣行》宣传海报(第一季)

跳跃的信息更容易被收受。而恰恰是这种碎片化信息的加入，使得网络视频中的情绪表达可以突然发生变化。这种变化与影片的整体风格不符，因此会给观众一种无厘头的感觉。这种情绪的突然变化在第 2 季第 20 期《世界尽头乌斯怀亚》中表现得比较明显。这段故事讲述的是团队在前往南极时经过的最后一座城市乌斯怀亚，影片长度为 18 分钟。

【案例精选】

表 6-7　《侣行》第 2 季第 20 期的节目内容

序号	内容	情绪	时长	引用音视频资料
1	帆船撞上冰山，发动机坏了	紧张	1′28″	
2	继续航行，到达乌斯怀亚	平静	0′42″	
3	没有签证，限时离境	紧张	0′20″	
4	最终获得 72 小时暂留	平静	0′24″	
5	下水检查船底	平静	0′20″	
6	老布下水丢了刀，重新捡回来	欢乐	1′51″	动画资料视频
7	吃帝王蟹	平静	1′05″	
8	描述离南极最近的一座城市	平静	0′28″	
9	寻找高晓松在乌斯怀亚留下的礼物	激动	0′64″	
10	去世界最南的邮局结果关门了	平静	1′13″	
11	在乌斯怀亚另外一个邮局盖章	平静	0′58″	
12	盖章盖到邮局下班	欢乐	0′20″	恶搞配乐《新春序曲》
13	看世界最南的火车站	平静	0′47″	
14	在街上遇到北京邻居	激动	1′18″	恶搞配乐《中国好大一个家》

续表

序号	内容	情绪	时长	引用音视频资料
15	采购东西遇到台湾老板	激动	1′07″	
16	新闻资料《雪龙号驰援南极被困科考船》	平静	0′17″	
17	雪龙号船长亲自指南	激动	0′16″	
18	与中国有一点联系就是亲人	激动	1′02″	恶搞配乐《我和你》
19	团队等待合适的出发时间	紧张	1′30″	资料视频《加勒比海盗》

碎片化的内容短小精悍，18分钟的短片可以讲述20个小故事，平均每个小故事长度不足一分钟，以此形成快节奏。由于内容零碎，在较短的时间内难以通过叙事传递影片的情绪，因此《侣行》选择使用音乐来加强情绪表达，这种方式也使影片充满戏剧色彩。另外，基于互联网的超链接特点，影片编辑的过程中会借用其他动画片、电影、音乐进行情绪和内容的类比。这种跳跃的、发散的剪辑方式打破了正常的叙事节奏，也丰富了情绪表达。

二、节目特点

《侣行》以“伴侣”“旅行”两个关键词巧妙地结合了真情和挑战两大真人秀精髓。影像纪实语言中，主人公与镜头的交流感、扩大的信息量以及影片表现出来的起伏的情绪变化，都能够长时间吸引观众的注意力。多样的病毒式营销策略也是节目获得高点击率的原因之一。

1. 真人秀气质：兼具挑战与感情元素

相比于由编导安排游戏规则的传统真人秀电视节目，《侣行》中的任务则是模糊的“游戏规则”，更具未知性、探索性和真实性，有一定的纪录片风格。《侣行》可以拆解为“侣”和“行”二字，“行”阐述的是“去哪里”“做什么”的根本问题，“侣”则解释的是“和谁去”的问题，为行走的途中增添了爱意和温存。这两个字凝练地概括了节目特色，成为网民的关注点。

从这个层面来说，真人秀和旅行有了一致性，实际上，这正是真人秀的母题：在行动中接受挑战，认识自己。旅行的魅力在于突破生活原本的禁锢，看到外面的世界，接受未知的困难和挑战，追逐自己想要的生活。

背景链接

张昕宇和梁红从首饰加工业收获了人生第一桶金，随后开始做外贸生意。用张昕宇的话说，当时的生活除了挣钱还是挣钱，挣到了7位数，就想尽快达到8位数。

这种状态在2008年汶川地震后发生了彻底改变。听到灾情后，曾经参加过1998

年抗洪救灾的张昕宇实在坐不住了，和梁红组织了一个“北京希望救援队”奔赴灾区。

提起那一段，张昕宇直到现在还不忍回忆，这个高大的汉子得过震后综合征。“生命实在太脆弱了。你永远不知道意外和明天哪一个先来，所以我们决定告别过去，用旅行来找到更适合我们的生活方式。”

旅行之侣，构成了《侣行》的另一层含义，这也是第二季的动机和目的。张昕宇和梁红从高中开始恋爱，从谈恋爱到结婚整整度过了28年。实际上，情感元素在真人秀中成为“秀”的重点。亲子真人秀《爸爸去哪儿》中，父亲孩子的亲昵表现成为节目卖点，而在《侣行》中，张昕宇“在北极求婚，在南极结婚”的承诺也使得情感成为贯穿始末的主要线索。在观众心里，这份真情让他们彼此生死相依。然而这份感情并没有直接在节目中表露，而是和同行人的帮扶照顾、对祖国的自豪感、当地人友好的情谊掺杂在一起，传递博爱和正能量。当张昕宇进入马鲁姆火山遇到操作上的困难时，梁红那句“如果老张出意外了，我也会跳下去”感动了很多人。历经磨难的爱情也传递出他们的生活态度和价值观。

背景链接

有很多人问过我对生死的看法。我一直说，我还有很多地方没去呢，还有很多路没走呢，你们得到2019年或者再迟一点的时候，再来问我，我可能就有答案了。但是那次在马鲁姆火山里，答案有了。生，是为了不惜一切去做自己想做的事情；死，是当你真的为此付出的时候，死亦无所谓了。马鲁姆火山，就是一个我死那里都值了的地方。

浓浓毒雾，我几乎陷入窒息。沿着绳索上升回到地面的时候，我把已经无憾的生命，交到了我一生的爱人梁红手上。上升器拉快了，我会被撕成碎片；而绳索断了，我将葬入熊熊火山，彻底绚烂。

防毒面具里传来梁红的声音：“如果老张出意外了，我也不活了，我也会跳下去。”魏凯和曾乔的话也传来：“一起来，一起走，永远不丢下任何一个人。”

亲情、爱情、友情和生死，在那一刻完美聚焦。没有梁红，我可能只是一个拄着拐杖的胖子，在家里混沌度日。没有这帮生死朋友，我哪儿也去不了，什么也干不成。得之我幸，我这辈子该是有多幸运。感谢地球之眼、天堂之门马鲁姆火山，让我在那一刻体验到了如是感受。

——《侣行》手记

背景链接

2014年2月25日，张昕宇、梁红的婚礼在南极长城站红房子前举行。在世界的尽头，两人长达28年的爱情长跑修成正果。各国政要发来祝福：

德国总理安格拉·默克尔:“爱情不是终日彼此对视,爱情是共同瞭望远方,相伴侣行。祝福你们前路一切安好!”

波兰总统布罗尼斯瓦夫·科莫罗夫斯基:“谢谢您与我们分享如此非凡的航海探险。在这场携手而行的探险旅程中,祝福您和未婚妻一帆风顺!”

瑞典首相赖因·菲尔特:“祝您和您的未婚妻平安幸福。给您最美好的祝愿。”

加纳总统马哈马:“为了这样勇敢无畏的环球航海,也为了如此非同凡响的婚礼,我们向您表示祝福!”

2. 纪实风格:真实与“表演”的故事

与其说《侣行》是一档真人秀节目,不妨说它是一部挑战自己、展现爱情与友情的纪录片,因为其中的镜头纪实语言值得称赞。它将生活作为编剧,完整地记录下整个旅程中遇到的突发状况以及冒险过程,让观众感同身受。同时,作为一档真人秀节目,张昕宇和梁红表现不俗。他们拥有良好的镜头感,能够现场讲述面临的情况和接下来的打算。而正是基于两位人物在镜头前的表现,《侣行》的镜头纪实语言才不是无目的的跟拍,而有了明确的意义和具体的内容。

在《侣行》中,观众之所以有一种强烈的真实感,是因为其中较少使用动作分切镜头进行衔接。以第一季的《炼狱边缘 天堂之门·马鲁姆火山(三)》为例,当张昕宇完成穿着准备之后爬下火山,讲了三个场景,即张昕宇和向导交流、调试对讲机、梁红检查张昕宇的防护措施。而这三个场景基本上都是一个镜头,运用中景叙事,很像家庭录制的视频。假如是专业的摄制团队很可能会拍摄手的特写、调试的特写、面部表情的特写等一系列特写镜头进行衔接。诚然,特写镜头使得画面冲击力强,同时特写衔接的剪辑速度比较快,观众会感觉视觉流畅,但是这样的拍摄会一定程度上流失真实感,让观众感觉自己是作为第三方观看故事,而没有参与到故事当中。

【案例精选】

纪实镜头为观众提供了身临其境的参与感,但是这个环境是否吸引人,观众能否获得满足就要考验剪辑师的智慧。在第一季的《炼狱边缘 天堂之门·马鲁姆火山(三)》这一集中,主人公张昕宇攀爬向熔岩湖这一过程的剪辑可圈可点。

拍摄这一过程使用了四个机位:一个是张昕宇头上的 GoPro,一个是张昕宇身边的自拍杆,另外两个是在火山口拍摄环境和团队工作的摄影机。前两个拍摄机器不能随时调整摄影参数,节目只能依靠张昕宇的所见所得最大限度地还原真实性。在 93 秒的叙事段落中集中讲述了他在爬下火山的过程中和团队交流不畅的事情。这一段总共使用了 27 个镜头,三个机位的画面交替快速剪辑,连接了火山口和火山里的空间,极快的剪辑速度营造了紧张情绪。四个机位拍摄的内容各有侧重,交叉剪辑总体呈现出清晰的事件情况。其中第一和第二机位记录下张昕宇在极端环境下以为通讯

图 6-15 《侣行》中张昕宇在爬向火山熔岩湖的过程中通讯失灵

中断的孤立无助；而第三机位记录下团队工作状态，由于声音的缺失让观众误以为通讯中断；第四机位从火山口拍摄张昕宇，他身后是翻滚的岩浆，表现其所处环境的恶劣。而整个过程只用了张昕宇焦躁的要求收绳子的声音，表现出了沟通的不畅，强化了冒险时的无助感。

知识链接

GoPro 相机是一款小型可携带的固定式防水防震相机，它的发明者是尼古拉斯·伍德曼。目前 GoPro 相机已被冲浪、滑雪、极限自行车及跳伞等极限运动团体广泛运用，被网友称作"极限运动专用相机"。这款相机的使用方式大多是绑在人的额头前，记录人们看到的东西。《侣行》有许多运用 GoPro 相机拍摄的画面素材。

3. 跨媒介传播：探索网台融合互动

病毒式传播，指的是新媒体中的内容以一种完全不同于传统大众媒体的新型传播方式展开传播活动，由于传播方式和传播速度很像生物病毒的感染和复制方式而得名。《侣行》在首期节目上线 24 小时之内点击率突破两百万，3 个月点击量突破一亿，可以说是病毒式传播的成功范本。在互联网的海量信息中，新奇和情感是《侣行》得以成功营销的两个病毒元素。

背景链接

2004 年 12 月，美国少年 Gary BrolSma 在 YouTube 发布的 *Numa Numadanee* 视频，是"公认"的第一条病毒视频。截至 2006 年该视频的浏览量超过一千五百万次，该视频是 Gary BrolSma 自拍对口型模仿罗马尼亚流行乐团 O—Zone 演唱的场景。

新奇元素，即借助视频内容激发观众的好奇心换取持续关注。心理学研究表明，人的成长实际上是好奇心不断释放和满足的过程。《侣行》是生存挑战类真人秀,整个团队面对的是自然的挑战,而非事先设计的游戏规则。他们如何搏击自然,最终化险为夷,该题材本身就很吸引人。

情感元素,即观众以自我体验的形式建立影片和自身联系的手段。当下新奇、幽默、恶搞等娱乐化元素占据网络视频市场的大部分地盘,而情感元素则较为缺乏。《侣行》表现了多种情感元素,包括宏大的爱国情,与世界各国人民友好的情怀,与自然的和谐相处,以及着重展现的生死相依的爱情和友情,这也构成了"侣"行的特点。

图 6-16 《侣行》节目中张昕宇在北极向梁红求婚

除了影片中的"病毒"元素外,《侣行》还利用与用户深入互动、强化线下产品运营等传播手段。《侣行》不仅在每一集结尾播放用户自己制作完成的远行影片,还招募会员携手拍摄《侣行》。2014 年 6 月 1 日,优酷网联手张昕宇、梁红发起了首批 999 名侣行会员招募,并放送粉丝权益,其中包括在 8 月与张昕宇、梁红共赴斯里兰卡"侣行"。最终有 533 对情侣入围"我的侣行",3 对脱颖而出。他们带着各自的爱情问题与张昕宇、梁红一同踏上斯里兰卡爱情朝圣之旅,在旅行中重新认识彼此。这种方式体现了网络的互动性,给观众很强的参与感。这些平凡人突然变身,成为节目的主角,在亿万网友面前展示自己最真实的一面。《侣行》打造的全民真人秀是网络真人秀的一种变形。

《侣行》的剧场版于 2014 年 3 月 24 日晚在央视一套播出。剧场版对网络版《侣行》进行了重新编排,同时增加了之前没有播出的素材。对于《侣行》而言,央视和优酷的台网联动,充分体现了该节目融合互动的特征。

要点小结

1. 真情和挑战是真人秀的精髓。网络自制真人秀中的人为设计成分不太突出,而是由挑战者直接面对自然和生活，其中流露的情感能够吸引受众。

2. 类似纪录片的影像纪实语言可以增强节目的真实感和带入感，但在真人秀节目中，特定环境下个人的表现也是很重要的，人物形象塑造也是必不可少的。

3. 运用多样的推广手段，增强与广告商和主流媒体的协作交流，实现网络真人秀的线上线下互动。网络节目同样可以在电视上播出，实现网络节目对电视的“反哺”。

三、延伸与思考

《侣行》不仅在节目形态上开创了国内自制户外真人秀节目的先河，同时也吸引了国外受众的关注，中国人有勇气、有胆略、敢冒险的一面被国外受众所认识。节目名称中的“侣”“行”二字，凝练地诠释了真人秀节目中情感、冒险两个吸引眼球的要素，这也成为节目被广泛传播的“病毒元素”。整档节目更是运用纪录片的拍摄手法，真实记录下主人公张昕宇和梁红的冒险历程与爱情之旅。《侣行》在节目营销上充分运用了互联网思维，连接起线上和线下的互动方式，打通网络与电视的播出平台，实现了更有效的传播。

《侣行》很容易让人联想到真人秀《荒野求生》。实际上，2006 年就诞生的电视真人秀《荒野求生》比《侣行》早 7 年，但是这档节目着力于生存挑战，注重对生存知识的普及。作为传统类型的电视真人秀节目，该节目拥有专业的摄制团队，后勤配备齐全，包括录音师、摄影助理、生存向导等角色通力协作完成影片制作。而《侣行》则充分发挥了互联网的优势：在时长上，15 分钟的篇幅更适合于互联网传播；在摄制规模上，4 人团体（包括两名主人公）的成本更小；在节目基调上，突出旅行之“侣”，爱情因素为节目增添了一丝暖意，同时也更易于引发线下的互联网营销，有利于观众互动。表 6-8 是两者之比较。

表 6-8　《侣行》和《荒野求生》节目之比较

节目名称	《侣行》	《荒野求生》
首播时间	2013 年 6 月 13 日	2006 年 10 月 27 日
季数	2 季	7 季
每集时长	约 15 分钟	约 45 分钟
人物	张昕宇、梁红	贝尔·格里尔斯
挑战内容	自己设定的任务，多有主观意愿（比如寻找电影中的情节，在火山突出点插上代表中国的旗子）	多为客观任务，即求得生存
制作组规模	4 人（一对情侣，两名摄影师）	至少 5 人，包括主持人、摄影师（至少一位）、录音师、摄影助理（若干）、生存向导

第五节 *The Singer Takes It All*：双屏互动节目的尝试

本节要点

1. 实现双屏互动，互动体现在节目的制作与播出的全环节。
2. 如果没有线上互动，整个节目将变得十分普通。
3. 国外电视节目发展的一大趋势，即充分利用互联网的特征。

The Singer Takes It All 是英国的一档观众实时互动式音乐选秀类节目。节目没有评委，通过观众在 APP 上的投票决定现场选手的去留。支持率越高，选手留在演唱黄金区的时间越长，越有可能赢得更多的奖金。节目由喜剧演员阿兰·卡尔（Alan Carr）主持，通过英国公共服务电视台第 4 频道播出。*The singer Takes It All* 于 2014 年 8 月 1 日首播，每期时长 50 分钟。这档节目在第二集时就赢得了 14%的收视率，通过节目 APP 软件，最高时每秒钟有 22000 位观众为歌手投票。

图 6-17 *The singer Takes It All* 节目海报

该节目最大的特点是真正实现了电视与手机的双屏互动。不同于平时常见的扫二维码、微博微信留言等形式，它让手机端的互动真正融入节目的环节中，没有观众的参与和互动节目就无法进行。

背景链接

“第四频道”于 1982 年 11 月设立，是英国公共服务电视台开设的通讯站，虽然它的建立在很大程度上来源于商业自筹资金，但它仍属于公有。它原本是独立广播局（Independent Broadcasting Authority，简称 IBA）的子公司，现在归属于第四频道电视总公司。2010 年 5 月 31 日,第四频道正式成为英国的电视频道。

在第四频道出现之前,英国有三家大型的电视服务频道:BBC1,BBC2 和 ITV(TV network)。BBC1 是英国广播公司(BBC)的旗舰频道,于 1936 年 11 月开播。BBC2 于 1964 年 4 月开播,是英国广播公司(BBC)的第二个电视频道。相比于 BBC1 面向普通大众,BBC2 更倾向于高端,面向精英和知识分子。ITV 是英国最早的商业广播电视网络,于 1955 年开播,是英国独立电视管理局下的独立电视公司,它的出现很大程度上是为了与 BBC 竞争。

人物链接

阿兰·卡尔(Alan Carr),生于 1976 年 6 月 14 日,是一名优秀的英国喜剧明星,也在电视、广播领域小有成就。他因 2001 年获得英国年度“城市生活”最佳新人奖和 BBC 最新喜剧奖而被熟知。他主持过的电视节目包括英国喜剧综艺节目 *The Sunday Night Project*,游戏节目 *Alan Carr's Celebrity Ding Dong*,喜剧访谈节目 *Alan Carr:Chatty Man* 以及歌唱类游戏节目 *The Singer Takes It All*。阿兰·卡尔笑容灿烂,笑起来时总是会露出一排明亮的牙齿,配上他圆圆的脸,显得敦厚可爱。有感染力的咧嘴大笑是他的标志性表情(图 6-18)。

图 6-18 主持人阿兰·卡尔的标志性笑容

一、节目架构

The Singer Takes it All 每期有 7 位选手,每位选手有 10 秒的自我介绍和 90 秒的演唱时间。选手的这些行为都需在一个 18 米长的移动轨道上完成,他们表现的好坏完全由观众用手机 APP 投票决定。如果“HIT”(支持)数多于“MISS”(不支持)数,轨道会向前移动,移动到最前方会到达“黄金区域”,停留在“黄金区域”时间最长的选手,进入第二轮演唱,赢得奖金。如果“HIT”(支持)数少于“MISS”(不支持)数,轨道向后移动,如果退至最后方的大门外,选手便会被“踢”出比赛。

图 6-19 演播室中的“移动轨道”

图 6-20 移动轨道最前方的黄金区域

图 6-21 选手被淘汰的场景

【案例精选】

我们以第一季第一期的节目为例探究 *The Singer Takes It All* 的节目架构。

表 6-9 *The Singer Takes It All* 第一季第一期节目内容

时间	结构	内容
00:00—03:10	开场	主持人出场，活跃现场气氛并介绍节目规则。

03:10—04:50	嘉宾入场	由分屏幕上的“动态嘴唇”邀请嘉宾入场，主持人和嘉宾进行简短交流。

续表

<table>
<tr><th>时间</th><th>结构</th><th>内容</th></tr>
<tr><td>04:50—05:10</td><td>介绍选手 1</td><td>由分屏幕播放选手 1 的录像视频，并由“动态嘴唇”介绍。</td></tr>
<tr><td colspan="3">
</td></tr>
<tr><td>05:10—06:40</td><td>选手 1 上台</td><td>选手 1 由轨道尽头的大门入场，走到轨道中间的麦克风处，主持人与其进行简短互动。</td></tr>
<tr><td colspan="3"></td></tr>
<tr><td>06:40—08:40</td><td>选手 1 竞演</td><td>选手 1 有 10 秒钟的自我介绍时间，这 10 秒很关键，决定观众对他的第一印象，也决定着一开始的票数和轨道的方向。在选手唱歌过程中，轨道随着支持率的变化，前后移动。</td></tr>
<tr><td colspan="3">

（上边两幅图是选手 1 向前移动，下边两幅图是选手 1 向后移动）</td></tr>
</table>

续表

时间	结构	内容
08:40—09:50	选手 1 晋级	主持人、嘉宾和选手 1 进行简短的互动后，选手 1 进入“观赛区”，主持人暖场，引入下一位选手。
09:50—14:55	选手 2 部分	模式同选手 1，值得一提的是，这是第一位进入“黄金区域”的选手，在她晋级后，分屏幕上的“动态嘴唇”会宣布她在“黄金区域”停留的时间。

14:55—18:35	选手 3 部分	模式同上。
18:35—21:25	播放 APP 中各种各样精彩的录像	主持人和嘉宾针对这些视频进行交流、暖场。
21:35—25:50	选手 4 部分	模式同之前选手。
25:50—30:30	选手 5 部分	模式同之前选手。
30:30—35:55	选手 6 部分	模式同之前选手。
35:55—38:30	选手 7 部分	模式同之前选手。
38:30—39:50	衔接最后一部分。	主持人以播报形式衔接。
39:50—40:35	主持人与本期冠军互动，介绍冠军情况。	本期冠军(选手 2)回到主持人、嘉宾区，她共获得两百万投票。如果本期冠军可以顺利通过最后一关即可获得 1 万 5 千英镑的奖金。
40:35—41:10	回顾本期冠军竞演时的视频。	播放小片。
41:10—43:20	进入问答环节。	由“动态嘴唇”说出几个关于一首歌的特征，冠军需根据这几个特征猜出歌名，并重新登上移动轨道完成这首歌，每停留在黄金区域 1 秒，即赢得 200 英镑的奖励，停留时间足够长，即获得 1 万 5 千英镑的奖金。

续表

<table>
<tr><th>时间</th><th>结构</th><th>内容</th></tr>
<tr><td colspan="3">

（该选手猜对了歌名）
</td></tr>
<tr><td>43:20—结束</td><td>冠军重新挑战至成功。</td><td>冠军在答对题目后跑回移动轨道上，在 10 秒钟的自我推荐后开始唱歌，歌曲为问答题目中的歌曲，当她获得足够多的支持、留在“黄金区域”的时间足够长时，即获得 1 万 5 千英镑的奖金。</td></tr>
<tr><td colspan="3">

</td></tr>
</table>

二、节目特点

1. 线上实时互动是节目的亮点

越来越多的电视节目将“互动”纳入节目的制作或播出中，但这些“互动”大多是节目的附属或补充，如电话连线、短信留言、扫二维码、微博互动评论、弹幕评论等。实际上，即使缺少这些元素，节目依旧完整。但是 *The Singer Takes It All* 中如果没有实时“互动”，节目便无法正常进行，它让“互动”真正成为节目必不可少的一环。

整个节目的互动主要通过手机 APP 来实现，用户经 Facebook 或 Twitter 登录后进行投票、录歌等操作。首先是投票功能，用户可以在任何时间对 APP 中的任何视频进行投票，票数排在前 40 的选手有机会参加本周的电视节目。电视节目播出时，选手先进行 10 秒的自我介绍，观众从这时开始投票，观众对每位选手有 4 次投票机会，这是为了充分展现观众对这位选手从开始到最后的态度。选手在传送带上现场演唱歌曲，以 50%为界，歌手在传送带上前进（支持超过 50%）或倒退（支持低于 50%）。

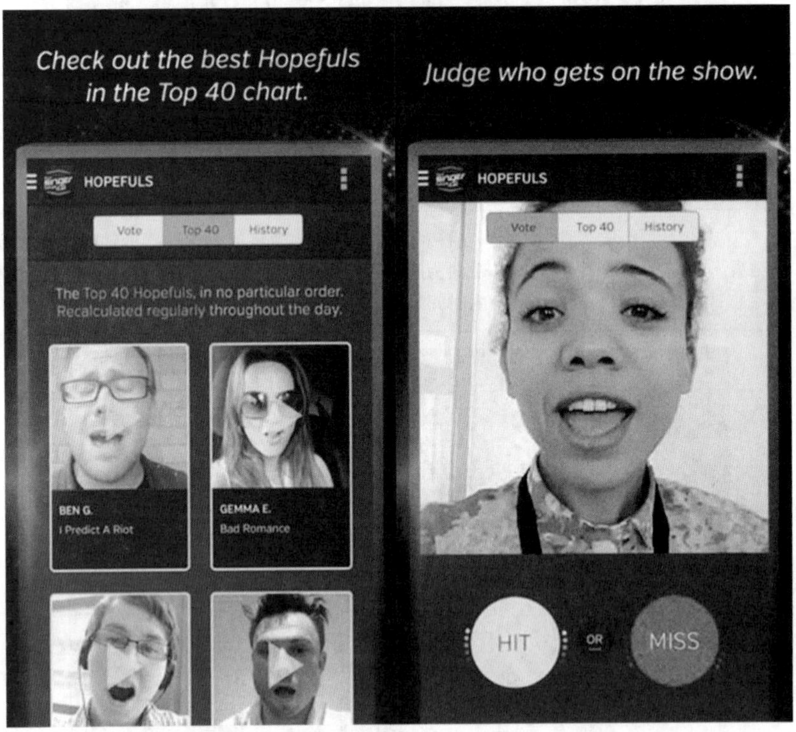

图 6-22 在 APP 中，用户可以查看 Top 40 选手的视频，也可以对任何视频进行投票

节目 APP 每小时自动核算一遍票数，在每周五晚节目播出时停止核算。每周三上午 9 点半，所有视频的票数重置为 0，符合要求的选手会被邀请参加周五的电视节目，新一周的榜单计票重新开始。因此选手们通常选在周榜计票开始（周三上午 9 点半）时上传自己的新视频。

录歌功能也是节目的重要组成部分，用户可以在 APP 中录制并上传自己的歌曲。节目制作方对上传的视频作了比较细致的要求：如用户必须满 18 岁；歌曲采用清唱方式；不要出现背景音乐，避免背景音太大盖过人声；要求独唱，视频中不要有其他人；不能篡改歌词；被拍摄者的脸部需全部出现在镜头中；录制时长只有 40 秒，用来避免过长的前奏，能让用户在观看时直入主题等。最后是回放功能，用户可以在 APP 中观看之前节目中的精彩片段。

此外，用户还可对APP中的视频进行监督，如有不合适的视频，可以点举报按钮。美中不足的是，APP只支持IOS 7.0及以上的系统，虽然安卓系统的手机也可以下载APP并投票，但用户无法在里面录歌。

2. 时尚前卫的包装风格适合互联网传播

节目中的LED屏幕是3块圆形的小屏幕，除了播放短片之外，都是嘴唇的形象，嘴唇作为“评论员”的角色推进节目进程。“嘴唇虚拟评论员”出现在介绍选手情况、宣布选手在“黄金区域”的时长、对冠军进行问答等环节中。嘴唇上涂满了亮晶晶的荧光粉，给人强烈的视觉冲击，一方面符合节目热闹前卫的风格定位，另一方面便于观众记忆，“嘴唇”成为节目的标志。这一时尚前卫的包装风格适合互联网传播，容易吸引受众特别是网民的关注。

图 6-23　手机 APP 中观众的投票界面

要点小结

1. 如何实现传统媒体与新媒体的融合互动，该节目提供了一种可借鉴的方式，即将互动体现在节目的制作与播出的全环节。如果没有互动，整个节目将不可能顺利进行。

2. 熟悉本节目互动的实现方式，了解国内外其他互动节目概况，体会互联网特征对于电视节目的改变。

图 6-24　用户在 APP 界面可以聆听节目中演唱的歌曲

三、延伸与思考

传统电视节目在多屏时代和移动新媒体来袭的压力下，纷纷探索传统媒体与新媒体的融合互动之路。如美国的*Rising Star*、荷兰的*Utopia*（乌托邦）、中国的《百万粉丝》都在台网融合方面做出了尝试。其中荷兰版的*Utopia*（乌托邦）在2015年被引进国内，由腾讯视频和东方卫视联合推出，节目名为《我们十五个》。另外，中国版的《女神的新衣》更是首创电视牵手电商的“双电模式”。

尽管各种尝试不断，但大多数节目中传统媒体和新媒体的融合都浮于表面，形式大于内容，两者还是相对割裂的独立个体。真正在环节和内容上将两者融合到一起的节目少之又少，*The Singer Takes It All* 是其中较为成功的案例。在该节目中，没有手机端，节目就无法顺利进行。探索还在继续，这些较为突出的电视节目在给观众带来新体验的同时，也为后来者留下了不可多得的宝贵经验。

随着移动互联网的发展，“互动”越来越成为各国节目制作必不可少的元素，表 6-10 是一些在互动方面大胆创新的节目。

表 6-10　在互动方面大胆创新的节目

节目	所属国家	内容简介
Rising Star （明日之星）	美国	*Rising Star* 是 2014 年美国推出的一档歌唱类选秀节目，原版来自以色列，在取得巨大成功后迅速波及全世界，节目充分利用传统电视媒体的直播优势和网络媒体的交互性，成功地把互联网电视节目做到极致，收视率和讨论度直逼奥斯卡和“超级碗”。节目由著名音乐人乔诗・葛洛班（Josh Groban）主持，三位评委——饶舌歌手卢达・克里斯（Luda Cris）、流行才女钱婆卡莎（Ke$ha）和乡村乐大咖布莱德・派斯里（Brad Paisley）分别在各自领域小有名气。根据赛制，当一名选手登上舞台时，他无法看到评委和观众，只能面对一堵“巨墙”演唱。演唱过程中，观众们可以拿出手机下载免费的节目 APP，登陆 Facebook 或 Twitter 账号为其投票。如果这名选手有足够的实力打动观众和评委并使得投票数值达到规定值的话，在他/她面前的巨大 LED 屏幕便会升起，他/她便可以面对着观众和评委进行演唱，挑战即成功。正如主持人所说，“我们将颠覆您看电视的方式，把明日之星的选择权放在您手中，即时生效。”社交媒体的票数对参赛者能否晋级有绝对之决定权。光线传媒也曾购买 *Rising Star* 版权，改名为《中国正在听》在央视 3 套播出，但收视表现平平。
Utopia （乌托邦）	荷兰	*Utopia* 是由荷兰模式专家 John De Mol 创作并执行制作的电视节目，2014 年在荷兰一经播出便大获成功。《乌托邦》以社会实验为主题，让 15 位被精心挑选的选手在一起生活一年，用有限的资源创造属于他们自己的“世界”。观众在这其中被赋予了极大的参与度。节目设了专门的网站，提供四组不同的网络直播画面，两个 360 度全景摄像机记录着“乌托邦”里的情况，观众需要每个月支付 2.5 美元购买“护照”观看这些内容，并可得到与“乌托邦”里的居民进行商品交易的机会，而未付费的用户只能观看部分网络直播内容。
American Idol （美国偶像）	美国	*American Idol* 是 FOX 电视台于 2002 年推出的选秀节目，因其悠久的历史和广泛的知名度被称作“美国真人秀之王”。流行天后詹妮弗・洛佩兹（Jennifer Lopez）和妮琪・米娜（Nicki Minaj）等都曾加盟《美国偶像》，以评委的形式出现。节目也培养出包括 Adam Lambert、Carrie Underwood、Kelly Clarkson 在内的多名歌手。
《女神的新衣》	中国	《女神的新衣》由东方卫视、广东百合蓝色火焰文化传媒股份有限公司联合推出，节目以“24 小时制衣＋T 台秀＋竞拍”等环节组成。每期六位女神围绕一个主题进行时装设计 PK，她们要调集一切资源设计作品，进而赢得代表市场的四大买手的订单、顶级时尚观察团的认可以及现场观众的支持。全季 10 期节目采用淘汰赛制，每 2 期将有一支“女神团队”被淘汰，最终评选出 1 位积分最高的女星荣膺 Fashion Queen 殊荣。值得一提的是，《女神的新衣》中出品方蓝色火焰和独家体验平台天猫在节目中首倡即看即买模式，节目联手电商，借助互联网特有的互动模式、宣传效应推动节目的热播；与此同时，网络销售平台也获得了不菲的业绩，这样跨界合作的创新模式让节目有了“多栖”的大丰收。

致力专业核心教材建设　提升学科与学校影响力

中国传媒大学出版社陆续推出

我校 15 个专业“十二五”规划教材约 160 种

播音与主持艺术专业（10种）

广播电视编导专业（电视编辑方向）（11 种）

广播电视编导专业（文艺编导方向）（10种）

广播电视新闻专业（11 种）

广播电视工程专业（3种）

广告学专业（12种）

摄影专业（11 种）

录音艺术专业（12种）

动画专业（10种）

数字媒体艺术专业（12种）

数字游戏设计专业（10种）

网络与新媒体专业（12种）

网络工程专业（11 种）

信息安全专业（10种）

文化产业管理专业（10种）

本书更多相关资源可从中国传媒大学出版社网站下载

网址：http://cucp.cuc.edu.cn

责任编辑：蒋　倩　　　意见反馈及投稿邮箱：jiangqiancucp@163.com

联系电话：010-65779406